史學研究叢書‧歷史文化叢刊

清代噶瑪蘭寺廟興建與市街形成

黃學文　著

目次

圖目錄

表目錄

第一章
緒言

　　本文以寺廟為中心，探討清代噶瑪蘭地域的市街與寺廟的關係，以下分別就研究動機與目的、研究主題與範圍、研究方法與資料分別敘述之。

第一節　研究動機與目的

　　原始社會的人類必須面對許多難以抗拒的天災、病禍，在這樣的威脅下，人類不只是要免除威脅，更重要的是如何解釋這些現象，透過合理化這些現象達到控制的目的，而宗教就是扮演這樣的角色。[1]宗教不僅可以撫慰人心，更是一種信仰和運作體系，讓一群人藉著這個體系來應付人類生活中的終極問題，包括生命的目的、死亡和苦難，或是藉由宗教的力量解決科學或理性無法解釋的難題。[2]換言之，若人們沒有信仰，必然生活在空虛與迷惘之中，常常會無所適從與茫然失據。[3]

　　昔日在臺灣的開拓發展過程中，來自閩、粵地區的移民，由其原鄉攜帶信仰的神祇，祈求在渡海時可以風平浪靜，也希望在拓墾過程

1　瞿海源：〈宗教〉，收於王振寰、瞿海源主編：《社會學與臺灣社會》（臺北市：巨流圖書公司，2003年），頁303-329。

2　瞿海源：〈宗教〉，《社會學與臺灣社會》，頁303-329。

3　宗教信仰，自古以來，一直是人類精神文化很重要的一部分，而且一直是人類情感所賴以支持穩定的因素，也是人類投注心力最多的部分。參見李亦園：《文化與圖像（下）》（臺北縣：允晨文化公司，1992年），頁86-89。

可以平安無事。經歷三、四百年的發展，在自然環境的不同、聚落人文的改變下，信仰的內涵不知不覺已經產生了變化，擁有了它獨特的風土性格，與閩、粵的原鄉地有著截然不同的走向，出現了我們所熟知的「臺灣民間信仰」。[4]

做為臺灣社會主要文化現象的「臺灣民間信仰」，不但深入民間且會影響風俗與習慣，更是臺灣人賴以安身立命的宗教。[5]其中，代表「臺灣民間信仰」靈魂的便是隨處可見的寺廟。[6]在以往許多相關研究中已經顯示，臺灣的廟宇早期多為地區聚落住民的活動中心，這是因為敬天畏神的崇神祭祀與信仰寄託的需求，使民眾對廟宇的事務有著高度的認同心理。寺廟不但扮演精神的寄託、慰藉等性質之外，也是當地聚落與商業經濟的中心。[7]更是地方士紳、耆老等菁英分子

---

4 昔日閩、粵移民帶入的「臺灣民間信仰」確確實實有濃厚的「唐山味」，廟宇的建築風格以及眾神的衣著委實呈現出這樣的傳統。但經歷三、四百年在臺灣各地的發展，已經擁有它獨特的風土性格，及其與閩、粵原鄉全然不同的走向，這就是所謂的「本土化」。參董芳苑：《臺灣宗教大觀》（臺北市：前衛出版社，2013年），頁67-69。

5 臺灣民間信仰，雖有著佛、道、儒三教的影子，但和有制度性的佛、道、天主教、基督教等宗教比較起來，臺灣民間信仰既無教義或經典，也無明確組織的教團，然而其信仰、儀式與宗教活動，卻又和日常生活密切混合，擴散成為日常生活的一部分，所以在宗教學的分類上，將臺灣民間信仰視為擴散性宗教，同時也是一種族群宗教、文化宗教。參見宋光宇：〈霞海城隍祭典與臺北大稻埕商業發展的關係〉《史語所集刊》第62卷第2期（1991年），頁291-336；收錄氏著：《宗教與社會》（臺北市：東大書局，1995年）；李亦園：《文化與修養》，頁168-169；董芳苑：《臺灣宗教大觀》，頁67-69。

6 參見卓克華：《從寺廟發現歷史》（臺北市：揚智文化事業公司，2004年），頁7。

7 參見王世慶：〈民間信仰在不同祖籍移民的鄉村之歷史〉，《臺灣文獻》第23卷第3期（1972年），頁1-38；許嘉明：〈彰化平原福佬客的地域組織〉，《中央研究院民族學研究所集刊》第36期（1973年），頁165-190；宋光宇：〈霞海城隍祭典與臺北大稻埕商業發展的關係〉，頁291-336；羅烈師：〈客家族群與客家社會：臺灣竹塹地區客家社會之形成〉，收錄於徐正光編：《第四屆國際客家學研討會論文集：聚落、宗族與族群關係》（臺北市：中央研究院民族研究所，2000年），頁115-152；卓克華：《從寺廟發現歷史》，頁6-26。

討論公共事務、活動與營謀私利的公共領域；[8]也讓清代臺灣社會的自治、自衛的組織相當完備，加上內部團結堅固，排他氣氛濃厚，就容易出現以族群、宗教為名的大規模械鬥。寺廟不但是彼此之間宣示、出師的重要場所，更是兵家必爭之地。[9]

　　雖然在以往研究中，可以看到研究者已經重視「臺灣民間信仰」的寺廟；但應特別注意的是，寺廟的研究率先受到研究者的關心與重視，但並不代表著寺廟就是當時地方上政治、商業經濟、文化教育與社會救濟的重點。其原因顯然，這些研究者將寺廟的歷史視為「反映」或「表徵」一個地方社會的發展。[10]近年來，隨著史料範圍不斷地擴大、民間資料不斷地出現與史料運用方法的多元化，以及若干新方法或研究觀點的提出之後，從以往注重於寺廟的宗教層面與藝術層面，進而了解寺廟的歷史發展是和臺灣移民史、臺灣開發史是同步且平行前進的，呈現寺廟歷史的諸多面貌和背後價值。[11]

8　在清代的臺灣社會研究中，許多學者已經指出，當國家的權力在某些時機或特殊場合中，無法將其權力直接深入地方社會，往往得仰賴地方上的士紳、耆老等菁英分子來協助統治，而這些地方士紳、菁英其實就是扮演補充官僚階層的角色，他們通常都具有官銜、學銜，或在地方行政機構中擔任吏員，或經官方認可的代理人，而廟宇正是地方菁英人士與國家權力相互交流的公共空間。參見陳世榮：《清代北桃園的開發與地方社會建構（1683-1895）》（桃園縣：中央大學歷史研究所碩士論文，1999年），頁33-36、頁287-291；陳世榮：〈清代北桃園的地方菁英及「公共空間」〉，《政大歷史學報》第18期（2001年），頁206-208；齊偉先：〈臺灣民間宗教廟宇的「公共性」變遷：臺南府城的廟際場域研究〉，《臺灣社會學刊》第46期（2011年），頁66-68；卓克華：《從寺廟發現歷史》，頁8。

9　林衡道：《臺灣的歷史與民俗》（臺北市：青文出版社，1966年），頁38-39。

10　參見康豹：〈日治時期新莊地方菁英與地藏庵的發展〉，《北縣文化》第64期（2000年），頁97；卓克華：〈嘉義城隍廟的史蹟研究〉，收錄於淡江大學歷史系主編：《臺灣史國際學術研討會、經濟與墾拓論文集》（臺北市：淡江大學歷史系，1995年），頁143。

11　參見卓克華：《從寺廟發現歷史》，頁12，頁47-48；陳小沖：《臺灣民間信仰》（廈門市：鷺江出版社，1993年），頁4。

從拓墾初期為祈求風調雨順的寺廟，隨著農業、聚落的穩定與發展，生活日益繁榮，作為聚落中心的寺廟帶來了人潮，帶動了商機，帶動了該聚落的繁華，久而久之，聚落逐漸成為市街；[12]此外，尚有聚落因處於交通要道上，讓該聚落成為人潮中心，也帶來了錢潮，讓該聚落發展成為市街，因商業繁盛，讓該地新興仕紳與巨商，往往會鳩資建設或改建寺廟，以祈求神明保佑其生意興隆、門庭若市。[13]

因此，本研究試圖從中去了解，關於清代市街與寺廟的關係。究竟是寺廟帶領市街的繁華，或是市街帶動寺廟香火的鼎盛，以及寺廟與市街是如何相互連結，市街的繁華又對當時寺廟建築風格帶來怎樣的影響。而這正是本文試圖去探討與了解。

選擇以清代噶瑪蘭做為研究區域，主要原因有二。第一，不同於臺灣西部、北部地區多是從中國大陸移民過來，屬二次移民的噶瑪蘭地區，移民者多來自臺灣北部與西部地區。第二、噶瑪蘭因為長期受地理環境的限制，導致與外部聯繫相當的不便，這種長期的交通條件相當程度影響了噶瑪蘭歷史發展的特殊原始風貌。[14]

爰此，該本論文雖然只是宜蘭地區地方史研究，但可反映出來臺灣歷史是呈現多元的發展。

第二節　研究回顧

前人研究成果中，從未有針對清代噶瑪蘭地區的寺廟與市街作過專論，儘管如此，本文欲探究的噶瑪蘭地區研究成果仍十分豐碩，本

---

12 參見卓克華：《從寺廟發現歷史》，頁10。

13 參見卓克華：《從寺廟發現歷史》，頁10。

14 尹章義：〈老字據與臺灣開發史研究〉，《臺灣開發史研究》（臺北市：聯經出版公司，1989年），頁458；戴寶村：〈移民臺灣：臺灣移民歷史的考察〉，收錄於李明珠等編：《臺灣史十一講》（臺北市：歷史博物館，2006年），頁58。

研究將要探討寺廟與市街的相互關係，也就是以寺廟作為主軸，來看待當時候市街的形成與商業發展的關係。

因此，為了讓本文更加的完整，先回顧對於本文較有關係且具代表性的論著，故以下將相關的研究依主題分寺廟與社會的研究、噶瑪蘭史的研究，這二個面向來進行回顧。

一　寺廟與社會的研究

寺廟與社會的研究取向，多集中於臺灣民間信仰的寺廟與地方研究上面，在這部分的相關研究論著相當的豐富，以下就從寺廟調查、寺廟與社會、寺廟與地方開發、祭祀圈、公共領域與地方菁英這六大方向來擇要回顧。

（一）寺廟調查

臺灣寺廟的調查，始於日本時代。在日本統治時期，總督府針對臺灣進行一系列的調查。寺廟部分，明治三十二年（1899）由日本總督府臺灣土地調查局調查全臺各地寺廟情況，有〈社寺廟宇臺帳〉，爾後分別有大正四年（1915）丸井圭治郎主持《台湾宗教調查報告書第一卷》，昭和四年（1929）增田福太郎主持《台湾本島人の宗教》、《台湾の宗教》等調查報告，這些調查報告，奠定研究臺灣寺廟的基礎，以及昭和十二年（1937）宮本延人主持《日本統治時代台湾における寺廟整理問題》。[15]

光復後，林衡道的《臺灣寺廟概覽》、《臺灣勝蹟採訪冊》；劉枝萬的〈清代臺灣之寺廟（一）〉、〈臺灣的寺廟調查〉以及內政部《全

---

15 參見林佩欣：〈日治前期臺灣總督府對舊慣宗教之調查與理解（1895-1919）〉（臺北市：政治大學歷史學研究碩士論文，2002年），頁1-9。

國寺廟名冊》等調查資料，替臺灣的寺廟留下不少資料與記錄。[16]

　　上述調查報告，以全臺進行總調查，難免會有缺失、遺漏之處，便有學者針對此一情況，開始對各縣市、鄉鎮去做有系統的規劃，是光復後調查臺灣寺廟的濫觴。

（二）寺廟與社會

　　寺廟與社會的研究，最早可以從日本時代曾景來《台湾と迷信陋習》了解當時臺灣民間宗教與寺廟的關係；[17]光復後，則有余光弘〈臺灣地區民間宗教的發展──寺廟調查資料之分析〉，該文透過政府機關寺廟調查統計資料的收集、整理、評估、分析，以了解臺灣民間宗教，在明清時期、日本統治時期，及光復後迄今的三個階段中，其發展各有不同的特色。[18]王世慶〈民間信仰在不同祖籍移民的鄉村之歷史〉，以臺北縣樹林鎮（今新北市樹林區）的寺廟為對象，以聚落信仰為中心，去看待歷史的發展下，不同祖籍族群的民間信仰和各聚落是如何逐漸融合；[19]王世慶的研究，啟發了寺廟與聚落關係的研究，諸如蔡相煇〈臺灣寺廟與地方發展之關係〉、[20]莊榮發〈臺灣地區

---

16 林衡道：《臺灣寺廟概覽》（臺中市：臺灣省文獻委員會，1978年）；林衡道：《臺灣勝蹟採訪冊》（臺中市：臺灣省文獻委員會，1984年）；劉枝萬：〈清代臺灣之寺廟（一）〉，《臺北文獻》第4期（1963年），頁101-120；內政部：《全國寺廟名冊》（臺北市：內政部民政司編印，2001年）。

17 曾景來：《台湾と迷信陋習》（臺北市：台湾宗教研究會，昭和三十一年〔1983年〕。）

18 余光弘：〈臺灣地區民間宗教的發展──寺廟調查資料之分析〉《中央研究院民族學研究所集刊》第53期，頁67-103。後收錄於瞿海源：《臺灣宗教變遷的社會政治分析》（臺北市：桂冠圖書公司，1997年），頁603-610。

19 王世慶：〈民間信仰在不同祖籍移民的鄉村之歷史〉《臺灣文獻》第23卷第3期（1972年），頁1-38。

20 蔡相煇：〈臺灣寺廟與地方發展之關係〉（臺北市：中國文化大學史學研究所碩士論文，1976年）

寺廟發展之研究〉，[21]可以說都是受到王世慶的研究影響。另外，日本學者從中國文化來探討臺灣宗教的發展脈絡與其演變成為臺灣特有的宗教。[22]

（三）寺廟與地方開發

　　在寺廟與地方開發研究取向中，尹章義〈閩粵移民的協和與對立——以客屬潮州人開發臺北以及新莊三山國王廟的興衰史為考察中心〉一文，以族群與寺廟做為研究，探討新莊平原的開發過程中，地緣團體的發展與變化，指出地緣團體的凝聚共識之所以會出現，往往建立於地緣團體的專屬寺廟上面；[23]洪麗完〈清代臺中地方福佬客關係初探——兼以清水平原三山國王廟的興衰史為中心的考察〉研究清水與沙鹿的三山國王廟，發現兩地的潮州客因械鬥而遠離，導致兩地的三山國王廟發展情況不一樣，當中沙鹿的三山國王廟因為靈驗而得以福佬化，其香火依舊鼎盛；[24]卓克華《清代臺灣行郊研究》從行郊的形成、組織結構及其功能，進而看待寺廟與商業、聚落之間的關係；[25]另外，卓克華《從寺廟發現歷史——臺灣寺廟文獻解讀與意涵》、《寺廟與臺灣開發史》兩本著作，文中雖然是作者將其過去論文

21　莊芳榮：《臺灣地區寺廟發展之研究》（臺北市：中國文化大學史學研究所博士論文，1987年）。

22　（日）酒井忠夫：《台湾の宗教と中国文化》（東京都：風響社，1992年）。

23　尹章義：〈閩粵移民的協和與對立——以客屬潮州人開發臺北以及新莊三山國王廟的興衰史為考察中心〉，《臺北文獻》直字74（1985年），頁1-28。

24　洪麗完：〈清代臺中地方福佬客關係初探——兼以清水平原三山國王廟的興衰史為中心的考察〉，收錄於臺灣史蹟研究中心編：《臺灣史研究論文集》（臺北市：臺灣史蹟研究中心，1988年），頁133-185。

25　卓克華：《清代臺灣行郊研究》（臺北市：揚智文化事業公司，2007年）。該書為論文修改出版，參見卓克華：《清代行郊之研究》（臺北市：中國文化大學史學研究所碩士論文，1960年）

集結出書，但文中對於寺廟與地方開發著墨甚深，利用族群、政治、經濟、文化的角度去探討寺廟在之中所扮演的角色；[26]王志宇《寺廟與村落——臺灣漢人社會的歷史文化觀察》研究村庄社會，來看待寺廟所顯現的風水文化與村落和寺廟的對應空間，強調文化權力網路等概念在漢人社會的宗教寺廟扮演極重要的角色。[27]

（四）祭祀圈

祭祀圈部分，以日本學者岡田謙的〈臺灣北部村落之祭祀範圍〉觀察士林地區，認為圈子是圈內居民祭祀、經濟交易與通婚的範圍，並提出「本島人之集團生活常與祭祀相連結，……故欲知臺灣村落之地域集團或家族集團之特質，必需由祭祀圈問題入手。」[28]受到岡田謙的影響，許嘉明、施振民、林美容、張珣等人，[29]紛紛在此基礎上，來研究祭祀圈。施振民〈祭祀圈與社會組織：彰化平原聚落發展模式的探討〉，建構了一個臺灣地方社會的祭祀等級體系，在這當中

---

26 卓克華：《從寺廟發現歷史——臺灣寺廟文獻解讀與意涵》（臺北市：揚智文化事業公司，2003年）。卓克華：《寺廟與臺灣開發史》（臺北市：揚智文化事業公司，2006年）。

27 參見王志宇，《寺廟與村落——臺灣漢人社會的歷史文化觀察》（臺北市：文津出版社，2008年），頁268-278。

28 岡田謙著，陳乃蘗譯：〈臺灣北部村落之祭祀範圍〉，《臺北文物》第9卷第4期（1960年），頁14-29。

29 許嘉明：〈彰化平原福佬客的地域組織〉，《中央研究院民族學研究所集刊》第36期（1973年），頁165-190；許嘉明：〈祭祀圈之於居臺漢人社會的獨特性〉，《中華文化復興月刊》第11卷第6期（1978年），頁59-68；施振民：〈祭祀圈與社會組織：彰化平原聚落發展模式的探討〉，《中央研究院民族學研究所集刊》第36期（1973年），頁191-208；林美容：〈由祭祀圈來看草屯鎮的地方組織〉，《中央研究院民族學研究所集刊》第62期（1986年），頁53-114；林美容：〈由祭祀圈到信仰圈：臺灣民間社會的地域構成與發展〉，收錄於張炎憲編：《第三屆中國海洋發展史論文集》（臺北市：中央研究院三民主義研究所，1988年），頁95-126；張珣：〈祭祀圈研究的反省與後祭祀圈時代的來臨〉，《臺灣大學考古人類學刊》第58期（2002年），頁78-111。

最小的祭祀單位是角頭，往上一級是庄，再往上是聯庄，每一層級都是一個祭祀圈，許多小的祭祀圈聯合祭祀一個更高層級廟宇的神明而形成一個大的祭祀圈，然後再往上推衍；[30]林美容〈由祭祀圈來看草屯鎮的地方組織〉、〈由祭祀圈到信仰圈：臺灣民間社會的地域構成與發展〉，將施振民所說的祭祀層級體系分成兩個部分，在鄉鎮層級之內的稱為祭祀圈，超越鄉鎮層級的祭祀區域稱為「信仰圈」，二者在性質上有一些不同；[31]張珣〈祭祀圈研究的反省與後祭祀圈時代的來臨〉進一步提出了後祭祀圈的概念。[32]

（五）公共領域與地方菁英

受到西方漢學研究影響下，公共領域、地方菁英等概念，也帶進寺廟的研究當中。[33]陳世榮〈清代北桃園的地方菁英及「公共空間清代北桃園的開發與地方社會建構（1683-1895）」〉碩士論文，以其爾後發表期刊〈清代北桃園的地方菁英及「公共空間」〉以公共領域、地方菁英的角度來探討；[34]宋光宇〈霞海城隍祭典與臺北大稻埕商業

30 施振民：〈祭祀圈與社會組織：彰化平原聚落發展模式的探討〉，《中央研究院民族學研究所集刊》第36期（1973年），頁191-208。

31 林美容：〈由祭祀圈來看草屯鎮的地方組織〉，《中央研究院民族學研究所集刊》第62期（1986年），頁53-114；林美容：〈由祭祀圈到信仰圈：臺灣民間社會的地域構成與發展〉，收錄於張炎憲編：《第三屆中國海洋發展史論文集》（臺北市：中央研究院三民主義研究所，1988年），頁95-126。

32 張珣：〈祭祀圈研究的反省與後祭祀圈時代的來臨〉，《臺灣大學考古人類學刊》第58期（2002年），頁78-111。

33 臺灣公共領域、地方菁英與寺廟的研究者，受到西方漢學家諸如：P.Steven Sangren、Prasenjit Duara、JosephW.Esherick、Mary B.Rankin所影響。參見王志宇：《寺廟與村落——臺灣漢人社會的歷史文化觀察》，頁22。

34 陳世榮：〈清代北桃園的開發與地方社會建構（1683-1895）〉（桃園縣：中央大學歷史研究所碩士論文，1999年）；陳世榮：〈清代北桃園的地方菁英及「公共空間」〉，《政大歷史學報》第18期（2001年），頁206-208。

發展的關係〉以大稻埕地區自咸豐初年建街以來，商業貿易活動即成為社會發展的主要動力，看出寺廟信仰的發展常與所在的社會型態之間有著十分密切的關係；[35]康豹（Paul Katz），〈慈祐宮與清代新莊地方社會之建構〉一文，以公共領域、地方菁英等概念帶入對於廟會活動的研究。[36]

（六）寺廟建築與藝術

　　廟宇建築空間的裝飾，也是一項技藝與美學的結合，也因寺廟有其建築與藝術的特色，吸引不少建築學者與藝術學者的重視，加上中央補助各地縣市文化局進行寺廟的保存、調查研究以及修繕工程，便累積了不少相關成果。當中，建築部分：李乾朗《臺灣建築史》、《臺灣建築閱覽》、《臺灣傳統建築》以及日籍學者藤島亥治郎《臺灣原味建築》說明了傳統廟宇建築的相關構件名稱與構件上的裝飾陳述，從中可以了解到寺廟建築的存在價值與文化性。[37]在寺廟藝術方面：陳清香等編著的《臺灣宗教藝術》以建築藝術做為研究主軸，並設定傳統廟宇建築為對象，闡述廟宇裡面各式的雕刻構件以及所具有的形式、種類、搭配手法、組合應用、吉祥語，藉此書可以理解這些各式的雕刻構件所存的寓意與象徵。[38]謝榮宗《臺灣辟邪劍獅研究》、《神

---

35 宋光宇：〈霞海城隍祭典與臺北大稻埕商業發展的關係〉，《中央研究院歷史語言研究所集刊》第62卷第2期（1993年），頁291-336。

36 康豹（Paul Katz）：〈慈祐宮與清代新莊地方社會之建構〉，《臺北縣立文化中心季刊》第53期（1997年），頁71-78。

37 李乾朗：《臺灣建築史》（臺北市：雄獅圖書公司，1979年）；李乾朗：《臺灣建築閱覽》（臺北市：玉山社出版公司，1996年）；李乾朗：《臺灣傳統建築》（臺北市：東華書局，1998年）；（日）藤島亥治郎：《臺灣原味建築》（臺北市：常民文化出版社，2000年）。

38 陳清香、李豐楙、李乾朗、王慶台、許功明等編著：《臺灣宗教藝術》（臺北市：空中大學，2001年）。

像與信仰》、《臺灣傳統宗教藝術》、《臺灣的信仰文化與裝飾藝術》等，從宗教學和圖像學的角度切入，論述神像、祭祀用具、儀式壇場中的各項器物，以及寺廟建築空間與裝飾等宗教藝術。[39]此外，何政廣的《臺灣神像藝術》、陳清香的《臺灣佛教美術的傳承與發展》李奕興的《臺灣傳統彩繪》、康諾錫的《臺灣廟宇圖鑑》等都以圖文解說方式認識寺廟的神像造型與裝飾藝術。[40]

　　透過上述這些研究的回顧，了解了臺灣民間宗教的寺廟對於地方社會的互動關係，這些研究者也啟發了筆者思考寺廟與市街之間的關係，從前述研究成果回顧來看，筆者以為目前幾乎未有針對清代噶瑪蘭（宜蘭）市街與寺廟形成和興衰結合在一起做深入探討的論著，筆者對此擬加以研究。

二　噶瑪蘭史的研究

　　噶瑪蘭史的研究成果在許多的學者努力之下，已經呈現十分豐碩的成果，加上在宜蘭縣政府於民國八十一年（1992）成立縣史館籌備處，推動地方文史的研究，開啟了研究的濫觴。[41]無論是對宜蘭地區

---

39 謝宗榮：《臺灣辟邪劍獅研究》（臺北市：藝術學院傳統藝術研究所碩士論文，2000年）；謝宗榮：《神像與信仰》（臺北縣：臺北縣鶯歌陶瓷博物館，2003年）；謝宗榮：《臺灣傳統宗教藝術》（臺中市：晨星出版公司，2003年）；謝宗榮：《臺灣的信仰文化與裝飾藝術》（臺北市：博揚文化公司，2003年）。

40 何政廣：《臺灣神像藝術》（臺北市：藝術家出版社，1993年）；李奕興：《臺灣傳統彩繪》（臺北市：藝術家出版社，1993年）；康諾錫：《臺灣廟宇圖鑑》（臺北市：貓頭鷹出版社，2004年）；陳清香：《臺灣佛教美術的傳承與發展》（臺北市：文進出版有限公司，2005年）。

41 陳進傳：〈五十年來宜蘭史研究的回顧〉，收於中華民國史專題第四屆討論會秘書處，《中國民國史專題論文集第四屆討論會》（臺北縣：國史館，1998年），頁2147-2209；此外，宜蘭縣史館自1994年起，更是陸續舉辦了多次「宜蘭研究」學術研討會。

大範圍、整體性的研究，[42]也包含了從不同的角度切入，精緻且細膩的研究也如雨後春筍般的出現，[43]無論是天地會黨首吳沙舉眾而來、[44]或是結首制入墾制的發展、[45]聚落空間的分布、[46]水利開發、[47]設廳後

---

42 許倬雲原著、曾雨潤翻譯：〈十九世紀上半期的宜蘭〉，《宜蘭文獻雜誌》第5期（1993年），頁71-93；何懿玲：《日據前漢人在蘭陽地區的開發》（臺北市：臺灣大學歷史學研究所碩士論文，1980年）；廖風德：《清代之噶瑪蘭》（臺北市：正中書局，1990年）；徐雪霞：〈清代宜蘭的發展〉，《臺北文獻》直字69（1993年），頁131-170。

43 石田浩：「（1985年）當時關於宜蘭農村的資料很少，臺灣研究者的調查也很少。但是，我很驚訝近年宜蘭研究越來越多，而且也越來越精緻。」參閱石田浩：〈宜蘭村落的形成與其同族組織未發達的原因——臺灣農村研究的課題和問題意識〉收錄於李素月：《「宜蘭研究」第二屆國際學術研討會論文集》（宜蘭縣：宜蘭縣立文化中心，1998年），頁323。

44 尹章義：〈從天地會「賊首」到「義首」到開蘭「墾首」——吳沙的出身以及「聚眾奪地、違例開邊」的藉口〉，《臺北文獻》直字181期（2012年），頁95-157；尹章義：〈吳沙出身研究之補遺與訂正——以史學方法論和歷史訊息傳播理論為基礎所做的反省〉，《臺北文獻》直字186期（2013年），頁217-247。

45 蔡淵絜：〈合股經營與清代臺灣的土地開發〉，《臺灣師範大學歷史學報》第13期（1985年），頁275-302；王世慶：〈結首制與噶瑪蘭的開發——兼論結首制起自荷蘭人之說〉，收錄於湯熙勇：《中國海洋發展史論文集》第7輯（臺北市：中央研究院中山人文社會研究所，1999年），頁469-501。

46 施添福：《蘭陽平原的傳統聚落——理論架構與基本資料》（宜蘭縣：宜蘭縣立文化中心，1997年），頁30-78；施添福：〈蘭陽平原傳統聚落及人文生態意義〉，《空間雜誌》第62期（1994年），頁104-107；施添福：〈宜蘭的聚落發展及實查〉，《宜蘭文獻雜誌》第22期（1996年），頁38-57；黃雯娟：《清代蘭陽平原的水利開發與聚落發展》（臺北市：臺灣師範大學地理學研究所碩士論文，1990年）

47 王世慶：〈從清代臺灣農田水利的開發看農村社會關係〉，《臺灣文獻》第36卷第2期（1985年），頁107-150；王世慶：〈談清代臺灣蘭陽地區之農田水利開發史料〉，《臺灣文獻》第39卷第4期（1988年），頁181-196；周翔鶴：〈埤圳·結首制·力裁業戶——水利古文書中所見之宜蘭拓墾初期社會狀況〉，《臺灣研究集刊》第3期（1997年），頁69-78；周翔鶴：〈水利企業者、結首和佃戶——清代宜蘭水利文書研究〉，收錄於廖英杰：《「宜蘭研究」第三屆學術研討會論文集》（宜蘭縣：宜蘭縣立文化中心，2000年），頁229-258；黃雯娟：《清代蘭陽平原的水利開發與聚落發展》（臺北市：臺灣師範大學地理學研究所碩士論文，1990年）。

的政策施行、[48]宗族與家族的發展、[49]墾佃間較低的依賴關係；[50]以及因樂派不同，出現械鬥的情況。[51]上述這些研究，不但豐富了噶瑪蘭的文史，也成了後續研究的基礎。由於本研究是討論清代噶瑪蘭寺廟與市街的關係，因此，以下將相關的研究來擇要回顧。

（一）整體性的研究

在整體性的研究部分，最早有許倬雲以人口、農業、宗族這三個面向，對整個宜蘭平原的開發進行了論述和討論；[52]張宗寶〈蘭陽平原的開發與中地體系之發展過程〉以中地理論，看待宜蘭平原的開發；[53]何懿玲的論文則偏重清代漢人的墾殖與重要人物的記述；[54]徐雪霞〈清代宜蘭的發展〉透過拓墾、政治、經濟、社會四個角度，對清代宜蘭地區的開發做全面的、主題式的論述。[55]陳進傳〈清代噶瑪蘭的拓墾社會——從血緣、地緣、本土化觀點探討之〉則是著眼於本

---

48 周翔鶴：〈埤圳・結首制・力裁業戶——水利古文書中所見之宜蘭拓墾初期社會狀況〉，《臺灣研究集刊》第3期總第57期（1997年），頁69-78。

49 石田浩：〈宜蘭村落的形成與其同族組織未發達的原因——臺灣農村研究的課題和問題意識〉，收錄於李素月「宜蘭研究」第二屆國際學術研討會論文集》（宜蘭縣：宜蘭縣文化中心，1997年），頁308-328；周翔鶴：〈從水利事業看清代宜蘭的社會領導階層與家族興起〉，《臺灣研究集刊》，頁62-70；陳進傳：《宜蘭傳統漢人家族之研究》（宜蘭縣：宜蘭縣立文化中心，1995年），頁352-358。

50 黃于玲：〈清代噶瑪蘭土地租佃制度的形成與演變〉（臺北市：國立臺灣大學社會學研究所碩士論文，1994年），頁185-189。

51 陳其南：《臺灣的傳統中國社會》（臺北縣：允晨文化實業公司，1994年），頁112。

52 許倬雲原著、曾雨潤翻譯：〈十九世紀上半期的宜蘭〉，《宜蘭文獻雜誌》第5期（1993年），頁71-93。

53 張宗寶：〈蘭陽平原的開發與中地體系之發展過程〉，《臺灣銀行季刊》第26卷第4期（1975年），頁226-257。

54 何懿玲：《日據前漢人在蘭陽地區的開發》（臺北市：臺灣大學歷史學研究所碩士論文，1980年）。

55 徐雪霞：〈清代宜蘭的發展〉，《臺北文獻》直字69（1984年），頁131-170。

土化與內地化的過程討論；[56]一九九○年廖風德《清代之噶瑪蘭》一書，為探討清代宜蘭的專書，文中利用官方與民間兩個面向，分析清廷對蘭地開發政策的演變與運作，以及了解蘭地的拓墾歷程和社會組織的發展，以俯視角度，將環境、拓墾、官治組織、社會發展，民變與分類械鬥給予分類與詳述，奠定噶瑪蘭地區開發史的研究基本架構。[57]卓克華《宜蘭古蹟揭密——古道、寺廟與宜蘭人》一書，雖是將其有關宜蘭之研究的部分集結，但是這本書從古蹟為出發點，連結至交通、寺廟與人物家族這三大面向，以新論述方式呈現宜蘭研究的新的面貌。[58]

（二）拓墾的研究

在宜蘭的拓墾研究上，王世慶〈結首制與噶瑪蘭的開發——兼論結首制起自荷蘭人之說〉解決了以往對於結首制的誤解；[59]爾後，尹章義〈從天地會「賊首」到「義首」到開蘭「墾首」——吳沙的出身以及「聚眾奪地、違例開邊」的藉口〉、〈吳沙出身研究之補遺與訂正——以史學方法論和歷史訊息傳播理論為基礎所做的反省〉，利用清宮檔案、客家六堆史料，證明了開蘭奠基者吳沙是天地會的黨首，而結首制度正是天地會的組織系統；[60]施添福《蘭陽平原的傳統聚

---

56 陳進傳：〈清代噶瑪蘭的拓墾社會——從血緣、地緣、本土化觀點探討之〉，《臺北文獻》直字92（1990年），頁1-51。

57 廖風德：《清代之噶瑪蘭》（臺北市：正中書局，1990年）。

58 卓克華：《宜蘭古蹟揭密——古道、寺廟與宜蘭人》（臺北市：蘭臺出版社，2016年）。

59 王世慶：〈結首制與噶瑪蘭的開發——兼論結首制起自荷蘭人之說〉，收錄於湯熙勇主編《中國海洋發展史論文集第7輯》（臺北市：中央研究院中山人文社會科學研究所，1999年），頁469-501。

60 尹章義：〈從天地會「賊首」到「義首」到開蘭「墾首」——吳沙的出身以及「聚眾奪地、違例開邊」的藉口〉，《臺北文獻》直字181期（2012年），頁95-157；尹章

落──理論架構與基本資料》，認為結首制是噶瑪蘭地區拓墾迅速的
關鍵因素之一；[61]除了以結首制度做為噶瑪蘭的拓墾因素外，周翔鶴
〈從水利事業看清代的社會領導階層與家族興起〉與蔡淵洯〈合股經
營與清代臺灣的土地開發〉，利用埤圳合股、結首制、水利古文書來
研究宜蘭的拓墾史；[62]王世慶於〈從清代臺灣農田水利的開發看農村
社會關係〉、〈談清代臺灣蘭陽地區之農田水利開發史料〉進一步指
出，做為初期武力拓墾組織的結首制，也利用水利修建的方式來拓墾
噶瑪蘭，而這些投資與開發往往與宗教密不可分。[63]游家瑞〈清領時
期蘇澳地區漢人聚落的發展（1796-1895）〉、張琬玲〈清代宜蘭溪南
地區漢人拓墾勢力與地方社會（1804-1895）〉兩本碩士論文，從古契
約文書、水利文件，去探討宜蘭溪南地區的開發歷程。[64]

（三）聚落與社會

聚落部分，有劉惠芳〈日治時期宜蘭城之空間改造〉、鄭雅慧

義：〈吳沙出身研究之補遺與訂正──以史學方法論和歷史訊息傳播理論為基礎所
做的反省〉，《臺北文獻》直字186期（2013年），頁217-247。

61 參見施添福：《蘭陽平原的傳統聚落──理論架構與基本資料》（宜蘭縣：宜蘭縣文
化中心，1996年），頁2-78；施添福：〈蘭陽平原傳統聚落及人文生態意義〉，《空
間》62期（1994年），頁104-107；施添福：〈宜蘭的聚落發展及實查〉，《宜蘭文獻雜
誌》22期，頁38-57。

62 蔡淵洯：〈合股經營與清代臺灣的土地開發〉，《臺灣師範大學歷史學報》第13期
（1985年），頁275-302；周翔鶴：〈從水利事業看清代的社會領導階層與家族興
起〉，《臺灣研究集刊》（1998年），頁62-70。

63 王世慶：〈從清代臺灣農田水利的開發看農村社會關係〉，《臺灣文獻》第36卷第2期
（1985年），頁107-150；王世慶：〈談清代臺灣蘭陽地區之農田水利開發史料〉，《臺
灣文獻》第39卷第4期（1988年），頁181-196。

64 游家瑞：《清領時期蘇澳地區漢人聚落的發展（1796-1895）》（新竹市：新竹教育大
學社會科教育學系碩士論文，2003年）；張琬玲：《清代宜蘭溪南地區漢人拓墾勢力
與地方社會（1804-1895）》（臺北市：臺灣師範大學歷史學碩士論文，2006年）。

〈日治時代頭圍聚落之變遷〉、鄭仲浩〈宜蘭舊城區市街發展與變遷〉以建築空間的概念，去了解頭圍與宜蘭的聚落發展。[65]在聚落與社會部分，王世慶以水利埤圳的修建，導出噶瑪蘭地區聚落的成形；[66]施添福以地籍、戶籍資料，建構出宜蘭聚落的形成；[67]在此基礎上，黃雯娟〈清代蘭陽平原的水利開發與聚落發展〉以水利古文書以及地理實查得宜蘭地區水圳開鑿與拓墾方向一致，得出噶瑪蘭的集村、散村聚落均建立於臨圳、沿河之上；[68]石田浩〈宜蘭村落的形成與其同族組織未發達的原因——臺灣農村研究的課題和問題意識〉認為大陸地緣同鄉的關係，往往會集中居住於同一地區，進而出現村落。[69]另外，受制於噶瑪蘭地區開發歷史較晚，加上開墾方式導致分佃的土地面積較小，讓單一個體戶具有較高的獨立性格的情況，以及血緣基礎不深的情況下，即使入蘭的移民多結伴、血緣基礎濃厚，但受限於開發較遲而繁衍較慢；[70]因此，石田浩便認為地緣同鄉在建立聚落後，

---

65 劉惠芳：〈日治時期宜蘭城之空間改造〉（臺南市：成功大學建築系碩士論文，2001年）；鄭雅慧：《日治時代頭圍聚落之變遷》（臺南市：成功大學建築系碩士論文，2001年）；鄭仲浩：《宜蘭舊城區的市街發展與變遷》（臺南市：成功大學建築系碩士論文，2003年）。

66 王世慶：〈從清代臺灣農田水利的開發看農村社會關係〉，《臺灣文獻》第36卷第2期（1985年），頁107-150；王世慶：〈談清代臺灣蘭陽地區之農田水利開發史料〉，《臺灣文獻》第39卷第4期（1988年），頁181-196。

67 施添福：《蘭陽平原的傳統聚落——理論架構與基本資料》，頁2-29、30-78。

68 黃雯娟：《清代蘭陽平原的水利開發與聚落發展》（臺北市：臺灣師範大學地理學研究所碩士論文，1990年）。

69 石田浩：〈宜蘭村落的形成與其同族組織未發達的原因——臺灣農村研究的課題和問題意識〉，收錄於李素月《「宜蘭研究」第二屆國際學術研討會論文集》（宜蘭縣：宜蘭縣文化中心，1997年），頁308-328。

70 參見石田浩：〈宜蘭村落的形成與其同族組織未發達的原因—臺灣農村研究的課題和問題意識〉，收錄於李素月《「宜蘭研究」第二屆國際學術研討會論文集》（宜蘭縣：宜蘭縣文化中心，1997年），頁308-328；周翔鶴：〈從水利事業看清代的社會領導階層與家族興起〉，頁62-70；施添福：《蘭陽平原的傳統聚落——理論架構與基本

會侍奉原鄉的神祇，並建立寺廟，以寺廟為中心來形成村落。[71]徐雪霞也發現在噶瑪蘭社會中，寺廟扮演重要的角色；[72]許淑娟〈蘭陽平原祭祀圈的空間組織〉與簡瑛欣〈宜蘭廟群KHIAM（礤）祭祀圈之研究〉、何里庭〈宜蘭詔安客屬村落的文化網路與認同：以游氏宗族與寺廟為例〉以祭祀圈作為研究視角，探討了祭祀圈中廟群和族群的關聯性。[73]邱彥貴、林政宏、謝美玲、張智欽等人，以族群和信仰的角度，探討了三山國王在噶瑪蘭的發展情形。[74]

（四）族群、寺廟與樂派

因族群、寺廟、樂派的不同，發生了械鬥之爭，張苙〈宜蘭兩次

資料》，頁30-78；施添福評石田浩：〈宜蘭村落的形成與其同族組織未發達的原因——臺灣農村研究的課題和問題意識〉，收錄於李素月：《「宜蘭研究」第二屆國際學術研討會論文集》（宜蘭縣：宜蘭縣立文化中心，1998年），頁329-330。周翔鶴：〈從水利事業看清代宜蘭的社會領導階層與家族興起〉，頁62-70；陳進傳：《宜蘭傳統漢人家族之研究》（宜蘭縣：宜蘭縣立文化中心，1995年），頁352-358；張琬玲：《清代宜蘭溪南地區漢人拓墾勢力與地方社會（1804-1895）》（臺北市：臺灣師範大學歷史學碩士論文，2006年）；游佳瑞：《清領時期蘇澳地區漢人聚落的發展（1796-1895）》（新竹市：新竹教育大學社會科教育研究所碩士論文，2002年）。

71 石田浩：〈宜蘭村落的形成與其同族組織未發達的原因——臺灣農村研究的課題和問題意識〉，收錄於李素月《「宜蘭研究」第二屆國際學術研討會論文集》（宜蘭縣：宜蘭縣文化中心，1997年），頁308-328。

72 徐雪霞：〈清代宜蘭的發展〉，《臺北文獻》直字69（1993年），頁131-170。

73 許淑娟，《蘭陽平原祭祀圈的空間組織》（臺北市：臺灣師範大學地理學研究所碩士論文，1991年）；簡瑛欣：《宜蘭廟群KHIAM（礤）祭祀圈之研究》（臺北市：政治大學民族研究所碩士論文，2004年）。

74 彥貴：〈宜蘭溪北地區的三山國王信仰——自傳說看歷史性的族群關係論述〉，收於李素月：《「宜蘭研究」第二屆國際學術論文研討會論文集》（宜蘭縣：宜蘭縣立文化中心，1996年），頁266-293；林政宏：《蘭陽平原三山國王廟景觀之生態研究》（臺北市：中國文化大學地理學研究所碩士論文，1996年）；謝美玲：《宜蘭地區客家與三山國王信仰之演變》（佛光人文社會學院社會學研究所碩士論文，2004年）；張智欽：〈宜蘭地區三山國王信仰與族群互動〉，收於許美智：《族群與文化——第六屆宜蘭研究學術研討會論文集》（宜蘭縣：宜蘭縣史館，2006年），頁631-672。

械鬥事件之剖析——論噶瑪蘭粵莊殘閩與挑夫械鬥兩案〉、《清代臺灣民變史研究》，將宜蘭地區的分類械鬥整理出來。[75]爾後，噶瑪蘭地區特有的，因寺廟選取的樂曲不同而出現的西皮、福祿的樂派械鬥的情形，除張菼的成果外，分別有李清蓮〈宜蘭之西皮福祿百年考〉、邱坤良〈西皮福祿的故事〉、周志煌〈臺灣北管「子弟班」所反映的社群分類現象〉、簡秀珍〈清代宜蘭地區北管分派原因探考及其文化意涵分析〉、林君玲〈陣頭、文物與展演：論蘭陽地區北管陣頭文物的展演及其文化意涵〉等。[76]這些成果，多由噶瑪蘭地區樂派發展時序、因素、特色來進行紀錄，也為本文在論述宗教與社會的情況奠基良好的基礎。

（五）寺廟相關研究

　　寺廟是信仰落實的場所，與社會族群、地方開發等有著密切的互動關係，而其建築與藝術的特色，也同樣吸引建築學者與藝術學者的重視。在宜蘭縣政府、蘭陽博物館等機構的支持下，陸續有許多學者進行宜蘭地區寺廟或古蹟的調查工作。陳登欽《宜蘭縣頭城文化史蹟勘察測繪報告》、李乾朗《宜蘭昭應宮調查研究》、財團法人台大建築

---

75 張菼：〈宜蘭兩次械鬥事件之剖析——論噶瑪蘭粵莊殘閩與挑夫械鬥兩案〉，《臺灣文獻》第27卷第2期（1976年），頁54-71；張菼：《清代臺灣民變史研究》（臺北市：臺灣銀行經濟研究室，1970年）。

76 李清蓮：〈宜蘭之西皮福祿百年考〉，《蘭陽》第8期（1976年），頁101-110；邱坤良：〈西皮福祿的故事〉，收於邱坤良：《民間戲曲散記》（臺北市：時報文化出版社，1979年），頁151-182；周志煌：〈臺灣北管「子弟班」所反映的社群分類現象〉，《國文天地》第10卷第1期（1994年），頁70-75；簡秀珍：〈清代宜蘭地區北管分派原因探考及其文化意涵分析〉，收於范揚坤、李毓芳：《2001年中華民國民族音樂學會青年學者學術研討會論文集》（臺北市：民族音樂學會，2002年），頁112-126；林君玲：《陣頭、文物與展演：論蘭陽地區北管陣頭文物的展演及其文化意涵》（臺北市：臺北藝術大學傳統藝術研究所工藝美術組碩士論文，2006年）。

與城鄉研究發展基金會《宜蘭縣古蹟調查研究計畫》、凌昌武、林焰瀧《蘭陽史蹟文物圖鑑》,[77]即是調查一地區的古蹟或是針對一間寺廟文物建築。至於明確調查寺廟部分,有林衡道在民國五十四年四月（1965）調查了宜蘭地區的寺廟,並將結果以〈宜蘭縣寺廟祀神之分析〉發表於《臺北文獻》第二十二卷第二期;[78]爾後陸續有游謙、施芳瓏主持《宜蘭縣民間信仰》,調查了宜蘭地區約五百八十座寺廟的歷史發展歷程與沿革,以及其主神信仰;[79]陳進傳先後主持《宜蘭縣頭城鎮寺廟文物普查計畫成果報告書》、《宜蘭縣宜蘭市寺廟文物普查計畫成果報告書》,以及郭耀清、徐惠隆主持,《冬山鄉寺廟彙編》,為近年來首度對宜蘭市、頭城鎮與冬山鄉進行寺廟的全面普查。[80]

　　以「寺廟」為核心的研究,從歷史或社會變遷的角度探討寺廟與族群的發展有林福春《清代噶瑪蘭寺院之研究》、賴俊嘉〈羅東震安宮與地方發展〉、廖鳳玉〈蘭陽大興振安宮與地方發展〉、黃貞瑜〈宜蘭縣五結鄉孝威地區寺廟之調查與研究〉,[81]針對宜蘭各地的寺廟進行

---

77 陳登欽主持:《宜蘭縣頭城文化史蹟勘察測繪報告》（宜蘭縣:宜蘭縣立文化中心,1992年）;李乾朗:《宜蘭昭應宮調查研究》（臺北市:「行政院文化建設委員會」,1988年）;財團法人臺大建築與城鄉研究發展基金會:《宜蘭縣古蹟調查研究計畫》（宜蘭縣:宜蘭縣政府,1995年）;凌昌武、林焰瀧:《蘭陽史蹟文物圖鑑》（宜蘭縣:宜蘭縣文化中心,1986年）。

78 林衡道:〈宜蘭縣寺廟祀神之分析〉,《臺灣文獻》第22卷第2期,頁9-22。

79 游謙、施芳瓏:《宜蘭縣民間信仰》（宜蘭縣:宜蘭縣政府,2003年）。

80 陳進傳:《宜蘭縣頭城鎮寺廟文物普查計畫成果報告書》（宜蘭縣:宜蘭縣立蘭陽博物館,2014年）;陳進傳:《宜蘭縣宜蘭市寺廟文物普查計畫成果報告書》（宜蘭縣:宜蘭縣立蘭陽博物館,2016年）。郭耀清、徐惠隆:《冬山鄉寺廟彙編》（宜蘭縣:冬山鄉公所,2015年）。

81 林福春:《清代噶瑪蘭寺院之研究》（臺北市:巨龍圖書公司,1993年）;賴俊嘉:《羅東震安宮與地方發展》（宜蘭縣:佛光大學歷史系碩士論文,2011年）;廖鳳玉:《蘭陽大興振安宮與地方發展》（宜蘭縣:佛光大學歷史系碩士論文,2013年）;黃貞瑜:《宜蘭縣五結鄉孝威地區寺廟之調查與研究》（宜蘭市:佛光大學歷史系碩士論文,2014年）。

單一個體或是大範圍的研究，簡單說即是將「寺廟」視為信仰落實的場所，進而討論寺廟在這些聚落所扮演的角色，並指出寺廟是聚落與族群的重要文化指標，與地方的開發與發展是息息相關，同時也是凝聚地方的重要力量。

從文獻回顧中，可以發現噶瑪蘭研究以拓墾為起始，擴張到社會、文化、區域與建築藝術等面向的研究，這些研究成果已提供豐厚的基礎。若能以寺廟做為中心研究，進而探討清代宜蘭地區政治、經濟、文化教育乃至於社會整體面向，以新的角度來勾勒出清代噶瑪蘭的情況。

第三節　研究主題、範圍與架構

本文的主題是清代噶瑪蘭的寺廟與市街關係，究竟是寺廟帶動了市街的發展；或是因市街的興盛，為了酬神而出現寺廟；又或是市街與寺廟同時出現？因此，從清代噶瑪蘭的發展，去了解當時寺廟與市街的相互關係。

研究範圍，時間的斷限上，界定在清代，也就是嘉慶元年（1795）至光緒二十一年（1895）臺灣割日為止。空間上，「噶瑪蘭地區」指的是地理環境的宜蘭平原，以行政區而言，即是清代行政區噶瑪蘭廳轄下區域，計有十二堡，分述如下：五圍三結街堡（本城堡）、民壯圍堡、員山堡、溪州堡、清水溝堡、打那美堡、淇武蘭堡、頭圍堡、頂二結堡、茅仔寮堡、利澤簡堡。[82]

---

82 嘉慶十七年（1812），將宜蘭平原正式收入版圖，設噶瑪蘭廳治理，轄區內共七堡，溪北四堡，溪南三堡，道光三年（1823），噶瑪蘭通判呂志恆為便於清查戶口，將蘭境分為七保；道光十五年（1835）左右，堡數由七堡增加到十二堡。見（清）陳淑均：《噶瑪蘭廳志》（臺北市：「行政院文建會委員會」，2006年），頁356-

　　本文中雖然也對噶瑪蘭地區的地理環境、漢人的拓墾、聚落分布提供背景說明，但主要的論述主題是探討寺廟與市街的關係。茲簡述本研究主題要項如下：

一、噶瑪蘭為漢人二次移民之地，自清嘉慶元年（1796）開始，漢人大量移入噶瑪蘭地區後，透過土地的開墾、水利的興建與族群關係，進而以寺廟作為主要核心去探討漢人聚落的發展情況。另外，除了探討漢人拓墾的過程外，並以清代與日本統治初期的人口統計資料，說明噶瑪蘭地方社會人口組成與族群結構的特色，並利用寺廟去分析各籍移民群體的分布情形。

二、了解清代噶瑪蘭商業街肆的發展，除了釐清水文、交通網路與區域發展之間的關係外，藉由寺廟的建立，去看當時商業街肆與附近各區域間的互動關係，究竟是市街帶動寺廟的繁華，或是寺廟是帶動市街的興起，換言之，即是以寺廟做為主軸來呈現清代噶瑪蘭當時經濟發展情形。

三、以市街中重要的寺廟為論述重點，藉由寺廟所流傳下來的歷史沿革與傳說，配合實體寺廟所保存關於清代的痕跡，從中去看市街發展與地方民間信仰文化活動、建築藝術的相關性。

四、將清代噶瑪蘭地域上所出現的寺廟，以量化分析的方式，從寺廟數量以及主神性質探究蘭地開拓的情況，以及從主神性質，了解這些神祇出現的原因與其所代表的意義。

　　整體架構來看，本研究基本上將寺廟視為核心概念，在寺廟之下有著宜蘭的開發、族群、政治、商業經濟。換句話說，將開發、族群、政治、商業經濟視為各個場域，寺廟是各場域的連結的中心，經由這樣的方式去了解清代噶瑪蘭寺廟與市街的相互關係。

357、25-28。到了光緒元年（1875），噶瑪蘭廢廳設縣，改名為「宜蘭縣」。

第四節　研究方法與資料

一　研究方法

在研究方法方面，本文主要將運用歷史學與社會科學的相關研究方法，藉由資料考訂、文獻分析、田野調查、由歸納法著手，尤其將參酌社會科學研究方法中的質性研究。質性研究是一種將關注焦點放於社會事實的建構過程與人們在不同的、特有的文化脈絡下的經驗與解釋，而質性研究能夠看到量化結果所看不到的現象。加上本文除一般史料文獻外，也包含了龐大資訊的田野資料，為了找出過去文獻或研究所忽略的現象，以及更完善本文，所以選擇上述之研究方式。

二　資料來源

過去相關的研究相當依賴田野調查資料與相關史料的應用，本文也不例外，除了筆者的田野資料以外，也著重於相關史料的應用。

田野資料部分，透過對寺廟的訪查，利用實際調查後的結果，以各個廟宇所祀奉的神祇去分析閩粵勢力的消長、地方勢力興起和商業的發展。

史料部分，以清代的方志、時人著作、碑文資料、相關古文書、古地契約，日本統治時期所編纂的調查報告，尤其是與本文所討論的地區相關的各種材料。

在地方志與調查報告部分，參考清代到光復以後的調查報告和地方志，諸如清代《噶瑪蘭志略》、[83]《噶瑪蘭廳志》、[84]《魚鱗圖冊》，[85]

83　（清）柯培元：《噶瑪蘭志略》（臺北市：「行政院文建會委員會」，2006年）。

日本統治時期《宜蘭廳治一斑》、[86]《宜蘭廳統計書》，[87]或是《臺灣總督府公文類纂》、[88]《理蕃誌稿》、[89]《臺北州理蕃誌（舊宜蘭廳）》，[90]以及總督府的宗教調查報告書等，可以對當時清代、日本統治時期社會情況是不可或缺的資料。時人著作，如姚瑩《東槎紀略》、[91]馬偕（偕叡理）所著《馬偕日記》、[92]《From Far Formosa》[93]皆先後因著政治、宗教因素，踏上臺灣而留下資料，替當時清代社會概況提供了臨場的田野紀錄。

碑文資料以《臺灣地區現存碑碣圖誌──宜蘭縣、基隆篇》[94]以及陳進傳《清代噶瑪蘭古碑之研究》為主。[95]古文書方面，由於本文處理為宜蘭地區，因此以宜蘭地區的相關古文書為主，諸如《宜蘭廳管內埤圳調查書》、[96]《宜蘭古文書》[97]等各類文書。這些文書保留了

---

84 （清）陳淑均：《噶瑪蘭廳志》（臺北市：「行政院文建會委員會」，2006年）。

85 不著撰人：《魚鱗圖冊》（第1-2冊：臺北府宜蘭縣丈量冊；第3冊：紅水溝保魚鱗花戶冊），宜蘭縣史館藏。

86 宜蘭廳原編，朱素存翻譯，廖英傑主編：《宜蘭廳治一斑》（宜蘭縣：宜蘭縣史館，2015年）。

87 宜蘭廳庶務課：《宜蘭廳統計書》影印本，現存宜蘭縣縣史館。

88 國史館臺灣文獻館：《臺灣總督府公文類纂》電子資料庫：https://sotokufu.sinica.edu.tw/。

89 臺灣總督府警務局編：《理蕃誌稿》（臺北市：臺灣總督府警務局，1918-1935年）。

90 臺北州警務部原編，李素月等著：《臺北州理蕃誌（舊宜蘭廳）》（宜蘭縣：宜蘭縣縣史館，2014年）。

91 （清）姚瑩：《東槎紀略》（南投縣：臺灣省文獻委員會，1996年）。

92 偕叡理原著、王榮昌等翻譯：《馬偕日記1871-1901》（臺北市：玉山社出版事業公司，2012年）。

93 偕叡理原著、林晚生翻譯：《福爾摩沙紀事：馬偕臺灣回憶錄》（臺北市：前衛出版社，2007年）。

94 何培夫：《臺灣地區現存碑碣圖誌──宜蘭縣、基隆篇》（臺北市：中央圖書館臺北分館，1999年）。

95 陳進傳：《清代噶瑪蘭古碑之研究》（彰化縣：左羊出版社，1989年）。

96 臺灣總督府臨時土地調查局：《宜蘭廳管內埤圳調查書》影印本，現存宜蘭縣縣史館。

當時人群互動的歷史痕跡，透過這些古文書，可以發掘相關的資料。
此外，日本時期的宗教調查報告，從中可以了解不少關於清代噶瑪蘭
的寺廟資訊。

　　除了上述資料外，光復後，宜蘭縣內各地所編修的地方志，[98]寺
廟的內部檔案資料，[99]以及相關調查報告，都是本文在進行論述時的
重要史料來源。

---

97 宜蘭縣政府：《宜蘭古文書》第1-10輯（宜蘭縣：宜蘭縣政府，1993-2013年）。

98 宜蘭縣為縣委員會：《宜蘭縣志》（宜蘭縣：宜蘭縣政府，1954年）；吳文星：《頭城
　　鎮志》（宜蘭縣：頭城鎮公所，1985年）；黃鴻禧：《話說員山》（宜蘭縣：員山鄉公
　　所，2001年）；中華綜合發展研究院應用史學研究所：《羅東鎮志》（宜蘭縣：羅東
　　鎮公所，2002年）；林正芳：《續修頭城鎮志》（宜蘭縣：頭城鎮公所，2003年）；林
　　正芳：《宜蘭市志》（宜蘭縣：宜蘭市公所，2003年）；李心儀、陳世一：《礁溪鄉
　　誌》（宜蘭縣：礁溪鄉公所，2010年）；彭瑞金：《蘇澳鎮志》（宜蘭縣：艘澳鎮公
　　所，2014年）。

99 東嶽廟：《東嶽廟沿革史》（宜蘭縣：東嶽廟管理委員會，1984年）；羅東震安宮管
　　理委員會：《羅東震安宮修建落成鎮殿慶典手冊》（宜蘭縣：羅東震安宮管理委員
　　會，1982年）；彭紹周：《臺灣道廟誌第一輯‧宜蘭縣》（臺北市：中華道教文化公
　　司，1986年）；晉安宮：《蘇澳鎮晉安宮慶成祈安手冊》（宜蘭縣：蘇澳晉安宮宮管
　　理委員會，1991年）；周木全：《慈德寺（城隍廟）》（宜蘭縣：慈德寺管理委員會，
　　1991年）；蔡相輝：《勒建礁溪協天廟》（宜蘭縣：礁溪協天廟管理委員會，1997
　　年）；高雅寧：《草嶺慶雲宮志》（宜蘭縣：草嶺慶雲宮管理委員會，1999年）；黃永
　　樹：《壯五鎮安廟誌》（宜蘭縣：壯五鎮安廟管理委員會，2004年）。

第二章
噶瑪蘭自然環境與人文背景

　　噶瑪蘭在吳沙入墾之前，主要為原住民族群（包含噶瑪蘭族、泰雅族）的活動區域。大抵上噶瑪蘭族的分布主要在平原地帶，而泰雅族則是活動於山地之間。吳沙入墾後，跟隨而來的移民，面對到噶瑪蘭自然環境，諸如地勢高低、土壤、水文的限制，也得與原生地土著族群來進行互動。伴隨著移民的開拓腳步，清廷最終將噶瑪蘭納入大清版圖裡。

　　本章主要是談噶瑪蘭的自然條件與人文發展的相互關係，尤其是清代以降，地理環境的自然條件對人類聚落居住空間的選擇與形成有著一定的影響，以及原生土著與移民的交流。此外，清廷也因應時、事變異，調整行政區域劃分。因此，本章便在說明研究區域的自然環境與人文背景。

第一節　位置與範圍

　　從區位來看，噶瑪蘭地於臺灣東北端，位於東經121.45度，北緯24.46度，為今天的宜蘭縣所管轄範圍之內。西北有雪山山脈斷層線通過，南有中央山脈屏障，噶瑪蘭濁水溪（蘭陽溪）自西南從兩山之間穿流而過，為一典型的山麓沖積扇地形。

　　噶瑪蘭，在文獻記載上有「蛤仔難」、「蛤子難」、「蛤仔蘭」、「甲子蘭」等不同的稱呼，這些名詞，都是從噶瑪蘭先住民族的音譯而

來。[1]最早的開發記載始於清嘉慶元年（1796），吳沙率領漳、泉、粵三籍人士入墾噶瑪蘭之地，開啟了噶瑪蘭拓墾的濫觴。到了嘉慶十五年（1810），在淡水同知徐夢麟、臺灣知府楊廷理、福州將軍賽沖阿、少詹事梁上國、總督方維甸等人的奔走下，以及噶瑪蘭因朱濆事件之後，出現其重要的戰略地位，中央決議收入清朝版圖，改譯名為噶瑪蘭。[2]嘉慶十七年（1812），將蘭陽平原正式收入版圖，設噶瑪蘭廳治理，轄區內共七堡，溪北四堡，溪南三堡。[3]道光三年（1823），噶瑪蘭通判呂志恆為便於清查戶口，亦將蘭境分為七堡；[4]道光十五年（1835），因應噶瑪蘭廳人口數的增加，堡數由七堡增加到十二堡。[5]

　　光緒十一年（1885）臺灣設省，劉銘傳於光緒十三年重新調整行政區域，噶瑪蘭改稱為宜蘭縣，其轄下堡街不變，維持十二堡。[6]此一基層行政體系一直延續到光緒二十一年（1895）臺灣割日為止，確立了本研究明確的空間界線。本文所討論的範圍大致以劉銘傳於光緒十三年（1887）重新調整行政區域為主，以宜蘭縣與其所管轄的十二堡為主要討論的空間範圍。（見圖2-1-1）

---

1 〈蛤仔難紀略　教諭謝金鑾〉載道：「蛤子難，番語也。按番俗六考及郡志、諸羅縣志俱作蛤仔難，蕭竹詩草作甲子蘭，賽將軍奏作蛤仔蘭。」參見（清）柯培元：《噶瑪蘭志略》卷13〈藝文志〉（臺北市：「行政院文建會委員會」，2006年），頁420。

2 （清）姚瑩：《東槎紀略》卷3〈噶瑪蘭原始〉（南投縣：臺灣省文獻會，1996年），頁70。

3 〈雙銜會奏稿〉載道：「查噶瑪蘭埔地，除已經墾成田園外，尚有溪南、溪北，即東、西勢」參見（清）柯培元《噶瑪蘭志略》卷13〈藝文志〉，頁399。這裡的溪為蘭陽平原上的濁水溪（蘭陽溪），由於濁水溪橫貫蘭陽平原，將蘭陽平原分成兩大地域，因此以濁水溪為界，以南稱之為溪南或東勢，以北稱之為溪北或西勢。

4 （清）姚瑩：《東槎紀略》卷2〈噶瑪蘭定制〉，頁64。

5 （清）陳淑均：《噶瑪蘭廳志》卷2上〈規制〉（臺北市：「行政院文建會委員會」，2006年），頁101-104。

6 臺灣總督府：〈宜蘭廳街庄社名查定の件認可〉，《臺灣總督府公文類纂》，明治33年（1900年），乙種永久保存類，第15卷第7門。

圖2-1-1　道光十五年（1823）十二堡圖

資料來源：中央研究院臺灣百年歷史地圖底圖，筆者繪製。

第二節 自然環境

本節概將噶瑪蘭的地理環境、氣候、水資源、天然災害，茲分述如下：

一 地理環境

（一）地質概述

噶瑪蘭位於臺灣東北端，東鄰太平洋，北、西、南三側分別被雪山山脈以及中央山脈所圍繞，兩山脈間為蘭陽溪沖積平原。歷來將其分成三大區域，分別為雪山山脈區、中央山脈區和蘭陽平原區。[7]

清代移民主要活動區域為蘭陽平原地區。蘭陽平原，為一個三角形沖積平原，每邊長度約為三十公里，西北、西南兩邊則為高山地帶，東岸為筆直的海岸線，面積大約三百三十平方公里。蘭陽平原中有濁水大溪，以界南北。濁水大溪又稱為蘭陽溪，是宜蘭境內最大河流，全長有七十三公里之長。受到地形西南側山嶺高聳的影響，所以蘭陽溪出山流入平原後，因沉積作用盛，便形成一沖積扇三角洲平原，為清代宜蘭平原漢人族群主要分布與活動的地域。[8]

平原與山地接觸地帶有斷層通過，發源於山地的大小河川，分由西北及西南山地流出，水急流短，交錯互連，通過斷層，破山而出在山麓地帶形成一連串沖積扇群，導致由北而南，沿斷層線形成一串的

---

7 趙紹鏵、周銘瑋、徐瑩潔著：〈宜蘭地區土質概論與土層特徵〉，《宜蘭大學工程學刊》第5期（2009年），頁3。

8 陳正祥：《臺灣地誌》（臺北市：南天書局，1959年），頁770-771；施添福：《蘭陽平原的傳統聚落：理論架構與基本資料》（宜蘭縣：宜蘭縣文化中心，1996年），頁12。

沖積扇，由於組成沖積扇的土砂、礫石愈到扇頂愈粗、愈往扇端愈細，因此溪水在扇頂往往向下滲透而成伏流，至扇端又湧出地表，成為一系列出水量大小不一的湧泉，成帶狀分布於海拔十五至二十公尺之間的地形。從湧泉帶上流出的泉水，逐漸在平原上匯集成大小河流，繼續東流。[9]（見圖2-2-1）

圖2-2-1　噶瑪蘭水系圖

資料來源：中央研究院臺灣百年歷史地圖底圖，筆者繪製。

9　黃雯娟：《清代蘭陽平原的水利開發與聚落發展》（臺北市：臺灣師範大學地理研究所碩士論文，1990年），頁11-29。

　　平原東岸，為一個窄長南北走向的新、舊海岸沙丘地，長度達二十三公里。該沙丘被濁水溪（今蘭陽溪）橫跨截斷成為南北兩段，北段較窄、南段稍寬，整個寬度在二百至七百公尺之間，高度則在十公尺上下。[10]河流受阻於高大的沙丘，無法直接入海，而在沙丘帶西側，向北、向南流動，以致海拔二、三公尺以下的地區，形成面積廣大的低溼地帶和沼澤地帶，最後才經頭城、東港、頂寮三處沙丘帶的缺口處，注入海洋。[11]隨著宜蘭的發展，尤其是在噶瑪蘭地區納入清朝版圖之後，大批漢人往溪南拓墾、官方的設治以溪北為重鎮，使得溪北、溪南的開發呈現不同的特色，隨著時間的演變，溪北、溪南慢慢形成相當明顯的區域分化，形成兩個相關但又獨立發展的兩大社會空間，明顯存在顯著的區域差異。[12]

　　從地形判讀，噶瑪蘭地區的自然環境清楚顯現的空間變化順序，由西而東依次是大致可分為：山地與山間河谷帶、沖積扇帶、湧泉帶、低溼帶、沼澤帶、沙丘帶和海岸帶。[13]

（二）土質概述

　　清代移民主要活動區域為蘭陽平原地區，當中，蘭陽平原部分主要是由粉黏土層與粉土質砂層交互沉積的沖積層所組成。其中砂土層之級配偏於均勻，其地層應為疏鬆至中等緊密狀態；此外，由於地下水位相當接近地表面，也讓宜蘭地區容易出現因地震而產生的土壤液化的情況。[14]

---

10 李鹿苹：〈宜蘭平原土地利用的地理基礎〉，收於《臺灣小區域地理研究集》（臺北市：國立編譯館，1984年），頁31-32。

11 施添福：《蘭陽平原的傳統聚落：理論架構與基本資料（上冊）》，頁12。

12 施添福：《蘭陽平原的傳統聚落：理論架構與基本資料（上冊）》，頁12。

13 施添福：《蘭陽平原的傳統聚落：理論架構與基本資料（上冊）》，頁12-13。

14 趙紹鈴、周銘瑋、徐瑩潔著：〈宜蘭地區土質概論與土層特徵〉，《宜蘭大學工程學刊》第5期（2009年），頁9-10。

二　氣候

　　噶瑪蘭位於臺灣東北部，屬副熱帶季風氣候。整個噶瑪蘭地區，受地形三面環山，一面臨海的影響，由於平原向東開放，寒冷的東北季風從海面夾帶大量濕氣進入毫無屏障的噶瑪蘭地區，因此每年十月至隔年三月為多雨的季節。在溫溼度方面呈現濕冷的情況，東北季風吹入平原之後，遇到西邊的雪山與中央山脈的阻擋而陰雨綿綿；到了四月至九月乾季之時，風向由東南風轉而吹南風，仍將海面水氣帶入，雖然氣溫偏高，但溼氣的依然居高不下，便形成炎熱潮濕的氣候特徵。[15]

　　其終年天氣大抵上可分為四種類型，第一，十二月至隔年四月因東北季風經常細雨霏霏；第二，五、六月是梅雨季；第三，七、八月則有颱風造成豪雨；第四，九到十一月則受東北季風加上颱風環流雙重影響，又是經常下雨。整體而言，噶瑪蘭的氣候環境呈現多雨潮濕的天氣，一如諺語「竹風蘭雨」，為一多雨之地。

三　水資源

　　清代對於水資源的利用，最主要因素為受制於自然環境，加上當時技術水準普遍不高的情況下，自然環境對人類的障礙就較巨大。因此，人類必須遷就自然環境，經由選擇較佳的環境來方便生存。[16]宜蘭平原位於臺灣東北端，東鄰太平洋，北、西、南三側分別為雪山山脈及中央山脈諸峰所圍繞，兩山之間為蘭陽溪沖積平原，平原略成三

---

15 施添福：《蘭陽平原的傳統聚落：理論架構與基本資料（上冊）》，頁12-13。

16 臺灣省文獻委員會：《臺灣地區水資源史》第三篇（南投縣：臺灣省文獻委員會，1990年），頁209。

角形，每邊長度約三十公里，面積約三百三十平方公里，[17]噶瑪蘭全區三面環山，一面臨海，加上宜蘭為一沖積扇平原，自扇端向東，有許多河川流經（見圖2-2-1），以及各區自然環境的差異，對於水資源的利用也就截然不同。以下將平原分成山麓沖積扇、沖積平原、沿海沙丘三個區域，分別探討各區位於水資源的開發與利用。

（一）山麓沖積扇

在平原的西北部，有匹亞南（Piyanna）斷層自東北向西南斜貫，形成礁溪斷崖。斷層形成的落差，導致由北而南，沿斷層線形成一串的沖積扇，即頭圍沖積扇、礁溪沖積扇、大礁溪和小礁溪聯合沖積扇、宜蘭濁水溪（蘭陽溪）沖積扇、番社坑沖積扇、及南部的冬山沖積扇、內城沖積扇和武荖坑沖積扇等。[18]

山麓沖積扇雖然帶來了豐沛的水源，但多礫石或沙、礫混合層，這樣的地質不適合稻作的生長，除河谷地帶，多闢成旱園。[19]從表2-2-1來看，本區九條水圳的灌溉總面積不過八百六十一甲，由此可知，上述所提地質因素，讓本區只能局部性的開闢水田。

表2-2-1　山麓沖積扇的水圳與水源表

埤圳名稱	隸屬堡	引用水源	灌溉面積（甲）
紅柴林圳	溪州堡	蘭陽溪	40
十九結圳			70
阿里史佃圳		湧泉	270

---

17 陳正祥：《臺灣地誌》，頁770-771。

18 陳正祥：《臺灣地誌》，頁770-771。

19 臺灣省文獻委員會：《臺灣地區水資源史》第三篇，頁210。

埤圳名稱	隸屬堡	引用水源	灌溉面積（甲）
金大安圳	員山堡	大湖	172
鼻仔頭圳		大湖溪	35
金源和圳		雷公溪	94
三十九結圳	四圍堡 （淇武蘭堡）	龍潭湖	50
十六結圳		得子溪	100
金長源圳		大礁溪	30
合計			**861**

資料來源：臨時臺灣土地調查局：《宜蘭廳管內埤圳調查書》上、下冊，臺北市：臨時臺灣土地調查局，1905年。

（二）沖積平原

噶瑪蘭的沖積平原，即為三角洲平原區。本區因地勢的不同，以等高線五公尺為界又可分為高平原區、地平原區。[20]茲分述如下：

1　高平原區

位於扇端之東，多利用湧泉開埤逐圳，更因地勢較高，不常受到洪水的威脅而損壞。[21]從表2-2-2清代於此區共修築了十九水圳，灌溉面積達六千八百一十五甲，所引用的水源，除來自溪水外，多利用扇端的湧泉，所灌溉面積規模除金漳成圳、火燒圍圳不到百甲地外，其他都百甲地以上，更有千甲、二千甲的大水圳，可見此地水利建設與水資源的運用十分發達。

---

20 張慶森：《宜蘭平原之區域地理》（臺北市：中國文化大學碩士論文，1969年），頁4-6。

21 臺灣省文獻委員會：《臺灣地區水資源史》第三篇，頁211。

表2-2-2 高平原區水圳與水源表

埤圳名稱	隸屬堡	引用水源	灌溉面積（甲）
金同安圳	四圍堡 （淇武蘭堡）	湧泉、宜蘭河	270
辛永安圳		宜蘭河	300
四圍軟埤圳			175
泰山口圳	員山堡	蘭陽溪	537
金大成圳			1162
番仔圳（大三鬮、芭荖鬱、番仔圳）			140
金復興圳	溪州堡		160
金漳成圳			50
萬長春圳	茅仔寮堡	湧泉	2019
沙仔港陡門圳（第一圳、第二圳、第三圳）	打那美堡		305
金長安圳			370
八寶圳			384
林寶春圳		冬山河	504
火燒圍圳			90
金豐萬圳	利澤簡堡	武荖坑溪	379
合計			6815

資料來源：臨時臺灣土地調查局：《宜蘭廳管內埤圳調查書》上、下冊，臺北市：臨時臺灣土地調查局，1905年。

2 低平原區

本區由於地勢較低，容易受到颱風、暴雨或山洪暴發、海水倒灌

時，因河水渲洩不及而造成積水的情況，尤其是在頭城河、宜蘭河及冬山河下游一帶。[22]

清代在本區有十四條水圳，從表灌溉面積僅一六六三甲，最主要因素，因這地區積水範圍大，所以較難大量開發。

表2-2-3　低平原區水圳與水源表

埤圳名稱	隸屬堡	引用水源	灌溉面積（甲）
充公圳	四圍堡（淇武蘭堡）	承接其他圳水	220
林源春圳			250
金慶安圳		宜蘭河	220
金結安圳	民壯圍堡	承接其他圳水	384
金新安圳			130
林合源圳	利澤簡堡		43
鏢橄社圳			80
金瑞安圳	羅東堡		190
埤頭陡門圳（武淵圳、三堵圳）			206
打那岸圳			85
金合順圳		湧泉	40
八仙佃圳			50
抵美簡圳	頭圍堡		30
合計			**1663**

資料來源：臨時臺灣土地調查局：《宜蘭廳管內埤圳調查書》上、下冊，臺北市：臨時臺灣土地調查局，1905年。

---

22 官治平：〈宜蘭平原之土地利用〉，《臺灣銀行季刊》第24卷第3期（1973年），頁298-299。

（三）沿海沙丘

沿海沙丘，受限沙質土壤與強風不利條件，主要以旱作為主，所以水利設施較少，在本區的水圳，僅位於利澤簡堡的金榮發圳，但受制於沙質地形影響，沙土下滲力強，埤水水面日低，最終以乾涸，只好引進武荖坑溪水，顯示該地區缺乏開圳的條件。[23]

綜上所述，清代宜蘭地區對於水資源的利用，最直接的方式是建造水圳來發展農耕，然而受制於自然地理條件的影響，主要以沖積平原區最為大宗。

四 災害

（一）水患與風災

噶瑪蘭位於臺灣東北地區，颱風每年七月至九月期間，每從東南方向西北方登陸，正著颱風的路徑，容易釀成風災。除了氣候上受到颱風影響的風災外，深受地形和季風的影響，亦容易出現水災。[24]尤其受三面環山、一面靠海，加上受東北季風的影響，導致細雨綿綿，夏季則因為地面氣溫增高，對流雨旺盛且七至九月颱風頻繁，豪雨不斷。加上河川坡陡流急，以及河口低窪地形不易宣洩，常常洪水為患，導致水患成災。噶瑪蘭的水患與風災，主因地理環境的特殊，可分四點說明之。[25]

一、噶瑪蘭的平原為沖積扇三角洲平原，地盤下沉作用與堆積作用同時並進，所以駛近海平原部分地勢低窪，而山麓地帶高亢坡陡。

---

23 臺灣省文獻委員會：《臺灣地區水資源史》第三篇，頁212。
24 臺灣省文獻委員會：《臺灣地區水資源史》第三篇，頁212。
25 臺灣省文獻委員會：《臺灣地區水資源史》第三篇，頁212。

二、河川多源於山地，波陡流急，一進到平原又瞬即入海，可帶
　　來大量砂石使河床添積高於兩旁農地，容易引起氾濫。

三、噶瑪蘭位於東北部，冬季完全在東北季風範圍內，加上地形
　　開口與季風斜交，深受東北季風影響容易產生豪雨或陰雨。

四、地處於颱風行徑路線上，夏、秋兩季常受暴風雨侵襲。

　　以上的自然地理特徵，加上清代移民者入墾，受限於資本勞力不
足情況下，農耕技術較為粗放，以及無計畫的開墾，容易濫墾濫伐山
林，或在河川周邊土地濫種濫掘。人為的破壞與摧殘，再加上自然條
件的影響與河道的改道，讓宜蘭水患與風災頻起，為禍甚劇。陳淑
均，《噶瑪蘭廳志》簡略記載清代數起災情，從嘉慶十四年（1809）
年至道光三十年（1850）共發生十九起水患記錄。（見表2-2-4）

（二）震災

　　臺灣位處環太平洋地震帶上，由於歐亞大陸板塊與菲律賓海板塊
碰撞及隱沒作用，地震極為激烈頻繁，加上菲律賓海板塊向北切入歐
亞大陸板塊的下部，受到切入運動與火山噴發影響，容易引發地塹性
的斷層活動，而出現地塊的局部陷落。而宜蘭位處菲律賓海板塊向歐
亞大陸板塊隱沒後，所拉裂出來的三角凹槽當中，宜蘭平原是臺灣東
北方的「琉球海溝、琉球島弧、沖繩海槽」島弧構造系統的一部。[26]由
於「沖繩海槽」南端的張裂作用，導致夾在中央山脈、雪山山脈北端
之間的地殼變薄，形成一個凹陷，而後蘭陽溪等河流挾帶來自兩大山
脈的泥沙，堆積在凹陷中，孕育出蘭陽平原。[27]

　　由於斷層地質構造的影響，宜蘭地區的地震可以說相當頻繁，震

---

26 臺灣省文獻委員會：《臺灣地區水資源史》第三篇，頁212。
27 臺灣省文獻委員會：《臺灣地區水資源史》第三篇，頁212。

度也不小，根據陳淑均，《噶瑪蘭廳志》所載，地震對於宜蘭所造成損害不小。（見表2-2-4）

　　清代噶瑪蘭除水患、風災、震災外，另有旱災與火災，根據《噶瑪蘭廳志》資料顯示，嘉慶十四年（1809）年至道光三十年（1850）這四十一年間，旱災與火災僅二起事故（見表），可見宜蘭地區主要的災害依大小分為水患與風災最多、震災其次、旱災與火災最少。

表2-2-4　清代噶瑪蘭地區歷年災害一覽表

西元	清紀年	風災	水災	震災	旱災	火災
1809	嘉慶十四年	V	V			
1810 1810	嘉慶十五年	V	V			V
1811	嘉慶十六年		V			
1812	嘉慶十七年		V			
1813	嘉慶十八年		V			
1815	嘉慶二十年		V	V		
1816	嘉慶二十一年			V		
1817	嘉慶二十二年		V			
1818	嘉慶二十三年		V			
1820	嘉慶二十五	V	V			
1822	道光二年	V				
1826	道光六年		V			
1828	道光八年		V			
1829	道光九年				V	
1832	道光十二年			V		
1833	道光十三年		V	V		

西元	清紀年	風災	水災	震災	旱災	火災
1841	道光二十一年		V			
1842	道光二十二年		V			
1843	道光二十三年		V			
1844	道光二十四年		V			
1848	道光二十八年	V				
1850	道光三十年	V				

資料來源：（清）陳淑均：《噶瑪蘭廳志》，臺北市：「行政院文建會委員會」，
2006年。

第三節　人文背景

　　清代噶瑪蘭地區有多個族群一同活動於此地域，分別為住在山地
與平地的幾支南島民族與漢民族，這些民族遷入噶瑪蘭時間均不相
同，以下分別敘述之。

一　南島民族遷入與概述

　　在文字記載前，噶瑪蘭地區就已經有人類在此居住。以目前的資
料來看，從距今五千年前，新石器時代晚期，一群善於航海的民族，
由臺灣北部淡水河下游一帶沿著海岸逐步航行來到噶瑪蘭地區，並在
此地定居。[28]根據近年來的研究顯示，距今約一千多年以前，陸續有

---

28 根據盛清沂的宜蘭縣史前遺址的調查，並初步建立了宜蘭地區的史前文化體系，包
　括較早的新城系統和較晚的舊社系統，到了一九九四年，劉益昌進一步將宜蘭的史
　前文化體系正式建立，從海岸遺址的地層堆積是繩紋紅陶／丸山文化／普洛灣類
　型，以及從流流遺址的地層堆積是樸洛灣類型／舊社類型／近代噶蘭族文化。劉氏

南島民族遷入噶瑪蘭，從亞洲大陸東南沿海一帶渡海到臺灣中南部的平埔原住民噶瑪蘭（Kavalan）人，遷入了噶瑪蘭；屬凱達格蘭族的小分支的哆囉美遠人，約四百多年前移入蘭陽平原，猴猴族大約三百年前，泰雅族則為二百年前，移入宜蘭地區。[29]以及在嘉慶九年（1804），因土地大量流失被迫從西部遷徙過來的平埔族流番。

（一）噶瑪蘭族（Kavalan）

根據考古研究，噶瑪蘭人（Kavalan）在距今一千多年前移入噶瑪蘭。[30]關於噶瑪蘭人的記錄，最早出現於十七世紀上半西班牙人的記錄，以Cabaran稱呼。[31]一六三四年，西班牙人將宜蘭地區視為自己在臺灣的據地之一。到了一六四二年，荷蘭人攻略雞籠成功，同年派遣Cornelisz、Lamotius率隊前往調查。一六四四年，荷蘭人派兵前往噶瑪蘭，令噶瑪蘭歸順並成為荷蘭人的勢力範圍。[32]

一六四○年代的宜蘭平原，大約有四十五個村落，人口數約有一萬人上下，主要分布地區為宜蘭平原的低地、沼澤與海岸沙丘帶。[33]噶瑪蘭人（Kavalan）是一個善於種植且善水的民族，其社會型態為一個長期且定居的聚落，沒有出現跨部落的情形，屬於各個部落各自為政的情況。[34]然而噶瑪蘭社會文化，伴隨著吳沙為首的漢人墾殖集

並認為從考古學研究所得人類活動史則有長遠的過程。參見盛清沂：〈宜蘭平原邊緣史前遺址調查報告〉，《臺灣文獻》第14卷第1期（1963年），頁1-60；劉益昌：〈宜蘭在臺灣考古的重要性〉，《宜蘭文獻雜誌》第43期（2000年），頁9。

29 李壬癸：《宜蘭縣南島民族與語言》（宜蘭縣：宜蘭縣政府，1996年），頁35-37。

30 李壬癸：《宜蘭縣南島民族與語言》，頁35。

31 詹素娟、張素玢撰稿：《臺灣原住民史——平埔族史篇（北）》（南投縣：臺灣省文獻委員會，2001年），頁12。

32 詹素娟、張素玢撰稿：《臺灣原住民史——平埔族史篇（北）》，頁13。

33 詹素娟、張素玢撰稿：《臺灣原住民史——平埔族史篇（北）》，頁13。

34 詹素娟、張素玢撰稿：《臺灣原住民史——平埔族史篇（北）》，頁13-31。

團的入墾，已經徹底消失殆盡。

　　至於噶瑪蘭村落分布情況，始於清代「蛤仔難三十六社」的記載，根據近人研究顯示，十九世紀的噶瑪蘭村落共有三十七社（見表2-3-1），根據表2-3-1繪製成噶瑪蘭村落分布圖2-3-1。

表2-3-1　十九世紀的噶瑪蘭村落

編號	番社	堡	所在庄	社名
1		頭圍堡	三抱竹庄打馬煙	打馬煙
2			大福庄	哆囉美遠
3			白石腳庄大竹圍	抵美簡
4		民壯圍堡	辛仔罕罕庄	辛仔羅罕
5			抵福美庄	抵美福
6			廍後庄奇立板	奇立板
7			廍後庄麻里霧罕	麻里霧罕
8			壯六庄	流流
9	西勢番（溪北）		歪仔歪庄	歪仔歪
10		員山堡	珍仔滿力庄	珍仔滿力
11				擺離
12			芭荖鬱庄	芭荖鬱
13		淇武蘭堡	奇立丹庄	奇立丹
14			抵百葉庄	抵百葉
15			淇武蘭庄	淇武蘭
16			踏踏庄	踏踏
17			?	哆囉岸
18			瑪璘庄	瑪璘
19			武暖庄	武暖

編號	番社	堡	所在庄	社名
20			瓦窰庄	高東
21			辛仔罕庄	辛仔罕
22			抵美庄	抵美
23			?	麻芝蘭鎮落
24		羅東堡	打那岸庄	打那岸
25			補城池庄里腦	里腦
26			珍珠里簡庄	珍珠里簡
27			奇武荖庄	奇武荖
28			武罕庄	武罕
29			武淵庄	武淵
30	東勢 （溪南）			南搭吝
31		打那美堡	打那美庄	打那美
32		頂二結堡	頂五結庄掃笏	掃笏
33		利澤簡堡	頂清水庄加禮宛	加禮宛
34			頂清水庄利澤簡	利澤簡
35			頂清水庄流流	留留（流流）
36			頂清水庄婆羅辛仔宛	婆羅辛仔宛
37			猴猴庄	猴猴

資料來源：（清）陳淑均：《噶瑪蘭廳志》（臺北市：「行政院文建會委員會」，2006年），頁102-105；詹素娟：《族群、歷史與地域——噶瑪蘭人的歷史變遷（從史前到1900年）》（臺北市：臺灣師範大學歷史研究所博士論文，1996年），頁56-57；詹素娟、張素玢撰稿：《臺灣原住民史——平埔族史篇（北）》（南投縣：臺灣省文獻委員會，2001年），頁14-17。

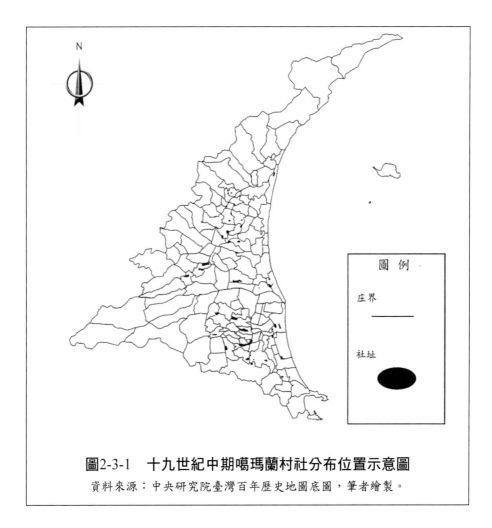

圖2-3-1　十九世紀中期噶瑪蘭村社分布位置示意圖

資料來源：中央研究院臺灣百年歷史地圖底圖，筆者繪製。

（二）哆羅美遠人（Trobiwan）

　　哆羅美遠人（Trobiwan），為凱達格蘭人（Ketagalan）分支巴賽人（Basay）的小分支，而哆羅美遠人是在距今五百年前，從巴賽人（Basay）分化出來。[35]在距今四百多年前的西班牙資料（1626-1642），

---

35 李壬癸：《宜蘭縣南島民族與語言》，頁39。

以及荷蘭資料中（1644-1650）顯示，哆羅美遠人（Trobiwan）已經在噶瑪蘭定居。根據李壬癸的研究指出，哆羅美遠人（Trobiwan）主要分布在宜蘭近海岸的地區，[36]但是由於人口數量太少，逐漸被噶瑪蘭人（Kavalan）所同化。[37]

（三）猴猴人（Qauqaut）

根據康熙三十四年（1695）成書的《臺灣府志》中記載蛤仔難三十六社中，便有猴猴社的資料，以往對於猴猴人的來源、種屬、分布，都是說法不一。[38]直到詹素娟的研究，猴猴人（Qauqaut）應為立霧溪下游一代居住的Mək-qaolin的一支，在距今三百年前，十八世紀初期的一七一〇至一七二〇年間，活動於宜蘭平南部地區。[39]

但猴猴人（Qauqaut）在幾次遷徙中，受到戰爭、傳染病的侵襲，導致其人口急速減少，猴猴人（Qauqaut）最終被噶瑪蘭人（Kavalan）所同化，也與噶瑪蘭人（Kavalan）一同被後到的漢人給漢化。[40]

（四）泰雅族（Atayal）

關於泰雅族（Atayal）的起源，一般認為是起源於今天南投縣仁愛鄉一帶，在距今兩百年前，逐漸開始向北和向東擴散，不但取得猴猴人的原居地，爾後更跟隨猴猴人的腳步，逐漸向北擴張自身勢力範圍。[41]

---

36 李壬癸：《宜蘭縣南島民族與語言》，頁40。
37 李壬癸：《宜蘭縣南島民族與語言》，頁52。
38 根據各種傳說，猴猴族是受到泰雅族與太魯閣族的壓迫而下山。參見李壬癸：《宜蘭縣南島民族與語言》，頁40。
39 詹素娟：〈族群歷史與地域——噶瑪蘭人的歷史變遷（從史前到1900年）〉（臺北市：臺灣師範大學歷史研究所博士論文，1998年），頁93-106。
40 李壬癸：《宜蘭縣南島民族與語言》，頁52。
41 李壬癸：《宜蘭縣南島民族與語言》，頁44。

　　泰雅族經過遷徙、擴散後，在噶瑪蘭地區主要活動於蘭陽平原的北、西、南的山地與溪谷地區，也讓整個宜蘭平原被泰雅族屈尺群、溪頭群、南澳群所環繞著。當中，又以南澳群數量最大，有二十個部落；溪頭群次之，有八個部落；屈尺群最小，有六個部落。[42]見後圖

---

42 南澳群：當中十五個部落位於今日宜蘭縣南澳鄉中，分別是：Riyohen（即利有亨部落：位於今金岳村）、Hagaparishi、Buta（武塔：今武塔村）、Yaxallan（葉合蘭：今碧侯村）、Lopoi（鹿皮：今碧侯村）、Kin-nōsu（仲岳：今武塔村）、上東澳（今東岳村）、下東澳（今東岳村）、Kubabō（大濁水：今澳花村）、Kirumoan（大濁水：今澳花村）、Kinyan（金洋：今金洋村）、Kigayan（大濁水：今澳花村）、Kumuyau、Gongo（タンオウ社：今東岳村）、Piyahau，剩下五個部落位於今宜蘭縣大同鄉寒溪村，分別為：Məstatis（寒溪）、Qəsa-butai（四方林）、Ngongopa（小南澳）、Rəgeax（大元）、Kolo（古魯）；溪頭群由Shialof（即松羅部落：位於今大同鄉松羅村）、Habun-bijino（崙埤子：今松羅村）、Səxengan（牛鬪；今松羅村）、Tōrui（東壘：今樂水村）、Banun（碼崙：今樂水村）、Rumoan（留茂安：今樂水村）、Shikikun（四季勳：今南山村）、Piyanan（南山：今南山村）共八個部落組成；屈尺群由Urai（即烏來部落：位於今烏來鄉烏來村）、Tanpiya（桶壁：今忠治村）、Raga、Rahau（拉號：今信賢村）、Rimogan（林茂岸：今福山村）、Taranan（大能蘭：今福山村）共六個部落組成。各部落拼音名稱參考自鹿野忠雄著、宋文薰譯，《臺灣考古學民族學概觀》（臺北市：臺灣省文獻委員會，1984年），頁151-152。各部落漢名、譯名及所在鄉村則參閱衛惠林、王人英：《臺灣土著各族近年人口增加與聚落移動調查報告》（臺北市：臺灣大學考古人類學系，1966年），頁75-94。

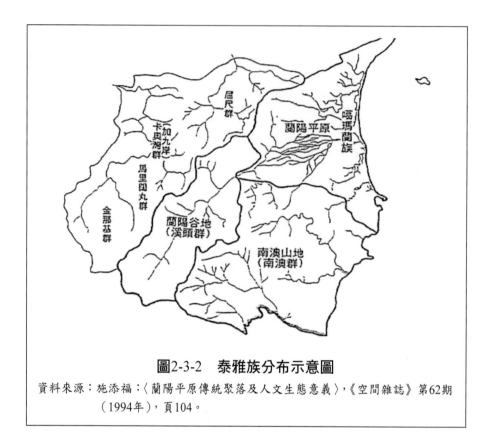

圖2-3-2　泰雅族分布示意圖

資料來源：施添福：〈蘭陽平原傳統聚落及人文生態意義〉，《空間雜誌》第62期
　　　　　（1994年），頁104。

（五）西部平埔族（流番）

　　嘉慶九年（1804）因受到漢人的壓迫以及自身土地的流失，而來
到噶瑪蘭的西部平埔族，關於西部平埔族（流番）來到噶瑪蘭，姚瑩
所撰寫的《東槎紀略》有詳細的說明：

　　（嘉慶）九年（1804），有彰化社番首潘賢文、大乳汗毛格犯
　　法，懼捕，合岸裏、阿里史、阿束、東螺、北投、大甲、吞
　　霄、馬賽諸社番千餘人，越內山逃至五圍，欲爭地。阿里史眾

強而鳥鎗多，漳人不敢鬥，相與謀，阿里史無糧，不若助之粟而散其眾。乃陽與和，分置諸番而食之。阿里史眾喜，漸乃換買其鳥鎗幾盡。阿里史乃弱，悟悔而無如何。十一年（1806），山前漳、泉械鬥，有泉人走入蛤仔難者，泉人納之，亦與漳人鬥，阿里史諸番及粵人本地土番皆附之，合攻漳人，不勝，泉所分地盡為漳有，僅存溪洲。鬥幾一年始息。阿里史諸社乃自開羅東居之，潘賢文為之長。十四年（1809），漳、泉又鬥，漳人林標、黃添、李觀興各領壯丁百人，吳全、李佑前導之，夜由叭哩沙喃潛出羅東後逕攻之，阿里史眾驚潰，走入土番社內，漳人遂有羅東；已復和泉人，乃自溪洲沿海開地至大。粵人乃至東勢開冬瓜山一帶。此皆十五年前事也。[43]

從引文來看，當時西部流番的族群主要是以巴則海（巴宰族）岸理社頭目潘賢文為首，也包含了巴則海（巴宰族）、貓霧捒、洪雅、道卡斯、巴玻拉、凱達格蘭等其他的族群。[44]但不久後，這些來自西部的流番來到噶瑪蘭的時間較漢人晚，加上被漳人所利用，以及介入漢人的械鬥事件，迫使他們只能往噶瑪蘭沿山，也就是接近泰雅族（Atayal）的活動範圍去謀生，也因此開墾了近山地區阿里史地區（為今日宜蘭三星鄉）。[45]

---

43 （清）姚瑩：《東槎紀略》卷2〈籌議噶瑪蘭定制〉，頁50。
44 岸裏社、阿里史社屬巴則海族；阿束社、東螺社為貓霧捒族；北投社來自洪雅族；
　　大甲、吞霄是道卡斯族；至於馬賽社，應屬於凱達格蘭族的分支。參見李壬癸：
　　《宜蘭縣南島民族與語言》，頁53。
45 李壬癸：《宜蘭縣南島民族與語言》，頁50。

二 漢人的發展

　　噶瑪蘭地區開始有大規模漢人的移民，是嘉慶元年（1896）由吳沙所率領漳、泉、粵三籍人士所組成武裝墾殖集團，來到噶瑪蘭地區進行拓墾。隨著漢移民的拓墾腳步，漢移民所建立的聚落與街庄逐漸分布在噶瑪蘭。

　　當時漢人的開墾與聚落街庄的建立，大致可以分為四個階段進行：

　　　第一階段：嘉慶元年到嘉慶十五年（1796-1810），主要針對蘭陽溪以北土地的拓墾；

　　　第二階段：嘉慶十六年年至咸豐十一年（1811-1861），這時期漢人主要著眼溪南荒埔的開闢；

　　　第三階段：同治元年至光緒元年（1862-1875），漢人主要對於近山蘭陽溪上游溪州堡叭哩沙平原的墾殖（今三星鄉及員山鄉一部）。

　　　第四階段：光緒元年到光緒二十一年（1875-1895），臺灣割日為止，清代漢移民街庄的發展也到此告一個段落。

　　從嘉慶元年（1796）年一直到一八九六年臺灣割日為止，經過短短一百年的拓墾，噶瑪蘭從原住民社會變成漢人的街庄世界，顯示出屬二次移民的漢人在噶瑪蘭地區取的重大的成果。因此，以下針對此一過程，做一個簡要的概述。

（一）第一階段（1796-1810）

　　嘉慶元年（1796），吳沙在淡水的地方仕紳贊助下，率領漳、泉、客三籍人士，有規模與計畫來入墾噶瑪蘭，[46]並於九月十六日進

---

46 吳沙為天地會的大老，在林爽文事件前期被官方視為天地會的「賊首」，其所在的

至烏石港南方，築頭圍。[47]隔年，吳沙因擔心私墾獲罪，向淡水廳請
給諭札丈單，獲得淡水同知何茹連給予，並發給印章「吳春郁義首
戳」。[48]嘉慶二年（1797），吳沙病逝，其子光裔、與吳沙侄吳化兩人
繼續率領墾民開墾。嘉慶三年到五年（1798-1900）開墾的範圍也由
頭圍推進至二圍（今頭城鎮二城里）、三圍（今礁溪鄉三民村）、湯圍
（今礁溪鄉德陽村）、四圍（今礁溪鄉吳沙村）。[49]當時，三籍中以漳
人最多，分得土地最大，頭圍至四圍土地盡為漳人所有；泉人次之，
僅分到二圍的菜園地；粵人則未能分到土地，只擔任漳人民壯。[50]嘉
慶四、五年（1799-1800），泉、粵發生械鬥，還得漳人出面去調停。
嘉慶七年（1802），三籍漢人組成「九旗首」，率眾一千八百一十六
人，進攻五圍地（今宜蘭市、員山鄉一帶），並拓墾至民壯圍地區
（今壯圍鄉），其後泉人又私墾溪州一帶（今員山鄉七賢村）。[51]

　　從上面敘述可以知道，基本上是在漳人主導下的開墾；在拓墾初
期的十年內，已經將今日頭城、礁溪、員山、壯圍等鄉及宜蘭市的大
部拓墾完畢；從地理空間來看，是平原上最適於水稻耕作的地區，同
時也位於蘭陽溪以北的地域。根據嘉慶十三年（1808）楊廷理的調

三貂角更是當時天地會的三大巢穴之一，乾隆五十二年（1787）十一月二十五日，
福康安攻破林爽文，傳聞林爽文可能逃向三貂之後，淡水同知招撫吳沙為「義首」
來攔截林爽文；另一方面，吳沙保全了天地會的殘黨，一方面，也獲得官府默許其
「聚眾奪地，違例開邊」，因而成為拓墾宜蘭的「墾首」。參見尹章義：〈從天地會
「賊首」到「義首」到「墾首」——吳沙出身以及「聚眾奪地，違例開邊」的藉
口〉《臺北文獻》直字181（2012年），頁47-63；尹章義：〈吳沙出身研究之補遺與訂
正——以史學方法論和歷史訊息傳播理論為基礎所做的反省〉《臺北文獻》直字186
（2013年），頁235-242。

47　（清）姚瑩：《東槎紀略》卷3〈噶瑪蘭原始〉，頁70。
48　（清）姚瑩：《東槎紀略》卷3〈噶瑪蘭入籍〉，頁72。
49　（清）姚瑩：《東槎紀略》卷3〈噶瑪蘭原始〉，頁70。
50　（清）姚瑩：《東槎紀略》卷3〈噶瑪蘭原始〉，頁71。
51　（清）姚瑩：《東槎紀略》卷3〈噶瑪蘭原始〉，頁71。

查，當時的溪北，漢人已聚居形成五所土圍、二十三處民莊，墾成田畝達八百餘甲。[52]到了嘉慶十五年（1810）蘭地收入大清版圖時，當時漢人數量約有四萬五千三百九十人，[53]已墾的田園，已達二千四百四十三甲之多。[54]

（二）第二階段（1811-1861）

噶瑪蘭的第二階段開墾，主要是針對溪南地域的拓墾。關於溪南的開拓，始至於嘉慶九年（1804），在阿里史社土目潘賢文領導下的平埔族所進行。姚瑩《東槎紀略》載道：

> （嘉慶）九年，有彰化社番首潘賢文、大乳汗毛格犯法，懼捕，合岸裏、阿里史、阿束、東螺、北投、大甲、吞霄、馬賽諸社番千餘人，越內山逃至五圍，欲爭地。阿里史眾強而鳥鎗多，漳人不敢鬥，……。十一年，山前漳、泉械鬥，有泉人走入蛤仔難者，泉人納之，亦與漳人鬥，阿里史諸番及粵人本地土番皆附之，合攻漳人，不勝，泉所分地盡為漳有，僅存溪洲。鬥幾一年始息。阿里史諸社乃自開羅東居之，潘賢文為之長。[55]

從引文可以得知，彰化社番的遷徙對蘭地的群族關係造成新的衝擊，加上嘉慶十一年（1806）西部的漳泉械鬥，西部泉人避走蘭地，形成了阿里史諸番、粵人、本地熟番、本地泉人、西部泉人的新勢力。這股勢力，挑戰漳州人在宜蘭地位，因而爆發大規模的械鬥。這場械

---

52 中央研究院歷史語言研究所（編），《明清史料戊編（第六本）》（臺北市：史語所員工福利委員會，1972年），頁548。

53 （清）陳淑均：《噶瑪蘭廳志》卷2下〈賦役・戶口〉，頁156。

54 （清）陳淑均：《噶瑪蘭廳志》卷2下〈賦役・田賦〉，頁145。

55 （清）姚瑩：《東槎紀略》卷3〈噶瑪蘭原始〉，頁71。

鬥，最終結果是由漳州人獲勝，泉、粵民人及西部平埔族將勢力全數移至溪南，開啟了溪南拓墾的濫觴。

到了嘉慶十三年（1808），根據楊廷理的調查，當時的溪南地區在西部平埔族的開墾下，已墾田二百餘甲。[56]嘉慶十四年（1809），漳、泉械鬥又起，漳人勢力範圍深入溪南地區，也迫使西部平埔族避走噶瑪蘭番社內，更讓泉人再度附屬漳人勢力之中。清廷鑒於溪北的噶瑪蘭村落土地流失嚴重，以及三籍漢人為了爭地，械鬥事件頻繁發生，因此，官府便積極介入溪南荒埔地的拓墾。清廷用「加留餘埔制」的制度，替溪南噶瑪蘭族的村落設立保留地，丈量出一千二百五十五甲二分的土地；再將這些埔地分為四股，由官府設漳、泉、粵三籍頭人擔任佃首，代為招佃。至於「加留餘埔」以外未墾的荒埔，再分作五股，分給三籍：漳得其三、泉粵各得其一。[57]

溪南土地，經官方介入按籍分配後，三籍漢人的空間分布即趨明顯：漳籍主要分布於清水溝堡、頂二結堡和羅東堡，泉籍在沿海的茅仔寮、利澤簡堡，粵籍則集中分布於沿山的打那美堡。到了道光二十六年（1846），根據陳淑均《噶瑪蘭廳志》記載，當時已開墾田園從嘉慶十五（1810）的二千多甲地增加至五千二百七十四甲，人口數也從四萬多人逼近十萬大關，不到四十年的時間，無論土地或是人口都呈倍數的成長，也讓當時行政區劃從七堡調整增加到十二堡。[58]此為第二階段的情形。

56　中央研究院歷史語言研究所（編）：《明清史料戊編（第六本）》，頁548。

57　（清）柯培元：《噶瑪蘭志略》卷5〈田賦志〉，頁51。

58　道光二十六年，田園共七千二百七十四甲八分三釐五毫六絲四忽二微；戶八千三百六十三，口八萬六千三百九十二。參見（清）陳淑均撰：《噶瑪蘭廳志》，頁147、156。

（三）第三階段（1862-1875）

當道光、咸豐年間噶瑪蘭大部分地區土地已墾殖殆盡時，漢人眼光便轉向不適合水稻耕作的邊際土地，也就是地處西南邊陲的叭哩沙地區（今三星鄉），儘管該區域番害（泰雅族）的威脅及自然環境的險惡，依然吸引著大量漢移民入墾。

但事實上，早在嘉慶七年（1802）已有泉人開墾至叭哩沙的東側地區。[59]嘉慶十一年（1806），漳、泉械鬥之後，泉人以溪洲為中心順溪拓墾至叭哩沙喃之大湖附近的土地（今三星鄉拱照村），並於當地興修水利工程，但是西、南面山區為泰雅族聚居之地，他們以山區大小不一的河谷為通道進入平原，對墾耕於山腳的漢人，構成極大的威脅，從當時位於叭哩沙大湖地區（今三星鄉拱照村）的阿里史圳的開圳合約來看：

> 大湖等庄佃人葉果然、魏寅、黃友全……等（30佃），因前年我大湖等庄眾佃人明給過荒埔草地開鑿，今當眾等要開築成田，缺源灌溉，眾佃人公議鳩集眾，築開圳道，淡水遙遠屢次兇蕃出沒、歷年以來圳頭被洪水橫流，坡岸沖崩數處，眾佃人到處填作水源，被兇蕃斃命，以此水源不足，通流灌溉甚亦艱難，今當眾佃戶相議欲要開鑿就近新圳，佃人缺欠工本，乏力不能創置，眾等相議托中引招出張閣觀出首自備工本，前來開築圳道，水源通流灌溉付足其開圳費用之本。[60]

---

59 姚瑩：《東槎紀略》卷3〈噶瑪蘭原始〉：「嘉慶七年，……。泉得四圍、一四圍、二四圍、三渡船頭地，又自開溪洲一帶。」泉人所開的溪洲之地，事實上即位於叭哩沙地區的東側，頁71。

60 臨時臺灣土地調查局：《宜蘭廳管內埤圳調查書》（上）（臺北市：臨時臺灣土地調查局，1905年），頁74。

　　文中提及「屢次兇番出沒，以及洪水頻頻為患」可以看出叭哩沙地區的自然環境，是拓墾的一大難題，更必須為了安全的考量，來設隘防番。因此，叭哩沙地區的自然環境、族群關係，對開墾事務而言，困難度特別高。除了透過建隘護墾的方式，緩慢向山腳接近外，漢移民更需要信仰作為精神支柱，特別是當時候近山地區崇奉富有「防番」盛名的三山國王與三王公，[61]其他各類主神也都具有濃厚的「防番」的信仰色彩。[62]

　　由於泰雅族的剽悍，讓漢移民開墾的進展緩慢。使得道光年間整個開墾線，止於葫蘆堵（今三星鄉尚武村）、大洲（今三星鄉大義、大洲兩村）、尾塹（今三星鄉尾塹村）、柯仔林（今冬山鄉柯林村）一線以東的區域。[63]

---

61 關於臺灣近山地區三山國王信仰有不少研究成果，聚焦在宜蘭地區的則有謝美玲：《宜蘭地區客家與三山國王信仰之演變》（佛光人文社會學院社會學研究所碩士論文，2004年）；林政宏：《蘭陽平原三山國王廟景觀之生態研究》（文化大學地理學研究所碩士論文，1996年）；張智欽：《宜蘭地區三山國王信仰與族群互動》，收於許美智：《族群與文化——第六屆宜蘭研究學術研討會論文集》（宜蘭縣：宜蘭縣史館，2006年），頁631-672；邱彥貴：〈宜蘭溪北地區的三山國王信仰——自傳說看歷史性的族群關係論述〉，收於李素月：《「宜蘭研究」第二屆國際學術論文研討會論文集》（宜蘭縣：宜蘭縣立文化中心，1996年），頁266-293。

62 當時員山堡近山的大三鬮佛祖廟（觀世音菩薩）、粗坑協天宮（關公）、湖東關聖廟（關公）、湖西西山廟（關公）、逸仙村土地公廟、山前邱姓帝爺君（關公）、枕山協進廟（關公）、二湖帝恩堂（關公）、崩山湖帝恩廟（關公）都有上山前先卜問吉凶、避開泰雅族馘首的示警傳說。參見陳文立，《從自然到人文空間的轉化——宜蘭員山地區的拓墾行動（1802-1945）》（臺北市：臺灣師範大學臺灣史研究所碩士論文，2010年），頁73。此外，臺灣其他地區，如南投平林溪流域中的陰林祖師（慚愧祖師）、關公、玄天上帝、石頭媽等信仰也都具有「防番」、示警的信仰傳說。參見林欣怡，《清代臺灣漢人社會的建立——以南投平林溪流域為例》（臺南：臺南師範學院鄉土文化研究所碩士論文，2000年），頁100-117；黃素貞：〈邊陲區域與「慚愧祖師」信仰——以林屺埔大坪頂地區為例〉，《地理研究》第42期（2005年），頁73-104。

63 黃雯娟：〈日治時代宜蘭三星地區的區域發展〉（臺北市：國立臺灣師範大學地理研究所博士論文，2004年），頁36-40。

至於漢人真正大舉開拓叭哩沙地區，必須等到同治元年至同治五年（1862-1866）間，漳人陳輝煌與阿里史流番共同入墾，才有較大規模的開墾。[64]而叭哩沙地區歷經同光年間漢人與阿里史流番的協力拓墾，並建立常態性的聚落，墾地也拓墾近六百一十四甲。[65]自此，噶瑪蘭全境已經成為漢人的街庄世界。

（四）光緒元年到光緒二十一年（1875-1895）

光緒元年（1875）以後一直到光緒二十一年（1895）甲午戰後臺灣割日為止，這段時期噶瑪蘭地區已經開墾完畢，並改制為宜蘭縣。

從嘉慶朝元年（1796）開始，漢人已經將宜蘭的荒埔地區開闢成適於水田稻作的農地。計有清一代，共開鑿埤圳四十八條，灌溉面積涵蓋整個宜蘭地區，[66]進而促使大量的漢人街庄成立，宜蘭地區也從原住民社會變成漢人的街庄世界。

三　噶瑪蘭人口的增長

欲了解一地的發展，最直接反應就是人口數量的增長情況，而人口增長的情形，就得仰賴當時的統計資料。關於清代噶瑪蘭地區的總人口資料，陳淑均《噶瑪蘭廳志》記錄了從嘉慶十八年（1813）到咸豐元年（1851），共三十九年人丁戶口資料，將這三十九年人口增長情況繪製成如圖2-3-2。

---

64 白長川：〈宜蘭先賢陳輝煌協臺評傳〉，《臺灣文獻》第42期（1993年），頁3-4、頁217。

65 黃雯娟：〈日治時代宜蘭三星地區的區域發展〉，頁43。

66 黃雯娟：《清代蘭陽平原的水利開發與聚落發展》（臺北市：臺灣師範大學地理研究所碩士論文，1990年），頁33-57。

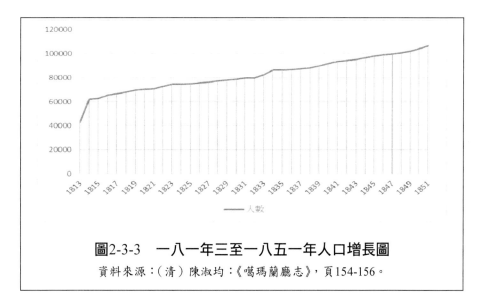

圖2-3-3　一八一三年至一八五一年人口增長圖

資料來源：（清）陳淑均：《噶瑪蘭廳志》，頁154-156。

　　雖然《噶瑪蘭廳志》把三十九年的人丁戶口資料給予記載下來，根據記載顯示，在這三十九年間，宜蘭地區的總人口，以每年一千三百多人成長，但是所記錄的乃為全境的人口總數，缺乏詳細堡、街、庄的數據資料，無法精確去算出當時各堡的人口。加上咸豐元年（1851）以後，更是缺乏紀錄，而無從得知宜蘭地區的具體人口資料。

　　到了日本時代，日本政府因應殖民統治的需求與目的，開始對臺灣進行一系列的調查，也開始有比較精確的戶口調查與國勢調查。可以從這些調查資料去推斷清代當時地方社會與人口結構。

　　首先，明治三十年（1897）的調查，此次的調查依本島人、內地人（日本人）下去區分，同時也將宜蘭分成四大辦務署下去調查。本島人部分依序分別為宜蘭辦務署43,621人，頭圍辦務署25,445人，羅東辦務署22,516人，利澤簡辦務署15,452人，人口總數有106,834人。[67]明

---

67 臺灣總督府：〈三十年戶口調查表〉，《臺灣總督府公文類纂》，明治31年（1898），乙種永久保存類，第32卷第8門。

治三十八年（1906）臨時臺灣戶口調查，宜蘭地區人數有111,383人，當中對於漢人族屬進行個別統計，閩籍部分為108,103人，粵籍部分為521人。[68]到了大正四年（1915）才對各街庄人口數有全面性的統計，可以從中去推敲清代的人口結構情況。見表2-3-2。

表2-3-2　一九一五年蘭地各堡本島人數統計一覽表

行政區（堡）	族別				總計
	閩	粵	熟蕃	生蕃	
本城堡（原為五圍堡或稱三結街）	15,401	14	31	7	15,453
員山堡	13,698	161	109	0	13,968
浮洲堡（原為溪州堡）	6,733	701	730	0	8,164
清水溝堡	3,514	0	0	0	3,514
紅水溝堡（原為打那美堡）	8,753	31	1	0	8,785
羅東堡	11,819	152	159	0	12,130
利澤簡堡	11,022	285	315	1	11,623
茅仔寮堡	3,649	0	1	0	3,650
二結堡（原為頂二結堡）	6,219	1	58	0	6,278
民壯圍堡	11,605	1	75	1	11,682
四圍堡（原為淇武蘭堡）	15,845	8	278	0	16,131
頭圍堡	18,913	9	278	0	19,200
總計	135,674	2,180	2240	9	140,103

資料來源：中央研究院人文社會研究中心日治時期戶口調查資料庫http://www.rchss.sinica.edu.tw/popu/index.php

---

68 臺灣總督府臨時臺灣戶口調查部：《明治三十八年臨時臺灣戶口調查結果表》（臺北市：臺灣總督府臨時臺灣戶口調查部，1908年）。

四　開蘭設置與行政區劃演變

　　清代噶瑪蘭，最早見於康熙二十四年（1685）蔣毓英所著《臺灣府志》中稱之為「蛤仔難」，乃三十六社番地。[69]到了嘉慶十五年（1810）收入清版圖，譯「蛤仔難」為「噶瑪蘭」。[70]嘉慶十五年（1810）設噶瑪蘭廳，於嘉慶十七年（1812）八月，將淡水廳三貂角溪南，新設噶瑪蘭廳，使設分堡庄，並將境內劃分為七堡。[71]到了道光十五年（1835）左右，堡數由七堡增加到十二堡。[72]光緒年元年（1875），噶瑪蘭廢廳設縣，改名為「宜蘭」，其轄下堡數依舊維持十二堡。[73]直到割日前夕，宜蘭縣與轄下十二堡就在無所變化。以下分成開蘭設置、行政區劃演變來分別論述。

（一）開蘭與設置

　　自古蘭地因地勢比較平坦，又有蘭陽溪等溪流灌溉，素有膏腴之地的美稱，這裡住著噶瑪蘭族與泰雅族「皆不諳耕作」，也讓漢人前仆後繼來到。根據史料顯示，乾隆三十三年（1768）便有林漢生，率

69　施添福認為蔣毓英首提此說，康熙年間另二本府志從其說，遂成定見。參見施添
　　福：《蘭陽平原的傳統聚落：理論架構與基本資料（上冊）》，頁30-33；（清）蔣毓英
　　纂修：《臺灣府志》（臺北市：「行政院文化建設委員會」，2004年），頁112-114。

70　（清）柯培元：《噶瑪蘭志略》卷1〈建置志〉（臺北市：「行政院文建會委員會」，
　　2006年），頁244。

71　（清）姚瑩：《東槎紀略》卷2〈籌議噶瑪蘭定制〉，頁64。

72　（清）陳淑均：《噶瑪蘭廳志》卷2上〈規制〉，頁101-104。

73　光緒元年（1875）九月十二日置臺北府，轄淡水、新竹、宜蘭三縣及基隆一廳。
　　（清）蔣師轍、薛紹元纂：《臺灣通志》（臺北市：臺銀經濟研究室，1962年），頁
　　28-33。噶瑪蘭廳改制為宜蘭縣，首任知縣馬桂芳將噶瑪蘭改稱為宜蘭，宜字為助語
　　詞，宜蘭即蘭地之意。見宜蘭縣文獻委員會：《宜蘭縣志》第2卷（宜蘭縣：宜蘭縣
　　文獻委員會，1961年），頁4。

眾由淡水搭船來蘭,在烏石港登陸;結果被土著殺害,未達目的。乾
隆末年,又有淡水人柯有成、何繪、趙隆盛、賴柯登等人,由淡水南
來,登陸烏石港,意圖開拓附近的土地,結果仍歸失敗。[74]

乾隆五十二年(1878),三貂角人吳沙率眾由陸路入蘭,開始墾
闢石城、大里簡附近的土地。嘉慶元年(1796),吳沙聯合番割許天
送、朱合、洪掌等人,加上獲得淡水人柯有成、何繪、趙隆盛、賴柯
登等人資金糧食支持,以及招募以漳州人為大宗的三籍流民,組成一
支開墾集團,於同年九月十六日進至烏石港南,築頭圍。[75]但開墾集
團隨即遭到當地土著噶瑪蘭族的強烈反抗,迫使吳沙退回三貂角。[76]
就在此時,噶瑪蘭村落爆發大規模的天花流行,死傷慘重。吳沙無條
件替噶瑪蘭人出方施藥,救活者眾,因此,雙方關係獲得大幅度的改
善,讓吳沙所帶領的開墾集團可以順利的拓墾下去。[77]

吳沙主要以「結首制」的武裝移民方式,進行有組織的開墾,即
便在其死後,開墾的行動依舊如火如荼地進行。姚瑩《東槎紀略》載
道:

> (嘉慶)二年,沙死,子光裔無能,姪吳化代理其事。復有吳
> 養、劉貽先、蔡添福附之。漸開地至二圍、湯圍。[78]

除了吳沙為主的開墾集團,嘉慶七年(1802),漳人吳表、泉人劉
鐘、粵人李先組成「九旗首」,率眾一千八百一十六人,獲得五圍

---

74 (清)姚瑩:《東槎紀略》卷3〈噶瑪蘭原始〉,頁70。

75 (清)姚瑩:《東槎紀略》卷3〈噶瑪蘭原始〉,頁70。

76 臺北州警務部(編):《臺北州理番誌——舊宜蘭廳》(臺北:臺北州警務部,1924
年),頁14-15。

77 (清)姚瑩:《東槎紀略》卷3〈噶瑪蘭原始〉,頁70。

78 (清)姚瑩:《東槎紀略》卷3〈噶瑪蘭原始〉,頁70。

地，此外連同附近員山、溪州一帶的土地也一併取得。[79]

　　從上面的敘述中，可以看到，短短的十年間，漢人已將四圍、五圍、員山、湯圍、柴圍、大湖圍等這片屬於蘭陽溪以北的廣大地區開拓完畢。

　　嘉慶九年（1804），以潘賢文為首的西部「流番」來到五圍一帶，企圖從事農業開墾。但是後來因涉入漳、泉的分籍械鬥，嘉慶十一年（1806）被迫與泉人、粵人轉往溪南羅東一帶開墾。[80]

　　嘉慶十二年（1807），海盜朱濆欲圖占領蘇澳，並欲與大墾戶連結，但在知府楊廷理的調兵遣將下，最終噶瑪蘭沒被朱濆所得手，也因為朱濆事件，清廷的官員楊廷理、賽沖阿、方維甸等人便觀察到宜蘭已經大半開發，為了避免蘭地成為三不管地帶，便紛紛上書朝廷。[81]最終，嘉慶十五年（1810）四月，清廷將宜蘭納入版圖之中，嘉慶十七年（1812）八月，將淡水廳三貂角溪南，新設噶瑪蘭廳。[82]

（二）行政區劃演變

　　嘉慶十五年（1810），因治安、國防、政府稅收的種種要素下，以及當時地方大員的奔走下，噶瑪蘭正式收入大清帝國版圖中，並設置了噶瑪蘭廳。到了道光三年（1823），由於漢人的拓墾範圍擴大以及人口的增加，當時噶瑪蘭通判呂志恆為了清查戶口，將境內西勢（溪北）劃分為四堡、東勢（溪南）分為三堡。分別為：

---

79 （清）姚瑩：《東槎紀略》卷3〈噶瑪蘭原始〉，頁71。

80 詹素娟：〈族群、歷史與地域——噶瑪蘭人的歷史變遷（從史前到1900年）〉（臺北市：國立臺灣師範大學歷史研究所博士論文，1996年），頁196。

81 （清）柯培元：《噶瑪蘭志略》卷1〈建置志〉，頁245。

82 （清）柯培元：《噶瑪蘭志略》卷1〈建置志〉，頁245。

> 西勢：頭圍、抵美簡莊為第一保，四圍、淇武蘭莊為第二保，
> 五圍、本城為第三保，民壯圍、鎮平莊為第四保。東勢：羅東
> 為第五保，鹿埔、順安莊為第六保，馬賽、南興莊為第七保。[83]

　　從地形上來看，溪北平原面積較溪南小，但境內七堡中卻占有四堡之數，充分顯示在拓墾自北而南的趨勢下，溪北人口較多的情況。到了道光十五年（1835）左右，宜蘭地區精華平原地帶已經開拓完畢，堡數也從原有的七堡增加到十二堡，[84]所增加的堡都是以溪南地區為主，顯見溪南的開發順利與人口增多的情況，[85]光緒元年（1875），噶瑪蘭廢廳設縣，改名為「宜蘭縣」，一直到光緒二十一年（1895）臺灣割日，宜蘭的行政區劃沒有再有太大的改變。（見表2-3-3）

表2-3-3　清代宜蘭行政區域變遷表

年代	省名	道名	府名	縣廳	堡	備註
康熙二十三年（1684）	福建省	臺廈道	臺灣府	諸羅縣	無	
雍正元年（1723）						稱蛤仔難、蛤子難、蛤仔蘭、甲子蘭。
雍正二年（1724）				彰化縣		
雍正五年（1727）		臺灣道				
雍正九年（1731）				淡水廳		

83　（清）姚瑩：《東槎紀略》卷2〈籌議噶瑪蘭定制〉，頁65。
84　（清）陳淑均：《噶瑪蘭廳志》卷2上〈規制〉，頁101-104。
85　（清）陳淑均：《噶瑪蘭廳志》卷2上〈規制〉，頁101-104。

年代	省名	道名	府名	縣廳	堡	備註
嘉慶十五年（1810）				噶瑪蘭廳		嘉慶十五年四月收入版圖
嘉慶十七年（1812）					七堡	嘉慶十七年八月置廳
道光十五年（1835）					十二堡	
光緒元年（1875）			臺北府	宜蘭縣		
光緒十三年（1887）	臺灣省					

資料來源：參見張勝彥：《清代臺灣廳縣制度之研究》（臺北市：華世出版社，1993年），頁18-32。

　　另外，各堡中的街、庄、社的情況，因僅有道光十五年（1835）《噶瑪蘭廳志》、光緒十二年（1886）劉銘傳土地清丈記錄的這兩筆資料，無法得知從嘉慶元年（1976）開始以來的街、庄、社的具體變化，只能列表出這二段時間的街、庄、社。（見表2-3-4）

表2-3-4　道光十五年（1835）、光緒十三年（1887）十二堡與其街庄表

年代		道光十五年（1835）	光緒十三年（1887）
編號	堡	街庄名	
1	頭圍堡	頭圍街、白石腳、二圍莊、港仔、抵美簡埔、頭圍莊、大堀莊、乳母寮莊	梗枋庄、港澳庄、大坑罟庄、板雅林庄、頭圍街、福成庄、新興庄、大里簡庄、大溪庄、金面庄、二圍庄、白石腳庄、

年代		道光十五年（1835）	光緒十三年（1887）
編號	堡	街庄名	
			下埔庄、中崙庄、大福庄、三抱竹庄、龜山庄
2	淇武蘭堡	新店、大陂口、四圍莊、公埔頭、柴圍、三十九結莊、番割田、茅埔莊、旱溪莊、淇武蘭民莊、湯圍莊、辛仔罕民莊*、淺澳莊、大塭、三鬮仔莊、二結莊、梅洲圍、大陂莊、匏杓崙	瑪璘庄、武暖庄、大陂庄、四結庄、匏杓崙庄、二結庄、一結庄、辛仔罕庄、大塭庄、奇立丹庄、茅埔庄、三十九結庄、抵百葉庄、六結庄、淇武蘭庄、五股庄、七結庄、湯圍庄、礁溪庄、林尾庄、番割田庄、柴圍庄、塭底庄、十六結庄、車頭路庄、新發庄、古亭庄、踏踏庄、土圍庄、抵美庄、五間庄
3	民壯圍堡	五圍一結、民壯圍、三結莊、四結莊、流流民莊、五結莊、六結莊、七結莊、奇立板民莊、過嶺仔莊、三結莊、三角仔莊、壯二莊、茄冬林、闊嘴寮、下渡頭、公勞埔、牛寮仔	廍後庄、奇力板社、公館庄、壯一庄、壯二庄、壯四庄、壯七庄、壯二庄、過嶺庄、三塊厝庄、十三股庄、功勞庄、南興庄、霧罕庄、新興庄、七張庄、壯六庄、壯五庄
4	五圍三結街堡		
5	員山堡	五結頭、六結莊、七結莊、鎮平莊、金結莊、枕頭山莊、穎廣莊、員山莊、五圍四結、五圍五結、擺離社民莊、三鬮二、吧荖鬱民莊、大三鬮莊、大湖莊、深溝	大湖庄、內員山庄、結頭份庄、新頭庄、枕頭山庄、外員山庄、三鬮庄、深溝庄、金六結庄、珍仔滿力庄、吧咾鬱庄、四鬮庄

年代		道光十五年（1835）	光緒十三年（1887）
編號	堡	街庄名	
		莊、圳頭莊、內湖莊、楓仔林莊	
6	羅東堡	竹仔林、羅東莊、羅東街、阿里史民莊	羅東街、阿里史庄、竹林庄、九份庄、十六份庄、十八埒庄、月眉庄、武淵庄、武罕庄、補城地庄、奇武荖庄、打那岸庄
7	清水溝堡	東勢頂二結、頂四結、歪仔歪民莊、田心仔、北城莊、清水溝、鹿埔	北成庄、歪仔歪庄、廣興庄、尾塹庄
8	頂二結堡	東勢頂三結、頂五結	頂五結庄、下五結庄、三結庄、頂三結庄、下三結庄、二結庄、四結庄
9	茅仔寮堡	茅仔寮、大埔莊、榕仔腳、蕭橄社莊	茅仔寮庄、大埔庄、榕仔腳、蕭橄社庄、松仔腳庄、四百名庄、一百甲庄、中一結庄、中二結庄
10	打那美堡	紅水溝、打那美民莊、順安莊、員山莊、零工圍、太和莊、冬瓜山	冬瓜山庄、阿兼城庄、鹿埔庄、順安庄、打那美庄、員山庄、太和庄、香員宅庄
11	利澤簡堡	利澤簡民莊、猴猴民莊、馬賽民莊、蘇澳街、蘇澳莊	三堵庄、五十二甲庄、利澤簡庄、成興庄、隆恩庄、馬塞庄、功勞埔庄、港口庄、糞箕湖庄、蘇澳庄、頂清水庄、下清水庄、猴猴庄、隘丁庄、新城庄
12	溪州堡	四鬮一、四鬮二、四鬮三、	大洲庄、中溪州庄、洲仔庄、

年代		道光十五年（1835）	光緒十三年（1887）
編號	堡	街庄名	
		溪洲莊、頂溪洲、叭哩沙喃、泉州大湖	叭哩沙庄、阿里史庄、紅柴林庄、粗坑庄、小南澳庄

資料來源：（清）陳淑均撰：《噶瑪蘭廳志》（臺北市：「行政院文建會委員會」，2006年）；臺灣總督府：〈宜蘭廳街庄社名查定の件認可〉，《臺灣總督府公文類纂》，明治33年（1900年），乙種永久保存類，第15卷第7門。

小結

　　噶瑪蘭地區的漢人社會的形成與發展，肇基於清嘉慶時期。雖然早在乾隆朝時便有漳州人林漢生首先率眾入墾蘭陽平原，[86]但真的成功必須等到吳沙的開墾。在吳沙帶領下，漢移民是利用結首制的武裝私人移墾的方式進行。如此的情勢，一直要到嘉慶十五年（1810）噶瑪蘭廳成為大清版圖，從原有的私人移墾方式，改為由官方主導的三籍合墾，即使到了同治年間陳輝煌往近山開墾，大抵上都是依照此模式進行。

　　從上述來看，無論是吳沙率眾開墾溪北、或是官方分墾的溪南以及陳輝煌組織對近山的開拓，都呈現出漢移民拓墾噶瑪蘭為典型的二次移民。就在漢人移民的逐漸增加，象徵漢移民聚落的堡、庄接連出現與成立，也反映了區域內的開墾活動有更多勞動力得以運用。隨著人力資源的豐沛，漢人對土地的拓展也就更快速，同時也壓迫了原住民的生活空間，即使漢番衝突接連不斷，但原住民依舊不敵漢人有計畫、有組織且人數占絕對優勢以及對土地有野心的情況下，最終讓噶瑪蘭地區從原住民世界變成漢人社會。

86　（清）姚瑩：《東槎紀略》卷3〈噶瑪蘭原始〉，頁70。

第三章
噶瑪蘭商業市街發展與寺廟關係

　　當漢人移民拓墾告一段落之後，農業、聚落的穩定與發展，出現了供給、需求的經濟活動，帶來了人潮，也帶來了錢潮。隨著經濟活動的繁盛，作為交易的聚落，逐漸發展成為市街。究竟是寺廟帶領市街的繁華，或是市街帶動寺廟香火的鼎盛，本章分三部分說明，首先了解交通，因為交通是商業的人流基礎，而商業功能更是隨交通樞紐帶來的人流而產生。其次從供、需的經濟活動，來看待市場圈的形成，以及在這基礎上市街的建立與興起。最後，從噶瑪蘭七大市街中，去分析市街與寺廟的相互關係。

第一節　交通網路的出現

　　交通，是人類進行往來的交流運輸，也是社會互相溝通的動作。主要體現在兩個方面，也就是物質的往來與人員的往來。[1]而交通不但可以溝通區域間的經濟聯繫，更可以加強區域內部的物質交往。[2]因此，本節分別就水運系統與陸運系統二部分，來了解清代噶瑪蘭地區的交通網路，是如何影響其市場圈的形成與發展。

1　陳進傳：〈宜蘭河的區域經濟〉，《宜蘭河生命史討論會論文集》（宜蘭縣：宜蘭縣政府文化中心，2003年），頁116。
2　陳樺：《清代區域社會經濟研究》（北京市：中國人民大學出版社，1996年），頁379-380。

一 水運系統的建立

（一）海運

　　清代臺灣為一個農墾移民社會，只要開發告一段落後，移民便得與外地來換取民生日常用品。[3]當漢移民在宜蘭平原的開墾活動告一段落，聚落次地的建立，人口逐漸地增加，對於民生日常用品的需求也就逐漸大增。然而受制於三面環山的地形，即便有山間便道可以往來於臺北，但是路途艱辛，沿途還有可能遇見盜匪攔阻的情形發生。對於商賈而言，與其利用陸運來進行貨物的流通，不如選擇海運的方式來的便捷。

　　在陸運難通的地理條件下，海運便成為解決此一問題的最佳方式，而海運的港口自然也就成為宜蘭的對外門戶。姚瑩《東槎紀略》載道：

> （呂）志恆議曰：「噶瑪蘭西勢烏石港、東勢加禮遠港，二處小口，向於春末夏初南風當令之時，有臺屬之鹿港、大按、八里岔、雞籠等處小船，載民間日用貨物，進港貿易。……。蘭地僻處全臺山後，生齒日繁，人烟輻湊，一切日用所需，全賴各處小船，於春夏之間，入口貿易，倘累以官差，或小加裁禁，舟商一經裹足，地方立見衰頹。惟是每年進口商漁船隻，或一百餘號至二百餘號不等，若不官為稽察掛驗，難保無夾帶違禁貨物，甚或附搭匪人偷渡，實不可不防其漸。……。」[4]

3　王業鍵：〈清代經濟芻論〉，收於氏著：《清代經濟史論文集》第一冊（臺北市：稻鄉出版社，2003年），頁11-16。

4　（清）姚瑩：《東槎紀略》卷2〈籌議噶瑪蘭定制〉（南投縣：臺灣省文獻會，1996年），頁60。

此事亦見〈戶部為內閣抄出閩浙總督孫爾準奏移會〉：

> 又查噶瑪蘭處全臺之背，但產米穀，一切器用皆取資於外販。
> 其地有三貂、鞶鞶二嶺，山逕險峻，陸路貨物不能疏通，惟西
> 勢之烏石港、東勢之加禮遠港，每於春末夏初南風司令之時，
> 可通四、五百石小船。內地福州、泉州等處商民，裝載日用貨
> 物，前往易米而歸。福、泉民食，藉資接濟，兩有裨益。若加
> 裁禁，則商販不通，於民間殊多未便。亦應如其所請，開設正
> 口，以利民生。……其餘各小口仍嚴行封禁，如有商船私越偷
> 渡，照例究辦。[5]

上述兩段引文分別來自噶瑪蘭通判呂志恆與閩浙總督孫爾準，這兩人
都不約而同觀察到噶瑪蘭廳因地處偏僻，日常用品必須得靠烏石港、
加禮遠港從外地進口過來，若貿然禁止民間的貿易往來，會影響民生
經濟的發展，應該得設官稽查，來「防微杜漸」。顯然，當時烏石港與
加禮遠港負責疏通宜蘭米糧來換取日用貨物，當中鄰近烏石港的頭圍
街一時郊商林立。道光六年（1826），烏石港奉文開設為「正口」，[6]
成為當時蘭地主要的進出門戶，位於南方的加禮遠港也得接受官府的
稽查。[7]隨著溪南地區的開拓逐漸完成，到了咸豐年間，加禮遠港與
烏石港同成為了宜蘭平原米糧貿易的主要口岸，一時間小船絡繹不

---

5 〈戶部為內閣抄出閩浙總督孫爾準奏移會〉收入臺灣銀行經濟研究室編：《臺案彙錄
　丙集》（臺北市：臺灣銀行經濟研究室，1963年），頁286。
6 「正口」為清代臺灣與大陸進行貿易，為方便官府稽查與徵稅的特許港口。參見林
　玉茹：《清代臺灣港口的空間結構》（臺北市：知書房，1996年），頁171-174、221-
　222。
7 （清）柯培元：《噶瑪蘭志略》卷4〈海防志〉（臺北市：「行政院文建會委員會」，
　2006年），頁271-272。

絕，[8]加禮遠港也有了「蘭中扼要門戶」[9]之稱呼。

　　但是烏石港受制於其地理環境影響，港口「口窄礁多，隨風轉徙」[10]加上冬季更有河塞的情況出現，導致只能容三、四百石的小船出入。[11]至於加禮遠港，雖有「蘭中扼要門戶」之稱，但也因港口較淺窄，導致其往來船隻大小與貨物的數量受到很大的限制。當時時任通判的姚瑩便觀察到此一情況：

> 噶瑪蘭境內雖有烏石、加禮遠二港口，皆極淺窄。春夏以後惟三、五百石小船出入，秋後即小船亦難入口，應無庸議。惟蘭廳南境逾馬賽山界外，有蘇澳一處，水勢寬深，內可容大艘數百號。[12]

由引文可以得知，當時烏石港與加禮遠港因港口較淺窄，位於南端的蘇澳，因其港闊水深，相對於烏石港與加禮遠港的進出不便，蘇澳也逐漸被時人所重視，成為當時主要的港口之一。對此，柯培元《噶瑪蘭志略》載道：

> 船載之利，春夏宜於烏石港、蘇澳，秋風八、九月，則皆西渡矣。[13]

8　（清）姚瑩：《中復堂選集》卷5〈再上督撫請急發臺餉狀〉（臺北市：臺灣銀行經濟研究室，1960年），頁100。

9　（清）陳淑均：《噶瑪蘭廳志》卷2上〈規制・海防〉（臺北市：「行政院文建會委員會」，2006年），頁120。

10　（清）柯培元：《噶瑪蘭志略》卷4〈海防志〉，頁272。

11　不著撰人，《臺灣府輿圖纂要》（臺北市：臺灣銀行經濟研究室，1963年），頁108。

12　（清）姚瑩：《中復堂選集》卷4〈臺灣十七口設防圖說狀〉，頁84。

13　（清）柯培元：《噶瑪蘭志略》卷11〈風俗志・工役〉，頁374。

此事亦見陳淑均《噶瑪蘭廳志》所載：

> 蘭地郊商船戶，年遇五、六月南風盛發之時，欲往江、浙販賣
> 米石，名曰上北，其船來自內地，由烏石港、蘇澳或雞籠頭，
> 搬運聚載，必仍回內地各澳。[14]

上述引文可得知，在道光朝時，蘇澳船隻往來從事米糧貿易之盛況。
到了光緒九年（1883）二月，烏石港被美國大型角板船堵塞，船沉沙
積，迫使船隻出入得改途。七、八年後，鄰近的大坑罟南方海岸變
化，頭城河改向打馬煙出口，形成「頭圍港」，同時也取代烏石港的
地位與功能。[15]至於當時噶瑪蘭主要海港分布見圖3-1-1。

（二）河運

　　蘭陽平原為沖積扇地形，平原上大小不一的河川便成為自然的交
通要道。但是受到濁水溪（蘭陽溪）的從中橫切，分屬南北兩大地
域，溪北主要是以西勢大溪流域（宜蘭河）作為河運的交通要道，溪
南則以東勢大溪流域（冬山河）的航運為主。這兩大流域構成了噶瑪
蘭地區的河運交通網路，以下分別敘述之。

1　西勢大溪流域

　　西勢大溪流域的水運，主要是將烏石港的貨物送達溪北各地。水
運交通，也影響了溪北地域的發展，至於當時西勢大溪流域的水路內
容，以下從渡口、航路這兩個部分分別進行說明。

14　（清）陳淑均：《噶瑪蘭廳志》卷5上〈風俗上・海船〉，頁297。
15　戴寶村：《宜蘭縣交通史》（宜蘭縣：宜蘭縣政府，1991年），頁42-43、頁96。

（1）渡口

渡口，是溝通、連接兩岸往來的據點，同時也是沿河舟運的運輸港口，當時溪北地域的主要渡口可分成官渡、港渡這兩類。[16]官渡，顧名思義為官方所設置的渡口，主要在人口密集、水陸交通要道設置。清代官方在溪北設置的官渡分別為：三鬮仔渡、新城仔渡、七結渡、金包里股渡、船仔頭渡、下渡頭渡、大堀渡、豬母乳寮渡。[17]港渡，由於具有河港性質，加上主要是由當地的集市形成的渡口，這些被選定的地點，稱之為港渡。清代官方在溪北的港渡分別是：抵美福港，過嶺港，辛仔罕港，奇武蘭港，二圍港。[18]

（2）航路

航路部分，以三結街噶瑪蘭成為中心，西勢大溪上游水運可以通往大礁溪、小礁溪、大湖底等近山地區。西勢大溪中段部分，讓位於噶瑪蘭北端的烏石港與位處於噶瑪蘭中間的宜蘭河，水路暢行無阻，更是使位於宜蘭河岸旁的三結街，形成當時貨物的轉運中心。[19]

上述的渡口與航路，不但將西勢大溪流域給予串連起來，更可以經由水運的方式，來和當時大港烏石港進行交通，構成了西勢大溪流域的水運聯絡網。

2 東勢大溪

東勢大溪主要是以加禮遠港為出口，構成了溪南地區的交通網路：

---

16 參見陳進傳：〈宜蘭河的區域經濟〉收錄於《宜蘭河生命史論文集》（宜蘭縣：宜蘭縣文化中心，1993年），頁116-118。

17 （清）陳淑均：《噶瑪蘭廳志》卷2上〈規制〉，頁112。

18 （清）柯培元：《噶瑪蘭志略》卷3〈津梁志〉，頁272。

19 （清）柯培元：《噶瑪蘭志略》卷4〈海防志〉，頁272。

其水從虎頭山發源。六里，由紹興莊、八寶、十三份、太和莊
過冬山。五里，轉珍珠美簡、奇武莟。八里，出奇樣簡、婆
羅、辛仔宛，至港入海。[20]

當時東勢大溪流經過的地域，根據戴寶村研究指出，由加禮遠港往上
溯，依序分為加禮遠港、埤頭港（冬山鄉武淵村）、珍珠里簡的「蕃
社港仔」（冬山鄉珍珠村）、楓樹橋（冬山鄉太和村）、並達冬瓜山市
街。再經由東勢大溪的主支流港路通往溪南地區其他各大聚落，如羅
東鎮開羅里南門港（又稱船仔頭）、鹿埔（冬山鄉鹿埔村）、順安（冬
山鄉順安村）、打那美（冬山鄉永美村）、八仙（冬山鄉群英村）等
地。[21]在東勢大溪上也分布不少渡口，據陳淑均《噶瑪蘭廳志》載
道，當時溪南地區的主要官渡分別為：溪洲渡、清水溝渡、茅仔寮
渡、奇力簡渡，這些渡口，將溪南地區的水路與陸路交通給予串聯起
來，構成了東勢大溪流域的水運與陸運聯絡網。[22]

---

20 （清）柯培元：《噶瑪蘭志略》卷4〈海防志〉，頁272。

21 參見戴寶村，《宜蘭縣交通史》（宜蘭縣：宜蘭縣政府，1991），頁45。

22 （清）陳淑均：《噶瑪蘭廳志》卷2上〈規制・津梁〉，頁112。

圖3-1-1　清代噶瑪蘭港口分布示意圖

資料來源：中研院臺灣百年歷史地圖底圖；陳淑均：《噶瑪蘭廳志》（臺北市：
　　　　　「行政院文建會委員會」，2006年），頁118-123；筆者繪製。

二　陸運系統的建立

　　噶瑪蘭交通路線的發展，與漢人移墾有著很大的關係。在漢人入
墾之前，便已經有許多人前來。最早見於歷史文字記錄，為一六四四

年荷蘭人為了探查東臺灣產金的情況，分海陸兩隊，從雞籠南下至
「蛤仔難」的記錄。[23]其中陸路的隊伍，受阻於三貂角；海路的部分
則從蘇澳登陸，一度征服「蛤仔難」地區四十幾個原住民部落，但最
終受到土著的強力反抗，而付諸東流。[24]

　　康熙三十四年（1695）有大雞籠通事賴科、潘冬等人以陸路行進
的方式，從雞籠出發，經過「蛤仔難」、「猴猴」後，到達東部後山之
地（今花蓮縣），並將該地的崇爻八社招撫歸附。[25]康熙六十一年
（1722）清軍將領藍廷珍為探查有無朱一貴餘眾潛逃後山，派人從淡
水出發前往蛤仔難偵查的記載。[26]

　　嘉慶元年（1796），吳沙率眾開蘭，從三貂出發，到達到達烏石
港南，築土圍建立據點，設鄉勇防原住民，開啟宜蘭地區拓墾的濫
觴。[27]至於吳沙所率領墾殖集團的路線，根據唐羽研究指出，吳沙的
行經路線是沿三貂角溪谷上溯，經過外嶺街越嶺而下到達海岸的今大
澳、石城一帶，在沿海岸南行，經今蕃薯寮、大溪、梗枋、北關、烏
石港，到達烏石港南後築頭圍。[28]

　　除了經由上述路線可以來到噶瑪蘭之外，當時尚有其他路線可以
前來噶瑪蘭。嘉慶十六年（1810），閩浙總督汪志伊與福建巡撫張師
誠兩人，在〈雙銜會奏稿〉中提及：

---

23 詹素娟、張素玢：《臺灣原住民史：平埔族史篇（北）——北臺灣平埔族群史》（南
　投縣：臺灣省文獻委員會，2001年），頁13。
24 村上直次郎著、郭輝譯：《巴達維亞城日記》第二冊（臺中市：臺灣省文獻會，1970
　年），頁417-419。
25 （清）柯培元：《噶瑪蘭志略》卷1〈建置志〉，頁245。
26 （清）柯培元：《噶瑪蘭志略》卷1〈建置志〉，頁245。
27 （清）柯培元：《噶瑪蘭志略》卷1〈建置志〉，頁245。
28 唐羽：〈吳沙入墾蛤仔難路線與淡蘭古道之研究〉，《臺灣文獻》第40卷第4期（1989
　年），頁217。

預籌進山備道，以便策應緩急。其路凡三條：一由淡水、三貂
過況況嶺抵頭圍；係入山正道，作往來大路。即在漳人分得地
界之內。又一路由艋舺之大坪林進山，從內山行走，經大湖
隘，可抵東勢之溪洲；係在泉人分得地界之內。又一路由竹塹
之九芎林進山，經鹽菜甕、番玉山腳，由內鹿埔可出東勢之叭
哩沙喃；係在粵人分得地界之內。[29]

上述引文中，可以看出當時入蘭的路線主要有三條，分別從淡
水、艋舺以及竹塹三地出發的三條路線。根據唐羽、卓克華等人考察
研究後指出，清代到噶瑪蘭的路線大抵上可以劃分成南、北兩路。

南路部分，為竹塹九芎林（今新竹芎林鄉）出發，經鹽菜甕（今
新竹縣關西鄉）到達叭里沙喃（今宜蘭縣三星鄉）、內鹿埔（今宜蘭
縣冬山鄉）。至於這條路多為住在竹塹地區的粵籍移民前來噶瑪蘭所
使用的道路。[30]

北路部分，主要分成兩條路線，分別為文山線與三貂線。文山線
大抵上是從艋舺公館梘尾新店街，再沿新店溪近入屈尺番界、烏來番
地、再經桶后溪越過分水嶺抵達蘭地。[31]關於這條路線詳細，節錄卓
克華的考證，見下表：

---

29 （清）柯培元：《噶瑪蘭志略》卷13〈藝文志〉，頁405。

30 卓克華：〈淡蘭古道與金字碑之研究〉《宜蘭古蹟揭密——古道・寺廟與宜蘭人》
　（臺北市：蘭臺出版社，2016年），頁21-24。

31 卓克華：〈淡蘭古道與金字碑之研究〉《宜蘭古蹟揭密——古道・寺廟與宜蘭人》，頁
　25。

表3-1-1　文山線路線表

編號	年代	路名	所經路線	出處
1	乾隆年間	文山西線	從艋舺霸坪林入山，從內山（今烏來）行走，經大湖隘抵東勢溪洲	噶瑪蘭廳志、噶瑪蘭廳輿圖
2	乾隆末葉	文山東線	艋舺武營南門、古亭村、水汴頭、觀音嶺腳、深坑仔街、楓仔林、石碇仔街、烏塗窟嶺腳、大隔門、柯仔崙坑、粗崛坑、仁里阪、灣潭渡、鷺仔瀨、石嘈坑、三分仔坑、頂雙溪、四堵寮、金面山分水嶺（淡蘭交界）、嶺腳、礁溪街北、噶瑪蘭三結街	噶瑪蘭廳志、淡水廳志
3	嘉慶中葉	入蘭備道	頭圍經樟崙、炭窯坑、統櫃、虎尾寮過溪、上大粗坑、過崙仔洋、萬順寮、樟腳、六張犁、艋舺武營頭	噶瑪蘭廳輿圖
4	道光年間	入蘭孔道	頭圍北關過石碇山到鹿寮（刣牛寮）、大溪、大坪、雙溪頭、出淡屬水返腳抵艋舺	臺灣府與圖纂要、噶瑪蘭廳志
5	道光年間	口碑之路	頂雙溪柑腳番坑谷入大坪、烏山、三分二、坪溪、石碇嶺至外澳	臺灣府與圖纂要、唐羽

編號	年代	路名	所經路線	出處
6	光緒十一年		烏來至宜蘭	劉壯肅公奏議
7	光緒十三年		淡水至宜蘭、經坪林尾、樟古坑、磨壁潭、倒吊子、四堵	劉壯肅公奏議

資料來源：卓克華：〈淡蘭古道與金字碑之研究〉,《宜蘭古蹟揭密——古道・寺廟與宜蘭人》(臺北市：蘭臺出版社，2016年)，頁33-34。

　　三貂線則是從淡水廳艋舺出發、溯基隆河到汐止、八堵、再越過獅球嶺到社寮島、鼻頭角，沿今日濱海公路到達宜蘭。關於這條路線詳細，節錄卓克華所考證，見下表：

表3-1-2　三貂線路線表

編號	年代	路名	所經路線	出處
1	乾隆中葉之前	蛤仔蘭孔道	淡水、八堵、雞籠、深澳、三貂、隆嶺	噶瑪蘭志略
2	乾隆中葉	舊道	暖暖、三爪仔、三貂嶺、經頂雙溪。(有一說是從暖暖經十分寮、楓仔瀨到頂雙溪)	臺北縣志、臺灣名勝舊蹟誌
3	乾隆末葉至嘉慶中葉	入蘭初闢孔道	三貂社、內林、七星堆、隆嶺	
4	嘉慶十二年間	新路	艋舺、錫隆、水返腳、蛇仔形、武丹、丹裡、三貂社、隆、嶺腳、大溪、烏石港	噶瑪蘭志略
5	嘉慶中、末葉	入蘭正道	淡水、三貂嶺、頭圍	噶瑪蘭志略

編號	年代	路名	所經路線	出處
6	道光三年	三貂嶺道路	苧仔潭、大里簡	噶瑪蘭廳志
8	道光九年	臺北道里	艋舺、錫口、南港、水返腳、一睹山、五堵、七堵、八堵、暖暖、內過溪、楓仔瀨、復過溪、鯽魚坑、過度、伽石、三貂（爪）仔、苧仔潭、三貂嶺、嶺頂。牡丹坑、粗坑嶺過渡、頂雙溪、有渡、魚桁仔有溪、蝦雙溪過渡、遠望坑、東半嶺、草嶺、下嶺、大里簡、蕃薯寮、搭溪、梗枋、北關、烏石港	東槎紀略
9	同治年間	總兵巡閱路線	艋舺、錫口、水返腳、五堵、六堵、七堵、暖暖嶺、三爪仔、三貂嶺、打理簡、北關、頭圍、三結、噶瑪蘭城	臺灣兵備手抄

資料來源：卓克華：〈淡蘭古道與金字碑之研究〉,《宜蘭古蹟揭密——古道・寺廟與宜蘭人》（臺北市：蘭臺出版社，2016年），頁60-61。

　　上述路線，為當時噶瑪蘭地的對北的聯絡道路。至於對內的聯絡道路，從嘉慶元年（1796）吳沙入墾宜蘭後，一直到咸豐九年

（1859）為止，隨著漢人所開墾的土地已經達到蘇澳南邊的白米甕地區，在不到七十年的時間，大抵上已經將宜蘭地區的精華平原地區開拓完畢。[32]漢移民土地的開墾活動告一段落，加上漢人聚落次地的建立，以及交通路線的建立，帶動了宜蘭農產品與商品的流通。

到了清代晚期，宜蘭地區出現不少「中地」，各個中地各自具有政治、經濟、文教及交通等機能。[33]在宜蘭地區中地主要分成三個等級，第一級中地為宜蘭，是廳治所在；第二級中地為頭圍與羅東，頭圍為北端交通、港口的市街，羅東為溪南地區最大的市街；第三級中地有利澤簡、叭哩沙喃、蘇澳，這些市街主要具有貨物出入集散的機能之地。[34]這些中地間彼此都有道路相連，這條道路，即是北起草嶺，沿著海岸線經過蕃薯寮、大溪、梗枋、北關、烏石港，到達頭圍街；再往西南經過湯圍、四結，到達宜蘭街；再經壯一、四鬮、越過蘭陽溪，通過二結、四結、竹林抵達羅東街；往東南經過冬瓜山到達蘇澳。以上這條道路，大抵上是南北走向，貫穿了整個宜蘭平原，構成了噶瑪蘭地區的陸路交通運輸網路。見圖3-1-1：清代噶瑪蘭陸路圖。

---

32 白長川：〈蘇澳開拓史〉，《臺灣文獻》第35卷第4期（1984年），頁185、203。

33 邢幼田：《宜蘭中地體系變遷之研究》（臺北市：臺灣大學土木工程研究所碩士論文，1986年），頁60。

34 邢幼田：〈宜蘭中地體系變遷之研究〉，頁60。

圖3-1-2　清代噶瑪蘭陸路示意圖

資料來源：中央研究院臺灣百年歷史地圖底圖，筆者繪製。

第二節　市場圈之形成

　　本節分別由農業生產與貿易、市街體系的形成等，討論清代噶瑪蘭地區性市場圈的形成。

一　農業生產與貿易

（一）產品輸出

自嘉慶元年吳沙率眾入墾之後，讓宜蘭平原進入到漢移民全面拓墾的狀態，漢移民帶來了精良的耕種技術、修鑿了水利設施，土地的水田化，讓稻米成為本地的重要作物。柯培元《噶瑪蘭志略》載道：

> 噶瑪蘭農戶半多墾佃，緣初闢之時，力裁業戶，各由散佃收租，各佃墾耕，領有丈單，即若永為己業，雖後至諸農，僅為請丈者所招墾，而一經認作，輸納而外，無所苛求，故大田多稼，時有倉庾盈億之慶云。土壤肥沃，不冀種，冀則穗重而仆。種植後聽其自生，不事耘鋤，惟享坐獲。加以治埤蓄洩，灌溉盈疇，每畝常數倍於內地。惟近年如湯圍、辛仔罕、大湖口、白石山腳諸地，經有沙壓水沖，土脈漸薄，亦間需培補之法。歲有二冬；早稻曰早冬，晚稻曰晚冬。早稻雖收，必晚稻豐稔，始稱大有之年。不但本地足食，兼可以資江、浙之乍浦、鎮海，閩之漳、泉。[35]

從上述可以得知，土地肥沃加上後天的開鑿水圳，使得平原內稻米產量極高，即便播種後任其生長而不事耕耘，所得收穫依然甚豐。到了豐收之年，蘭地所產的米糧更可以供給江、浙、閩之地，緩減大陸華南市場對稻米的需求。[36]尤其道光朝以後，米穀應已是蘭地最重要的

---

35 （清）柯培元：《噶瑪蘭志略》卷11〈風俗志・農事〉，頁373。
36 王業鍵：〈十八世紀福建的糧食供應與糧價分析〉，收入氏著：《清代經濟史論文集》第二冊（臺北市：稻香出版社，2003年），頁119-150。

出口商品。當時所產米穀，多以頭圍街、三結街、羅東街為集散地，再經由陸路運送到烏石港、加禮遠港經水路輸往江、浙、閩之地。柯培元《噶瑪蘭志略》載道：

> 蘭中惟出稻穀，次則白苧，其餘食貨百物，多取於漳、泉。絲羅綾緞則取資於江浙。每春夏間南風盛發，兩晝夜舟可抵四明、鎮海、乍浦、松江，惟售番鏹，不裝回貨。[37]

從上述引言可以看出，除了米穀之外，白苧也是蘭地最主要的輸出產品。其中米穀輸出的產量位居首位，獲益可觀。若立基於臺灣農產品與中國民生必需品的交換體系而論，米穀的運銷，顯然在蘭地貿易的發展上具有重要地位。

（二）輸入商品

相對於輸出商品，有關清代噶瑪蘭地區輸入的商品陳淑均《噶瑪蘭廳志》內有詳細的記載：

> 海船多漳、泉商賈，而泉尤多於漳。貿易於漳，則載絲線、漳紗、翦絨、紙料、煙、布、蓆草、磚瓦、小杉料、鼎鐺、雨傘、柑柚、青果、橘餅、柿餅。泉則載磁器、紙張。興化則載杉板、磚瓦，福州則載大小杉料、乾筍、香菰。廈門諸海口或載糖、靛、魚翅、海參。至上海小艇，撥運姑蘇行市，船回則載布疋、紗緞、枲綿、涼暖帽子。至浙江則載綾羅、綿綢、縐紗、湖帕、絨帽、紹酒、蘭腿。寧波則載棉花、草蓆。大抵內

---

37 （清）柯培元：《噶瑪蘭志略》卷11〈風俗志‧商賈〉，頁375。

地每三、四月南風盛發,則大、小各船入蘭販米,爭至各港。[38]

這些進口的貨物大多以民生用品為主,當中以手工業製品最為重要。特別是清代臺灣與大陸有貿易分工的跡象,而以農產品與民生必需品作為交換體系內容,也就是「區域分工」的重要項目。[39]

當時烏石港、加禮遠港、蘇澳是這些貨物主要出入口。從烏石港而來的貨物,由挑夫運至頭圍街,再利用河運的水路運送,沿著溪流接到宜蘭河,運送到內陸的礁溪街、三結街等地區,涵蓋範圍將近整溪北地區;[40]從加禮遠港而來的貨物,由挑夫運至冬瓜山街,再利用河運運送,沿著溪接到冬山河,運送到內陸的羅東街、利澤簡街,涵蓋範圍整溪南地域。[41]至於蘇澳港,雖然並未成為正口,但因其本身的港口條件極佳,且無相關的港務稽查設備,所以一些走私活動等也在此形成,因米糧貿易與走私等各類港口活動使得港區周圍的蘇澳街商業逐漸興起。[42]這些市街,因為鄰近或為水域腹地所在地,提供了貨物交易、搬運、置放等商業行為,連帶衍生形成繁榮的商業景象。至於當時貿易的貨品見下表3-2-1清代宜蘭進出口貨物一覽表。

---

38 (清)陳淑均:《噶瑪蘭廳志》,頁401。

39 林滿紅:〈貿易與清末臺灣的經濟社會變遷〉,《食貨月刊》第9卷第4期(1979年),頁20。

40 陳進傳:〈宜蘭河的區域經濟〉,收錄於《宜蘭河生命史論文集》(宜蘭縣:宜蘭縣文化中心,1993年),頁116-118。

41 戴寶村:《宜蘭縣交通史》,頁48。

42 游家瑞:《清領時期蘇澳地區漢人聚落的發展(1796-1895)》(新竹縣:新竹教育大學社會科教育學系碩士論文,2003年),頁62-65。

表3-2-1　清代噶瑪蘭進出口貨物一覽表

貿易省區	貿易地點	貿易貨品
福建	泉州、漳州、福州、興化（莆田）	輸入：米穀、油粕、白苧、麻苧、桔子 輸出：絲絨、布匹、紙料、菸、磚瓦、衫料、乾果、麥豆、紗絨、磁器、金楮、鼎鐺、雨傘、海產物、草蓆
浙江	四海、鎮海、乍浦、寧波	輸入：米穀、白苧 輸出：絲羅綾緞、湖帕、絨帽、紹酒、蘭腿、棉花、草蓆、西北口羊皮、棉綢、青絲
江蘇	上海、蘇州、松江	輸入：米穀、白苧 輸出：綢匹、羊皮、雜貨、枲綿、帽子、吉貝、棉花
廣東	澳門、柘林	輸入：米穀、樟腦 輸出：廣貨、魚苗、雜色洋貨、西洋布

資料來源：卓克華：《清代行郊研究》（臺北市：揚智文化事業公司，2007年），頁90。

二　市街體系的建立

（一）市街形成

在論述清代噶瑪蘭市街形成以前，必須對「市街」一詞涵義進行說明。在清代的認知中「街」常用來指人煙眾多，且商務繁盛之地，因此，周璽《彰化縣志》卷二〈規制志〉就說明這一情況：

凡有市肆者皆曰「街」；闤闠囂塵，居處叢雜，人煙稠密，屋
宇縱橫。街旁衖衕曰「巷」。郊野之民，群居萃處者，曰「村
莊」，又曰「草地」。番民所居曰「社」。[43]

　　到了日本時代，富田芳郎進一步將「街」一詞視為清代臺灣商業
繁盛之區，並具體說明其機能與型態。[44]「街」因人口眾多，又為商
業中心，較村莊更具經濟機能和中心性。[45]一般而言，市街的商店大
部分都是零售商或少數的手工業者，並以附近鄉村作為服務對象。以
往學者在看待這類商業性強的聚落時，稱之為「市街」、「鄉街」、「街
市」、「市鎮」，雖然用詞並不一致，但其意義基本上都是一樣。當中
「市街」一詞，因使用較為普遍，且其字面涵意「有市集的街道」，
就清代街的情形亦頗貼切而易了解。[46]

　　至於清代噶瑪蘭的市街，主要有七處，由北而南依序為頭圍街、
礁溪街、三結街、羅東街、冬瓜山街、利澤簡街、蘇澳街，以下分別
敘述之。見圖3-2-1街肆分布圖。

43 （清）周璽：《彰化縣志》卷2〈規制志‧街市〉（臺北市：「行政院文化建設委員
　　會」，2006年），頁128。

44 （日）富田芳郎：〈臺灣街の研究〉，《東亞學》（昭和十七年[1942年]）第6卷，頁
　　39。

45 （日）富田芳郎：〈臺灣街の研究〉，《東亞學》（昭和十七年[1942年]）第6卷，頁
　　39-45。

46 謝名育：《清代臺灣中部的市街與商業網絡》（臺中市：東海大學歷史研究所碩士論
　　文，2005年），頁6。

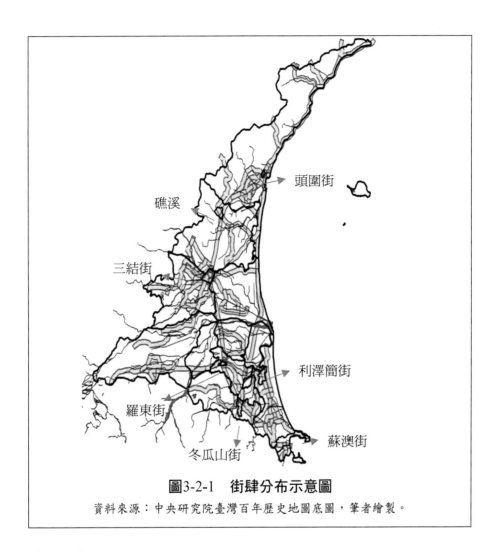

圖3-2-1　街肆分布示意圖

資料來源：中央研究院臺灣百年歷史地圖底圖，筆者繪製。

1　頭圍街

　　頭圍街，位於今日頭城鎮，由部分城北里、城東里、城南里、城西里所構成。[47]頭圍，作為蘭陽首闢之地，移民多沿著淡蘭古道，或

---

47 林正芳主編：《續修頭城鎮志》（上）（宜蘭縣：頭城鎮公所，2002年），頁56-57。

著從海路前來。從地理區位來看,頭圍恰巧位於海(烏石港)、路(淡蘭古道)進入蘭陽平原的起點位置。[48]自嘉慶元年(1796)吳沙率眾開蘭以降,烏石港成為噶瑪蘭往來大陸沿海以及臺灣西部、北部的主要出入要口。[49]陸路部分,也可經由淡蘭古道往來於北臺灣和噶瑪蘭。[50]對內,沿著溪流可以接至宜蘭河,其範圍涵蓋了整個溪北地域。[51]就在這樣的條件下,頭圍成為重要的交通樞紐地帶。[52]

嘉慶十七年(1812),噶瑪蘭收入大清版圖,於頭圍堡設立「縣丞」所在地;[53]此外,亦在頭圍建置「倉廒」[54]與「舖遞」[55]的附屬機構。道光六年(1826)烏石港定為「正口」,成為東臺灣唯一一個合法的貿易港口。另一方面,在富豪板橋林家的投資、宜蘭盧家的經營下,頭圍不但得以吸引大量人口的聚集,同時也迅速的發展起來,也慢慢形成具有商業特色的市街,[56]顯示出,頭圍街的商貿活動,最晚於道光六年(1826)就已經形成。至於頭圍街與寺廟的關係,從〈道

---

48 黃雯娟:《清代蘭陽平原的水利開發與聚落發展》(臺北市:臺灣師範大學地理研究所碩士論文,1990年),頁69。

49 許淑娟:《蘭陽平原祭祀圈的空間組織》(臺北市:臺灣師範大學地理研究所碩士論文,1991年),頁43-46。

50 卓克華:〈淡蘭古道與金字碑之研究〉,《宜蘭古蹟揭密──古道‧寺廟與宜蘭人》,頁21-35。

51 鄭雅慧:《日治時代頭圍聚落之變遷》(臺南市:成功大學建築系碩士論文,2001年),頁32-33。

52 林正芳主編:《續修頭城鎮志》(上),頁375。

53 正八品,主管全縣的糧馬和徵稅,協助知縣(廳通判)管理縣政(廳政)。參見王天有:《中國古代官制》(臺北市:臺灣商務印書館,1995年),頁16-19。

54 嘉慶二十一年(1816)建置,一開始本為兵米存放地,後為保持平倉米價平衡的功能。參見(清)柯培元:《噶瑪蘭志略》卷8〈公署志〉,頁303。

55 舖遞的功能,為傳遞公文的中繼站,當時頭圍堡共有烏石港舖、北關舖、�ㄨㄨ舖。參見(清)柯培元:《噶瑪蘭志略》卷9〈舖遞志〉,頁322。

56 卓克華:〈頭城陳家新長興店舖的歷史研究──兼及和平老街的發展〉,《宜蘭古蹟揭密──古道‧寺廟與宜蘭人》,頁160-170。

光八年九月林光細堂兄弟四人為頭圍街天后宮店地仝立杜賣盡根契字〉這張民間契字可以看出：

　　立杜賣盡根契人林^{光細　允瑞　允聖}有承^{叔父　父親}遺下明給過店基式坎址

在頭圍天后宮第柒拾肆號坐東向西東至莊炭西至街路南至林族

北至吳然此店尾又有點地基式坎亦是坐東向西東至楊仰峯西至

林族南至吳瑞北至莊天生四至明白為界今因乏銀別創情愿將此

四坎店地出賣先盡問至親人等不欲承受外托中引就招賣與吳合

成出頭承買當日三面言議定出佛面銀壹百柒拾大元正即日銀契

仝中兩相交收足訖其地自立賣契以後隨即仝中踏明界址交付與

買主前去掌管蓋築開張舖戶永為己業不敢異言阻當一賣終休寸

土不留日後子孫亦不敢反悔生端謀及找贖之理保此業係細等明

拾物業與兄弟他人無干並無上手來歷不明及重張典掛他人財物

為礙等情如有等情細等甘愿一力抵當不甘買主之事此係二比甘

愿各無抑勒口恐無憑立杜賣盡根契字一紙併帶官丈單一紙共二

紙付執為炤

　　即日仝中收過賣契內佛面銀壹百柒拾大元正完足再炤

　　　　　　　　　　　　　　　　　　　代筆人　鄭庇

　　　　　　　　　　　　　　　　　　　為中人　黃鳳

　　　　　　　　　　　　　　　　　　　知見人　林黃氏

　　　　　　　　　　　　　　　　　　　塲見人　林酒

道光捌年玖月　　　　　　日立杜賣盡根契人　林^{57光細　允瑞　尚達　允聖}

---

57 邱水金主編：《宜蘭古文書》第壹輯（宜蘭縣：宜蘭縣立文化中心，1994年），頁29。

從引文民間契字中可以看出，道光八年（1828）店面的買賣行為，反映了「莊」轉變為「街」的情況，此外，在道光七年（1827）所興建的慶元宮因其位於當時河道之上，而河道又可以連接到烏石港，無論輸入或輸出的貨品皆在此進行交易。[58]延伸出為了方便貨運交通，行郊「十三行」及各式商店而逐漸演變成為以慶元宮為中心的雙面街道。

到了同治二年（1863），在頭圍街南北兩端路中央興建了兩座福德祠，形成「街頭街尾土地公」的格局，[59]從裡面所供俸福德正神手拿金元寶的形象，正是顯示出居民相信如此布局可以讓土地公為居民把財，令這條街永遠商業鼎盛。

即便光緒四年（1878）烏石港因淤沙阻塞港口，導致港口運輸逐漸衰退，加上光緒九年（1883）美船失事堵塞烏石港，迫使貨物無法出入。[60]但所幸大坑罟南方海岸變遷，出現新港「頭圍港」，讓頭圍街的重要門戶地位到了日本統治時期依然維持不變。

因此，可以得知頭圍街的發展，因為地處於平原河運與海運的要衝之地，讓往來烏石港的貨物皆可屯寄於此。[61]一方面由於地處水路交通要衝之地。清代的許多重要官方設施皆立於此，形成了頭圍是一個合法的商貿之地，所以，以頭圍街與烏石港為中心的貿易網路，將噶瑪蘭地區所出產的米穀、樟腦、油粕、麻苧、雜子出口至大陸，換取手工業製品、金屬製品以及其他日用雜貨。[62]帶來了商業與人潮，形成頭圍街。此外，興建慶元宮並以其為中心，讓頭圍街的市街範圍更加擴大。

---

58 林正芳主編：《續修頭城鎮志》（上），頁375。

59 游謙、施芳瓏：《宜蘭縣民間信仰》（宜蘭縣：宜蘭縣政府，2003年），頁206-207。

60 戴寶村：《宜蘭縣交通史》，頁42-43、96。

61 林正芳主編：《續修頭城鎮志》，頁375-381。

62 （清）陳淑均：《噶瑪蘭廳志》卷5上〈風俗上‧商賈〉，頁278。

2　三結街（宜蘭街）

　　三結街，位於今日宜蘭市，範圍涵蓋今日北門里、西門里、中山里、東門里、新民里、南門里以及部分孝廉里、菜園里、小東里、大新里、負郭里、神農里等地。[63]「三結街」一詞的出現，最早見於當時民間契字，〈道光三年十一月陳講為三結街土名五坎仔前厝地立杜賣盡根契〉載道：

　　　　立杜賣盡根契人宗親陳講前年仝林洒合夥明買郭景厝地壹所坐落在三結街土名五坎仔前其厝地長拾肆丈橫闊壹丈捌尺講應分厝地長柒丈橫闊壹丈捌尺寔東至陳家店後西至林洒南至李家北至楊家四至界址明白年配那地基租銀壹錢伍分講自備工本築蓋柱尾厝壹間又築蓋柱腳尾過水一間金銀乏銀別置自情願將此尾厝併地基出賣先盡問至親人等各不欲承受外托中引就與宗親陳記出首承買當日三面言定時值價佛面銀柒十大元正其銀即日仝中交收足訖其尾厝過水地基隨即踏明界址理清交付買主掌管居住收稅納糧永遠為業日後價值千金講不敢言贖亦不敢言擾生端滋事保此物業係講與林洒合買應分物業以房親叔兄弟侄無涉亦無拖欠地租及重張曲掛他人亦無上手來歷不明等事情如有此情係講一力抵當不甘買主之事此係二比甘愿各無抑勒反悔今欲有憑立杜賣盡根契壹紙併帶上手契式紙繳連共叁紙付執為照
　　　　　一批明內袋水井壹口付買主掌管批明在炤
　　　　　即日仝中親收過契內佛面銀柒拾大元正完足再炤

63 黃雯娟：《臺灣地名辭書卷一：宜蘭線》（南投縣：臺灣省文獻委員會，2000年），頁175-176。

代書人 郭捷忠

為中人 林養

知見人 堂兄陳炭

在場見人母親廖氏

道光叁年拾壹月　　　　　日立杜賣盡根契人 陳講[64]

　　三結街的街名由來與蘭地開發的方式「結首制」[65]息息相關，當時清政府未將蘭陽平原納入版圖前，以圍、結頭人自治管理佃民。[66]因此嘉慶七年（1802），漢人到此地開墾，當時稱為「五圍」。[67]設廳之前，五圍地區僅有「民居兩列，皆東向，餘悉新墾田」[68]由此可看出，當時五圍屬於新開發之地，尚未形成商業中心。

　　嘉慶十五年（1810）清廷鑒於海盜蔡牽、朱濆作亂，決定將噶瑪蘭收入版圖。嘉慶十七年（1812），噶瑪蘭地區始置噶瑪蘭廳，因五圍地處適中，便將廳治此地。[69]開發不到十年的五圍雀屏中選，成為廳治地點的主要原因如下：[70]

　　一、它居蘭陽平原中心，地點合宜，四方呼應，便於統治管理。

---

64 《宜蘭古文書》宜蘭縣：宜蘭人文知識數位資料庫。單位網址：http://ylhm.e-land.gov.tw/details.aspx?id=6890&type=oldbook，閱讀時間：2015年6月20日。

65 王世慶：〈結首制與噶瑪蘭開發——兼論結首制起源自荷蘭人之說〉《中國海洋發展史論文集》（臺北市：中研院中山人文社會科學研究所，1999年），頁469-501。

66 「圍」和「結」為拓墾組織的單位，結是基本單位，圍則是高於結的組織單位，圍下有結，圍所包含的結大都在十個以上。參見施添福：《臺灣地名辭書：宜蘭縣》卷一（臺北市：國史館臺灣文獻館，2000年），頁16。

67 （清）姚瑩：《東槎紀略》卷3〈噶瑪蘭原始〉，頁71。

68 （清）柯培元：《噶瑪蘭志略》卷3〈城池志〉，頁256。

69 （清）柯培元：《噶瑪蘭志略》卷3〈城池志〉，頁256。

70 劉惠芳：《日治時期宜蘭城之空間改造》（臺南市：成功大學建築系碩士論文，2001年），頁28-29。

二、它空間開闊，北有宜蘭溪，南有蘭陽溪為屏，防衛性佳。

三、它位居蘭陽平原開墾路線之樞紐，且可由南北兩溪航行出
　　海，水路交通便利。

四、當時五圍已開發成熟，地價又不似頭圍那麼昂貴，考慮築城
　　的成本較為經濟。

　　嘉慶十八年（1813）噶瑪蘭城建城以後，當時的噶瑪蘭城是個四
面皆被水域濠溝所環繞的一座城池，城中有兩道舊有之水圳，自西而
東，出外與城外濠溝相接。設治之後，通判楊廷理依照堪輿師梁章讀
的建議將大部分的官衙廳署設置在噶瑪蘭城的橫向中軸上，廳署、巡
檢署接續著文昌廟街而設立，這時的街道形態成為南北大街與文昌廟
街相交的十字形街道。[71]以這條南北大街為主要發展據點向左右來拓
展，陸續將廳署、衙門、官方祠祀、營舍等設施逐漸建設完成。呈現
出寺廟集中於城內的西北部，而官方建築則是分布於城東及城南。[72]
　　至於五圍的發展，主要是因為噶瑪蘭城的位置正處於西勢大溪
（今宜蘭河）與蘭陽溪間的河床地帶，當時候水路即是位於噶瑪蘭城
北側的西勢大溪（今宜蘭河），在貨物的運輸上十分的便利。因此，
在五圍的北側及西側共設置了有三處的船運碼頭：分別是下渡頭渡、
渡船頭渡、三鬮仔渡三處，此外，流域中尚有其它十二個大小不等的

---

71 鄭仲浩：《宜蘭舊城區的市街發展與變遷》（臺南市：臺灣科技大學建築系碩士論
　　文，2003年），頁30。

72 當時的分布主要原因是配合水運渡頭位置的關係，城內北區與西區為民間的主要活
　　動區域，而官衙廳署的設置為了能對經濟及貨運做有效的控管，便將廳署配置於西
　　北街道的交接處。其他與軍備相關之建築設施，則設於南門口的西側，除了城東南
　　為不易開發的沼澤地之外，距西門口的渡頭較近可以方便整個宜蘭地區的軍事調
　　度。因此，噶瑪蘭城公共建築的分布上呈現出廟宇集中城西北而官署布於城東與城
　　南的現象。參見鄭仲浩：〈宜蘭舊城區市街發展與變遷〉（臺北市：臺灣科技大學建
　　築系碩士論文，2003年），頁19。

渡頭，構成了五圍的水運的交通網路。[73]讓當時接臨接渡頭的城北及城西成為蘭陽平原物資往來的主要區域，也讓城西內的文昌廟街、中北街、十六坎、聖王前街等街區眾商雲集，許多的行郊設立。一時之間，城北內及城西內成為三結街最繁華的地段，大多數的貿易商、中盤商皆設立於此。如當時石家姓兄弟在中北街開設「萬安」、「豐裕」兩家水郊行；趙氏家族創商號「自興」，經營糧食、山產、海鮮、煙酒、南北雜貨，事業興盛商家連綿十餘家。[74]

　　整體而言，三結街的形成，政治、水運交通、物產交易是其主要影響因素，水運的渡頭位置直接影響了城西與城北的族群形態，使城西及城北的商業發展迅速而集中，成為當時五圍三結街最熱鬧的地方。

3　羅東街

　　羅東街，涵蓋今日羅東鎮開明里、仁和理、仁德里、以及部分吉祥里、中山里、南昌里、成功里。[75]關於「羅東街」的最早記載，見於陳淑均《噶瑪蘭廳志》所載：

> 竹仔林（距城南十五里）、羅東莊（南二十里，下同）、羅東街、阿里史民莊：以上羅東堡。[76]

羅東街之所以能夠出現，與其地理位置息息相關。嘉慶十一年（1806）

73　（清）柯培元：《噶瑪蘭志略》卷3〈津梁志〉，頁265-266。

74　宜蘭市志編纂小組：《宜蘭市耆老座談會實錄》（宜蘭市：宜蘭市公所，2000年），頁4。

75　中華發展研究院應用史學研究所，《羅東鎮志》（宜蘭縣：羅東鎮公所，2003年），頁103。

76　（清）陳淑均：《噶瑪蘭廳志》卷2上〈規制志・鄉莊〉，頁103。

以潘賢文為首的阿里史諸番，因涉入漳、泉械鬥紛爭中，被迫越過蘭陽溪來到羅東地區開墾。[77]嘉慶十四年（1809），漳、泉兩籍人士再次發生械鬥，阿里史社眾驚慌潰逃，漳人遂將羅東地區納入手中開墾。到了嘉慶十七年（1812）設治噶瑪蘭廳，知府楊廷理與通判翟淦基於蘭地三籍械鬥頻繁，與為了杜絕海盜窺伺的念頭，除了設置司巡檢來補盜與司獄事務；[78]另一方面，對於新闢之地，改以土地分配方式，並限年開墾。[79]這些措施，加速了羅東地區的開發，也奠下了往後羅東街形成的基礎。

到了道光年間，「羅東街」已經成為蘭陽溪以南的重鎮。除了有陸路通往蘭陽溪北噶瑪蘭城，也可往南通至蘇澳地區。[80]至於水路方面，也因地利而成為較陸路更有效率的交通管道。當時主要利用宜蘭地區中央之蘭陽溪，以及蘭陽溪南地區的冬山河，往來貨物由加禮遠港出入，以水路轉運方式，從利澤簡轉運來羅東街的「船仔頭」，帶動羅東商業的發展，而羅東也成為當時貨物與商品的集散地，促成當地出現鹽館與倉庫等商業設施。[81]

由於羅東地處於噶瑪蘭地區中央之蘭陽溪旁，以及鄰近冬山河，有了這兩條河流，在地理上對羅東地區有著航運之便，以及「船仔頭」渡津的開闢，讓水路運輸更為方便，帶動當地商業的發展，成為當時貨物與商品的集散地，也讓羅東由農轉商，從小村落，擴大為「羅東街」，人口漸漸往該地集中。羅東至此已成為蘭陽溪南地區最大的街市。

---

77 林玲玲：《宜蘭縣文職機關之變革》（宜蘭縣：宜蘭縣政府，1997年），頁26。
78 （清）姚瑩：《東槎紀略》卷3〈東勢社番〉，頁80。
79 （清）姚瑩：《東槎紀略》卷3〈東勢社番〉，頁80。
80 陳進傳：《清代噶瑪蘭古碑之研究》（彰化縣：左羊出版社，1989年），頁236。
81 白長川：《羅東歷史地名尋根》（宜蘭縣：羅東鎮公所，2003年），頁6。

4 蘇澳街

蘇澳街廣義的範圍包括現今蘇澳鎮南強、朝陽、東澳三里以外的地區；狹義的範圍即日治時期的蘇澳小字，包括現今蘇澳鎮蘇東、蘇西、蘇南、蘇北四里。[82]蘇澳地區的開墾，與溪北地區械鬥有密且關聯，特別是當時作為敗方的泉、粵移民往南遷徙，成為蘇澳地區拓墾的先鋒。[83]爾後陸續有響應楊廷理三籍分墾的民人，先是嘉慶十九年（1814）粵籍范兼入墾馬賽，[84]嘉慶二十年（1815）泉人翁承輝開墾奇武荖地，[85]泉人蘇士尾帶領四結泉籍墾民入墾蘇澳嶺以南的地區，[86]但由於蘇澳為泰雅族的活動區域，漢人與泰雅族間的衝突阻礙了漢人繼續往南開墾的意願。在嘉慶末年，於蘇澳嶺兩端設置了馬賽與施八坑兩隘，來保障境內漢人的身家安全，加上金榮發與金豐萬兩圳的開鑿成功，更保漢人的糧食來源無虞。[87]最晚到道光朝時期，蘇澳除近山以外地區已經大抵開墾完成。[88]

至於「蘇澳街」一詞，最早見於陳淑均《噶瑪蘭廳志》所載：

> 利澤簡民莊（距城東南二十六里）、猴猴民莊（東南三十三里）、馬賽民莊（東南三十五里）、蘇澳街（東南五十里，下

---

82 黃雯娟：《臺灣地名辭書卷一：宜蘭縣》（臺北市：國史館臺灣文獻館，2000年），頁363。

83 游家瑞：〈清領時期蘇澳地區漢人聚落的發展（1796-1895）〉，頁30。

84 臨時臺灣土地調查局：《宜蘭廳管內埤圳調查書》（上）（臺北市：編者，1905年），頁183。

85 （清）陳淑均：《噶瑪蘭廳志》卷4下〈武備‧營莊〉，頁249。

86 邱水金：〈清代蘇澳開發初探〉，《宜蘭文獻雜誌》第2期，頁1；白長川：〈蘇澳開拓史考〉，《臺灣文獻》第35卷第4期，頁182-184。

87 游家瑞：〈清領時期蘇澳地區漢人聚落的發展（1796-1895）〉，頁70。

88 彭瑞金主編：《蘇澳鎮志》（上）（宜蘭縣：蘇澳鎮公所，2014年），頁47-49。

同）、蘇澳莊：以上利澤簡堡。[89]

上述引文來看，顯見最晚在道光時代，蘇澳街上的商業活動應該是興盛的。

而蘇澳街的形成，很大的程度是與鄰近港口蘇澳的興盛息息相關。[90]柯培元《噶瑪蘭志略》載道：

> 船載之利，春夏宜於烏石港、蘇澳，秋風八、九月，則皆西渡矣，……，近港舟人以販載來往為作活，春夏由北門外載出烏石港，或由港載入蘇澳，工價尚廉，至冬月，更由港而載出雞籠，則非鞍邊船不濟，即春夏駁入蘇澳，亦非北門外小艇所能勝，故鞍邊船之入水較深，獲利亦自不淺。[91]

柯培元《噶瑪蘭志略》亦載道：

> 蘭地郊商船戶，年遇五、六月南風盛發之時，欲往江、浙販賣米石，名曰上北，其船來自內地，由烏石港、蘇澳或雞籠頭，搬運聚載，必仍回內地各澳。[92]

顯然，蘇澳因具備有良好的港灣條件與北邊的頭圍港並駕齊驅。另一方面，因蘇澳具有良好的港口條件，一度成為海盜的覬覦之地。柯培元《噶瑪蘭志略》載道：

89　（清）陳淑均：《噶瑪蘭廳志》卷2上〈規制志·鄉莊〉，頁104。

90　游家瑞：〈清領時期蘇澳地區漢人聚落的發展（1796-1895）〉，頁67-69。

91　（清）柯培元：《噶瑪蘭志略》卷11〈風俗志·工役〉，頁373-374。

92　（清）柯培元：《噶瑪蘭志略》卷5上〈風俗志·海船〉，頁297。

嘉慶十二年秋九月，海寇朱濆竄泊蘇澳，陞南澳總兵王得祿會
前知府楊廷理攻克之，賊東遁而去。[93]

從上述史料來看，蘇澳不但是當時重要的商貿港口，同時也具有重要
的軍事地理條件。道光六年（1826）將頭圍的烏石港定為「正口」，
而未將蘇澳設為「正口」，也無相關的港務稽查設備，但因其地理位
置重要，早在前一年便在蘇澳安設汛防，並派遣把總在蘇澳巡防。[94]
加上蘇澳有著良好的港口條件，也讓蘇澳的海上貿易十分興盛，關於
蘇澳的盛況，道光年間柯培元所錄〈蘇澳連舶〉一詩，便可以看出港
口蘇澳貿易的盛況：

爛賤魚蝦市，喧闐估客船，晴明占海熟，豐稔看檣連，帆影驚
濤外，潮聲落照邊，黃昏燈火盛，水面聚人煙。[95]

到了同治十二年（1873），日人樺山資紀前來蘇澳地區調查後山情
形，便觀察到有走私船隻公然駛進蘇澳港內販賣私鹽，用以換取米糧
的情況。[96]顯示出蘇澳走私貿易十分興盛。

因港口貿易的興盛外，加上地近中央山系的關係，山區富藏森林
資源，在同治年間，便有漢人到蘇澳從事砍伐木材的工作，所得的木
材透過蘇澳港輸入到雞籠。[97]此外，漢人也會在蘇澳街上與土著交換

---

93 （清）柯培元：《噶瑪蘭志略》卷10〈武功志〉，頁271。

94 （清）柯培元：《噶瑪蘭志略》卷3〈東勢社番〉，頁328。

95 （清）柯培元：《噶瑪蘭志略》卷10〈武功志〉，頁455。

96 （日）藤崎濟之助，《臺灣史 樺山大將》（臺北市：國史刊行會，1926年），頁228。

97 James W. Davidson (1903), The isand of Formosa, past and present, London and New York: Macmillan & Yokohama, p.184。

各種物品，如衣服、獸皮、手工藝品等。[98]帶動了蘇澳街的發展。也讓同治八年（1869）來到蘇澳的英國領事Taintor E.C指出，蘇澳街已經發展成為一個有五十間房子的城鎮。[99]

到了光緒元年（1875），因「開山撫番」政策的推行，羅大春奉命到蘇澳來開鑿後山北路，[100]到了光緒十五年（1899）「撫番」政策失敗，清廷改以軍事鎮壓的方式來對付番人（泰雅族），蘇澳便成為當時鎮壓番人的主要軍事基地。[101]在當時，無論人力的徵調、補給與日常所需，除了倚靠港口的輸入外，也就近從蘇澳街招募與購買。[102]也讓當時蘇澳街出現人潮洶湧，以及商貿活動興盛的情景。[103]

5　礁溪街、冬瓜山街、利澤簡街

礁溪街、冬瓜山街、利澤簡街這三市街，最晚形成於光緒初年，〈宜蘭縣知縣邱峻南將抄貼告示處所開具清摺〉載道：

> 尊將抄貼告示處所開具體清摺呈送

98　劉克襄：《後山探險：十九世紀外國人在東海岸的旅行》（臺北市：自立晚報文化出版社，1992年），頁13。譯自：Collingwood (1868), Rambles of a na uralist on the shores and waters of the China Sea, London: J. Murray。

99　Taintor E.C, The Aborigins of Northern Formosa, England: Chadwyck-Healey, 1874, p.57.

100　彭瑞金主編：《蘇澳鎮志》（上），頁52-53。

101　光緒十五年（1899）九月，劉銘傳之姪孫宜蘭房勇營副將劉朝帶等五百多人，受到番人（泰雅族）的伏擊而全體陣亡，同年十一月，劉銘傳調派大軍攻破番社，自此，以軍事鎮壓方式取代以往「輔番」政策。參見游家瑞：〈清領時期蘇澳地區漢人聚落的發展（1796-1895）〉，頁85-88。

102　（清）丁日昌：〈親勘臺灣北路後山大略情形疏〉：「福靖新到各營勇丁，來市買米，回至蘇澳五里亭」收入不著撰人：《道咸同光四朝奏議選輯》臺銀叢刊第288種，（南投縣：臺灣銀行經濟研究室，1971年），頁84。

103　游家瑞：〈清領時期蘇澳地區漢人聚落的發展（1796-1895）〉，頁69。

查核

計開

東一皂保清水溝庄　　　一道

西一皂保民壯圍庄　　　一道

東二皂保本城十字街　一道

東城門　一道　西城門　一道　南城門　一道　北城門　一道

西二皂保羅東街　　　　一道

東三皂保金結庄　　　　一道

西三皂保茅仔寮庄　　　一道

東一快保四結庄　　　　一道

西一快保頭圍街　　　　一道

東二快保冬瓜山街　　　一道

西二快保溪州庄　　　　一道

東三快保利澤簡街　　　一道

西三快保礁溪街　　　　一道

存　　　署　　　一　　　道

以上共貼告示壹拾陸處合併聲明[104]

上述引文是光緒四年（1878）至光緒六年（1880）擔任宜蘭縣知縣邱峻南，說明往後貼告示處的地點的文書。引文中，可以看出礁溪街、冬瓜山街、利澤簡街有市街的出現，至於這些市街出現原因，以下分別敘述之。

---

104 《淡新檔案》臺北市：臺灣大學數位化典藏計畫。http://www.darc.ntu.edu.tw/handl e/1918/99384?doTreeView=true&forwardTo=/newdarc/darc-item-window.jsp&query=% E5%86%AC%E7%93%9C%E5%B1%B1%E8%A1%97，閱讀時間：2015 年 6 月 25 日。

（1）礁溪街

礁溪街，位於四圍堡，於今日礁溪鄉大義村全境與大忠村東南方。[105] 雖然早在嘉慶年間，墾民就已經來到此地開墾，但是多以農業為主，並無商業可言，隨著人口增加，協天廟的創建，墾荒漸廣，農產品生產日漸增加，礁溪市街漸成市集。[106] 除了農產品米以外，當時礁溪也以種茶聞名，陳培桂《淡水廳志》載道：

> 由淡赴蘭，率苦三貂險。遠有議新闢便道者，途僅百十里（屬淡者八十里、屬蘭者三十里）。……；五里金面山頭分水崙，即淡、蘭交界，山路，宜修闊；八里嶺腳礁溪街北（嶺高而不險，居民多種茶，有市百餘家）；……。留以告後之官斯土，有事會可乘者為之也（按此路曾會營查勘，亦有兩路、一較近而費多，一稍遠而費省；經費絀中止）。[107]

引文為當時「淡蘭便道」的路線規劃，雖然最後因經費而中止這項工程，透過引文可以發現，當時礁溪已經成為「有市百餘家」的市街，顯見礁溪所生產的農產品，經由淡、蘭交界的南線跑馬步道，[108] 來到礁溪市街進行交易，帶動了礁溪街的發展。因此，到了光緒年間知縣邱峻南的文書公告中，便強調礁溪街的存在，可以知道礁溪街的形成，是經由陸路交通的運輸中心點，逐漸發展而成。

---

105 李心儀、陳世一：《礁溪鄉志（增修版）》（宜蘭縣：礁溪鄉公所，2010年），頁66-69。

106 李心儀、陳世一：《礁溪鄉志（增修版）》，頁248-249。

107 （清）陳培桂：《淡水廳志》臺灣文獻叢刊172種（臺北市：臺灣銀行經濟研究室，1963年），頁25-26。

108 五結鄉公所，「認識五結（地名索引表）」網址：http://ilwct.e-land.gov.tw/cp.aspx?n=DDC7BF25FD44741E&s=37D27039021F6DF7閱讀時間：2015年6月25日。

（2）冬瓜山街

　　冬瓜山街，位於打那美堡，其範圍為今日冬山鄉冬山村與南興村。[109]冬瓜山，位處蘭陽平原的西南方，北鄰羅東堡，西側則是中央山脈、往南可到達蘇澳地區。地形上為西高東低的態勢。在這地域上，地下水非常豐沛，處處可見湧泉，也讓該地水圳居蘭陽平原之首，為一個適合農業生長的地域。[110]至於冬瓜山的開墾，主要分成兩個階段進行。第一時期：因在溪北地區械鬥敗走而來到該地；第二時期：為嘉慶十二年（1812）楊廷理為避免溪南落入海到朱濆手裡，命人丈量溪南地域，加上楊廷理為了避免溪南土地落入漳人手裡，[111]經由「加留餘埔制」和「三籍分墾」的手段來運作，[112]將冬瓜山劃為粵人所負責的地區。[113]

　　當中，竹塹六家潮州府粵籍的林國寶、林秀春等人，於嘉慶十五年（1810）響應楊廷理「加留餘埔」及「三籍分墾」的政策，來到冬瓜山粵籍埔地墾殖：

109　郭耀清：〈宜蘭縣冬山鄉舊地名與地方發展〉（宜蘭縣：佛光大學文化資產與創意學系碩士論文，2013年），頁100、116。

110　郭耀清：〈宜蘭縣冬山鄉舊地名與地方發展〉（宜蘭縣：佛光大學文化資產與創意學系碩士論文，2013年），頁134。

111　因嘉慶十二年（1807），海盜朱濆謀有蘇澳事件，清廷才開始正視將噶瑪蘭收入版圖的建議。是以，嘉慶十四年（1809），楊廷理來臺，再次借用地方勢力以平亂，只是這一次有更深一層族群操作的意涵，可能與蔡牽、朱濆等為漳籍有關，其欲以漳籍身分結交蘭地漳民勢力，直接引起官方對漳民的猜忌。參見張琬玲：〈清代宜蘭溪南地區漢人拓墾勢力與地方社會（1804-1895）〉（臺北市：國立臺灣師範大學歷史學碩士論文，2006年），頁32。

112　（清）姚瑩：《東槎紀略》卷3〈噶瑪蘭原始〉，頁71-72。

113　臨時臺灣土地調查局：〈嘉慶十七年二月林國寶林秀春立合約字〉；〈嘉慶二十年二月林國寶李華漢仝立合約埤圳通流灌溉蔭田園供納水租谷石字〉，《宜蘭廳管內埤圳調查書》（上），頁323-324。

　　立合約字人林國寶、林秀春、范阿兼、羅天祿等，因上年奉憲
　　墾闢甲子蘭東勢地方，我奧（粵）界惠潮嘉應，作三大結，均
　　界招墾。[114]

林國寶、林秀春當時所負責區域為噶瑪蘭東勢（溪南）地區的冬瓜山
以及中興庄（金冬山鄉安平村八甲一帶）的粵籍埔地，同時在當地開
築了「林寶春圳」。隨著「林寶春圳」的開鑿成功，讓荒野之地變成
了良田。到了道光十一年（1831），林國寶五子林秋華中武舉，將林
國寶從家鄉迎來的「天上聖母」建「聖母祠」奉祀之。

　　隨著墾地的開拓完畢，人群逐漸增加，逐漸形成以「聖母祠」為
中心向外發展的市街。[115]加上鄰近冬山河流域，發達的水運，可讓船
舶從加禮遠港沿冬山河經珍珠里簡，來到冬瓜山街上，讓冬瓜山街便
扮演著打那美堡的樞紐角色，舉凡稻穀運輸、民生物資補給，皆以冬
瓜山街為集散地。[116]到了光緒年間，在邱峻南的文書公告中，冬瓜山
因其水路運輸，逐漸成為重要的市街。

（3）利澤簡街

　　利澤簡街，位於利澤簡堡，其範圍位於今日五結鄉利澤村東北一
帶地區。[117]其地的開拓，大抵上與冬瓜山的開墾模式相去無幾，屬於
嘉慶十五年（1810）三籍分墾之區域，不同之處為冬瓜山屬粵籍墾
區，利澤簡街則為漳籍所分得的開墾地區。[118]

---

114 臨時臺灣土地調查局：〈嘉慶十七年二月林國寶林秀春立合約字〉，《宜蘭廳管內埤
　　圳調查書》（上），頁326。
115 郭耀清：〈宜蘭縣冬山鄉舊地名與地方發展〉，頁101。
116 戴寶村：《宜蘭縣交通史》，頁48。
117 戴寶村：《宜蘭縣交通史》，頁45。
118 施添福：《蘭陽平原的傳統聚落：理論架構與基本資料（上冊）》，頁39。

　　來自漳州漳浦（金浦）烏石林家，開墾了利澤簡。利澤簡因鄰近加禮遠港與冬山河流域的關係，加上加禮遠港為清代宜蘭地區兩大主要口岸，從而促使鄰近的利澤簡發展成為小型的市街。[119]到了光緒年間知縣邱峻南的文書公告中，利澤簡街躍上歷史舞臺中，可以知道，利澤簡的發展，市街由海運與河運的關係而成。

第三節　市街發展與寺廟關係

　　宗教信仰具有生存、整合、認知等功能。[120]藉由宗教信仰的導向，可以反映出該地的經濟、文化以及政治走向。本節將以清代各市街的主要寺廟，由北而南排序，說明當時市街的聚落發展與地方信仰網路的形成關係。

一　頭圍街

　　作為蘭陽首關之地的頭圍，在開蘭初期，不免與原住民爭地與海寇的械鬥，導致當時漢移民為此而喪命，以及開關之初，多從事看天的農業活動。因此，為了祈求心靈上的慰藉與神明的保佑，多信奉故鄉與工作、生活相關的神祇。在墾首吳沙家族的主導下，藉由觀音佛祖、天上聖母的共同祭拜信仰以及利用觀音佛祖、天上聖母的神格統御來統御各籍移民，輔以共同的拓墾組織，來達到團結合作。[121]加上頭圍當時是入蘭的主要水路與陸路的要衝之地，人潮的匯集，帶動市

---

119 戴寶村：《宜蘭縣交通史》，頁45。

120 李亦園：《信仰與文化》（臺北市：巨流圖書公司，1978年），頁42-43。

121 許淑娟：《蘭陽平原祭祀圈的空間組織》（臺北市：臺灣師範大學地理研究所碩士論文，1991年），頁43-46。

街慢慢的成形。[122]

　　隨著市街的成型後，大量人口的聚集，為了迎合不同人群的組合與個別需求，作為人群的信仰中心的寺廟，也隨後出現於此。[123]特別是道光七年（1827）所興建的慶元宮，從其奉祀神祇天上聖母來看，希望擁有海神性格的天上聖母，能夠保佑、庇護海上航行，符合當時對外貿易皆得仰賴航海運輸的情況。從地理位置上來看，慶元宮因鄰近河道，加上其廟埕，可以提供貨品交易、搬運、置放等商業行為。[124]逐漸形成以慶元宮為中心點，向南北兩側市街做延伸成為一條商業繁榮的商業街。加上頭圍當時是入蘭的主要水路與陸路的要衝之地，市街也慢慢地成形。[125]

　　但是經濟的發展不可能永遠處在好景氣當中，尤其烏石港具有口小、淤積、風向等航運的問題，加上在道光、咸豐兩朝，大陸正面臨到一連串的內憂與外患的侵襲，而臺灣也在這個階段正逢漳泉械鬥、頂下郊拚、戴潮春等動亂之事，連帶當時商業貿易也受到很大的影響。[126]在這時期，相傳頭圍居民為了避免經濟衰退，在街肆的兩端籌建南、北門福德祠，以守住兩端的財氣。[127]同治二年（1863），南、北門福德祠分別豎立於頭圍街肆的南北二端，反應出來當時的外在因素，確實讓頭圍開始走向不景氣，從南、北門福德祠福德正神手持金元寶的形象來看，反映出頭圍居民希望上天可以永保其世代繁榮。

---

122 林正芳主編：《續修頭城鎮志》（上），頁375。

123 鄭雅慧：《日治時代頭圍聚落之變遷》（臺南：成功大學建築系碩士論文，2001年），頁32-33。

124 鄭雅慧：〈日治時代頭圍聚落之變遷〉，頁32-33。

125 林正芳主編：《頭城鎮志》上，頁375。

126 卓克華：〈頭城陳家新長興店鋪的歷史研究──兼及和平老街的發展〉，《宜蘭古蹟揭密──古道‧寺廟與宜蘭人》，頁169。

127 莊英章主編：《頭城鎮志》（宜蘭縣：頭城鎮公所，1985年），頁384。

　　從上述來看，頭圍市街因交通與優越的地理位置而興起，至於其寺廟與市街的關係，大抵上是因為人們為了希望航海得以順利，以及財富累積與永保繁榮財興建，特別是頭圍市街以慶元宮為中心點，向南北兩側市街做延伸，在頭圍街南北的兩個端點，各有福德正神廟一座，顯現頭圍街的出現，屬於市街發展到一定程度，進而帶動寺廟建立的情況。見圖3-3-1：頭圍街寺廟分布圖。

圖3-3-1　頭圍街寺廟分布示意圖

資料來源：中央研究院臺灣百年歷史地圖底圖，筆者繪製。

二 礁溪街

　　礁溪街的形成，最晚在光緒年間。雖然嘉慶年間墾民已經拓墾至此地，然墾民在拓墾初期幾乎散居各地，並以墾荒耕耘為業，並無商業可言，更不用說會形成市街。[128]直到噶瑪蘭建廳、協天廟的創建，人口才逐漸增加，加上土地的開墾日廣，農產品的增加，市集也逐漸形成，於是日常用品、食品、建材、藥鋪等販賣店鋪相繼而生。[129]

　　到了一八六〇年代，由於臺灣的開港通商後，茶與樟腦迅速在臺灣發展，也帶動了沿山地帶的開發。當時四圍堡地區的林美山、[130]柴圍山等地已大量墾殖為茶園。[131]因茶葉行業的發展，以及鄰近淡蘭便道的出現，[132]顯然，光緒年間所形成的市街，是由於礁溪具有市場原料來源以及地處於交通要道中心發展而成，即便早在嘉慶年間便有協天廟聳立於此，所供奉神祇具有商業的特性的關聖帝君，但實際上，寺廟所扮演的角色僅是聚落的中心，絕非市街成形的原因。見圖3-3-2礁溪街寺廟位置圖。

128　李心儀、陳世一：《礁溪鄉志（增修版）》，頁249。

129　李心儀、陳世一：《礁溪鄉志（增修版）》，頁249。

130　羅永昌、林智培、洪華伶：〈林美社區土地公信仰初探〉，《宜蘭文獻雜誌》第85、86期，頁188。

131　李心儀、陳世一：《礁溪鄉志（增修版）》，頁248。

132　（清）陳培桂，《淡水廳志》卷2〈封域志‧淡蘭擬闢便道議〉，頁25-26。

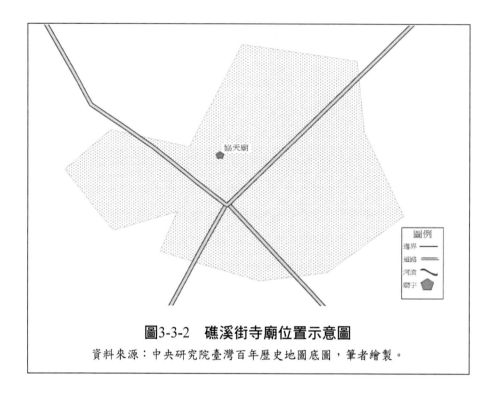

圖3-3-2　礁溪街寺廟位置示意圖

資料來源：中央研究院臺灣百年歷史地圖底圖，筆者繪製。

三　三結街

　　三結街位居於蘭陽平原精華區中心，地理位置上，北接淇武蘭、頭圍，東通民壯圍，西至員山，南過蘭陽溪達羅東。嘉慶七年（1802）漢移民墾殖於此，稱之為「五圍」。但拓墾之初五圍並無寺廟出現，直到知府楊廷理為了抵禦蘇澳朱濆之亂，五圍地區的信仰才逐漸成形。柯培元《噶瑪蘭志略》載道：

> 蘭未歸化時，初無神廟。因嘉慶十二年秋，前知府楊廷理會勦洋匪入山，見居民多病，始為請關帝、天后、觀音諸神像，以十三年夏迎入三結街奉祀。時居民踴躍鳩建廟宇，即以帝君、

觀音附祀於天后宮。[133]

從引文可以看出，就在楊廷理的主導下，五圍地區的信仰逐漸成形。到了嘉慶十七年（1812）八月，新設噶瑪蘭廳，楊廷理更把廳治設置於三結街。[134]成為噶瑪蘭廳政治中心的三結街，也就成為官方祀典的主要地方。[135]具有官方色彩的城隍廟、先農社稷神祇壇，便現身於三結街之中。

除了官方祀典的寺廟外，三結街由於水運的發達，也讓當時接臨接渡頭的城北及城西成為宜蘭物資往來的主要區域。當時，三結街的西北岸「三鬮仔渡」是水運貨物重要口岸，[136]鄰近的西關廟，供奉具有財神性質的關聖帝君，顯見當時此地商業貿易之盛行。[137]

到了同治年間，在舉人黃纘緒的發起下，加上同治七年（1868），進士楊士芳的新科及第，為倡導蘭地的文風，便有了興建孔廟之議。[138]自清同治四年（1869）鳩工興建，至清光緒二年（1876）完工，在清光緒元年（1875），噶瑪蘭廳改制為宜蘭縣，在孔廟興設儒學，讓三結街除了蘭地的政治中心、商業大鎮，也成為當時官方學術的主要重心。見圖3-3-3：三結街寺廟分布圖。

---

133 （清）柯培元：《噶瑪蘭志略》卷7〈祠廟志〉，頁297。

134 （清）柯培元：《噶瑪蘭志略》卷3〈城池志〉，頁256。

135 （清）柯培元：《噶瑪蘭志略》卷7〈祠廟志〉，頁297。

136 鄭仲浩：《宜蘭舊城區市街發展與變遷》（臺北市：臺灣科技大學建築系碩士論文，2003年），頁91。

137 西關廟：《西關廟沿革史》（宜蘭縣：西關廟管理委員會，1990年），頁7。

138 文化部，孔廟文化資訊網：http://confucius.culture.tw/temple/temple12_1.htm

圖3-3-3　三結街寺廟位置示意圖

資料來源：中央研究院臺灣百年歷史地圖底圖，筆者繪製。

四　羅東街

　　嘉道年間，羅東的開墾已經告一個段落，加上水路由阿束社南門港通往蘭陽溪南之加禮遠港，以運送糖、米等各種貨物，讓當時的羅東逐漸發展起來。[139]使得以加禮遠港為出口的冬山河流域建構起溪南地區的經濟圈：

---

139 邱火土口述史料。轉引自張文義：〈港口、河道與利澤簡——宜蘭東港的航道與航運情形初探〉，《「宜蘭研究」第五屆學術研討會論文集》，宜蘭縣：宜蘭縣文化中心，頁380。

> 其水從虎頭山發源，六里由紹興莊、八寶、十三份、太和莊，
> 過冬瓜山。五里轉珍珠里簡、奇武荖。八里出奇擇簡、婆羅辛
> 仔宛，至港入海。……。以泛粟，從東南流而出者皆聚於此。[140]

除了海運的發達外，在陸路部分，更是以羅東為起點，因為羅東以南向東到海之地，盡是平原，極便開墾，又易通行，且有加禮遠港和馬賽港對外聯絡。[141]以加禮遠港口為主的水路，接連旱路主要幹道羅東街可直達縣城，連接溪南與溪北的互動。由於其地利之便，羅東成為附近各庄居民前往縣城的必經之地，而羅東街上的神祇自然成為來自四方的信眾們祈求平安的對象。而這情況，也反映於當時街內震安宮所奉祀的神祇，震安宮以天上聖母為主神，即顯示街民為祈求航運順利，此外，也供奉代表財神聖相比干祖，以及郊商所奉祀的水仙尊王。從中可以想見當時羅東街商貿往來之興盛。[142]

　　除了震安宮外，當時羅東街尚有城隍廟、勉民堂、奠安宮這三間寺廟。無論是紀念先賢開墾的大眾廟、或是祈求海上運輸、貿易、漁獲以及事業平安的天上聖母，鄰近地區在未建立自己的廟宇，或沒有奉祀更高神格的主祭神之前，就會先認同羅東境內的主祭神。[143]便構成了以城隍廟、震安宮、勉民堂、奠安宮為主，進而擴大成為超村落的祭祀範圍，而這四間寺廟也就成為當時的羅東街的信仰中心。見圖3-3-4羅東街寺廟分布圖。

140　（清）柯培元：《噶瑪蘭志略》卷4〈海防志〉，頁271-272。

141　陳進傳：《清代噶瑪蘭古碑之研究》（彰化縣：左羊出版社，1989年），頁236。

142　參見賴俊嘉：《羅東震安宮與地方發展》（宜蘭縣：佛光大學歷史系碩士論文，2011年）。

143　許淑娟：〈蘭陽平原祭祀圈的空間組織〉，頁52。

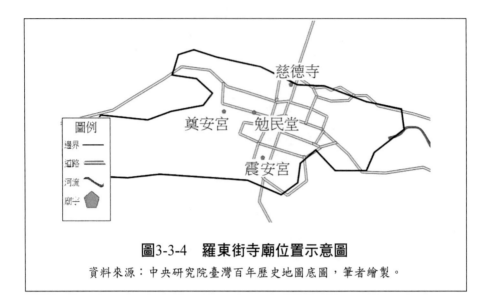

圖3-3-4　羅東街寺廟位置示意圖

資料來源：中央研究院臺灣百年歷史地圖底圖，筆者繪製。

五　利澤簡街

　　因三籍分墾，開啟了利澤簡的拓墾，在當時官方介入下，利澤簡街所在的區域，屬於漳籍勢力範圍，因鄰近冬山河河道旁，原為溪南地區重要的貨物集散地，水路上通冬山，下達加禮遠港口。[144]當地港口商船往來頻繁，其貿易範圍包括艋舺、鹿港，甚至到大陸福建沿海的廈門、福州等地。[145]且在利澤簡當地設渡船口，讓帆船進出運貨便利，成了溪南地區重要的商業重地，貿易範圍包括鄰近的冬山、蘇澳及羅東。

　　利澤簡街在地理位置優越下，加上航運與商業的發達，道光六年

---

144 邱火土口述史料。轉引自張文義：〈港口、河道與利澤簡——宜蘭東港的航道與航運情形初探〉，《「宜蘭研究」第五屆學術研討會論文集》（宜蘭縣：宜蘭縣文化中心），頁380。

145 黃貞瑜：〈宜蘭縣五結鄉孝威地區寺廟之調查與研究〉（宜蘭縣：佛光大學歷史學碩士論文，2015年），頁22-49。

（1826），本為民家所奉祀的天上聖母，民眾為了感載聖恩，便興建永安宮奉祀；[146]另外，本為漳州漳浦（金浦）烏石林家的所奉祀的廣惠尊王，同治十年（1871），由於王公顯赫，便興建廣惠宮奉祀。[147]

　　因此，可以了解利澤簡以其位於水路的交通要道上，吸引了人潮，以永安宮、廣惠宮這二間寺廟為中心，帶動利澤簡街的發展。見圖3-3-5：利澤簡街寺廟分布圖。

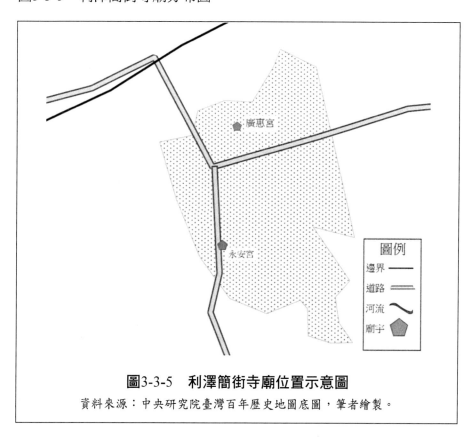

圖3-3-5　利澤簡街寺廟位置示意圖

資料來源：中央研究院臺灣百年歷史地圖底圖，筆者繪製。

146 利澤簡永安宮管理委員會編：《利澤簡永安宮紀念手冊》（2006年）。
147 游謙、施芳瓏：《宜蘭縣民間信仰》，頁523。

六　冬瓜山街

　　冬瓜山的開墾初期，在地方豪族、結首、富農、大地主的主導，[148]以及官方積極的督促，加上藉由相當嚴密的組織下，短短的數年間，已經將荒埔墾成田畝。[149]當中，粵籍墾首林國寶從故鄉帶來的「天上聖母」，成為當時候冬瓜山以及中興庄（今冬山鄉安平村八甲一帶）等粵籍埔地墾民的信仰中心。加上道光十一年（1831），林國寶五子林秋華中武舉後，建廟奉祀「天上聖母」稱之為「聖母祠」（今日定安宮），而「聖母祠」也成為鄰近一帶規模最大的寺廟。[150]

　　由於墾殖冬瓜山地區的墾民，多以粵籍、詔安客的客家族群為主體，不同於多數客家族群以三山國王、三官大帝（三界公）為主，「聖母祠」則以天上聖母為主神，即便如此，但廟中仍奉祀三山國王與三官大帝來做為陪祀神，因而出現屬於客家群體的特有「憸」（音khiam[15]）的祭祀圈輪祀組織。[151]

　　因「聖母祠」（今日定安宮）的「憸」祭祀圈輪祀組織，將鄰近的民眾給予凝聚起來，加上「林寶春圳」的開發完成，荒野變成良田，讓墾民生活有了基本的保障。鄰近冬山河流域，可以從羅東溪溯往羅東南門港，然後換載小船，沿著冬山河可以行進到中游的利澤簡

148　郭耀清：〈宜蘭縣冬山鄉舊地名與地方發展〉，頁142-160。

149　施添福：《蘭陽平原的傳統聚落——理論假構與基本資料》，頁11。

150　郭耀清：〈宜蘭縣冬山鄉舊地名與地方發展〉，頁101。

151　簡瑛欣、郭耀清等人因定安宮擁有khiam[15]的祭祀圈輪祀組織，將其視為詔安客的寺廟，但忽略了林國寶出身為竹塹潮州六家，不屬於詔安客的系統，所以不能將其視為詔安客的寺廟。參見簡瑛欣：《宜蘭廟群KHIAM（憸）祭祀圈之研究》（臺北市：政治大學民族研究所碩士論文，2003年），頁54；郭耀清：〈宜蘭縣冬山鄉舊地名與地方發展〉，頁101。

街以及加禮遠港。[152]冬瓜山便成為民生物資補給、商業貿易往來重要
的地點，形成以「聖母祠」為中心向外發展的市街。[153]

　　從上述可以得知，冬瓜山街的形成，很大程度是與其地理位置和
水路交通方便有關，加上供奉具有海神性質的天上聖母，與特殊的
「簝」祭祀圈輪祀組織，讓冬瓜山以「聖母祠」（今日定安宮）聚集
了人潮，進而帶動市街的發展。

　　見圖3-3-6冬瓜山街寺廟分布圖。

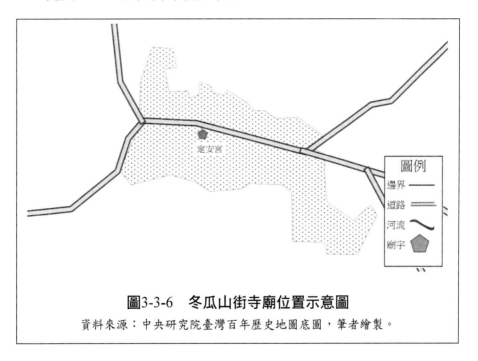

圖3-3-6　冬瓜山街寺廟位置示意圖

資料來源：中央研究院臺灣百年歷史地圖底圖，筆者繪製。

---

152 邱火土口述史料。轉引自張文義：〈港口、河道與利澤簡──宜蘭東港的航道與航
　　運情形初探〉，《「宜蘭研究」第五屆學術研討會論文集》（宜蘭縣：宜蘭縣文化中
　　心，2004年），頁380。

153 郭耀清：〈宜蘭縣冬山鄉舊地名與地方發展〉，頁101。

七　蘇澳街

　　蘇澳地區的開拓，主要官方招墾為主，當時的蘇澳，為泉人所負責的地區。[154]作為拓墾蘇澳的主力的泉州人，便帶來了其原鄉的神祇來供奉。無論是晉安宮的張公聖君，[155]或是寶山寺的清水祖師，[156]這些神祇，都具有強烈泉州鄉土的性格。

　　隨著蘇澳的港口貿易興盛，與成為後山的貿易市場，讓蘇澳街逐漸成形。光緒元年（1875）羅大春開鑿後山北路時，發現蘇澳街上人潮洶湧，但文化風氣未開，故捐銀五百兩在晉安宮前撥屋五間，設置學堂教化百姓。

　　從上面敘述可以得知，蘇澳街上晉安宮與寶山寺，實際上為當時聚落中心，蘇澳街因其鄰近蘇澳具有良好的港口條件，才帶動了市街的發展。見圖3-3-7：蘇澳街寺廟分布圖。

154　（清）姚瑩：《東槎紀略》卷3〈噶瑪蘭原始〉，頁71-72。

155　張公聖君主要為泉州安溪、南安一帶人士所供奉，故其就成為了泉州府一帶的原鄉鄉土神。

156　清水祖師為泉州永春一帶的原鄉鄉土神。

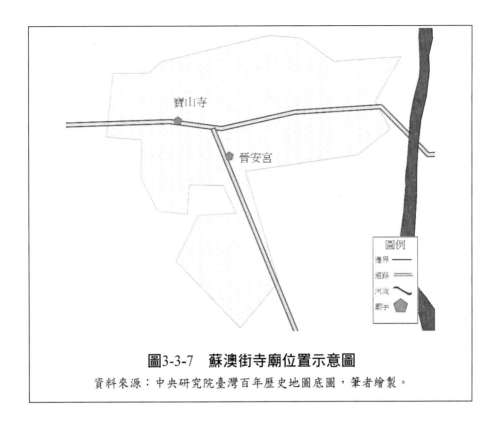

圖3-3-7　蘇澳街寺廟位置示意圖

資料來源：中央研究院臺灣百年歷史地圖底圖，筆者繪製。

小結

　　當漢移民在宜蘭平原的開墾活動告一段落，聚落次地的建立，人口逐漸地增加，對於民生日常用品的需求也就逐漸大增。但受到三面環山的地理環境影響，以及早期陸路交通的道路修建與交通工具並非便捷，也讓當時對外的聯絡方式，主要以海路為主。加上蘭陽平原是以蘭陽溪為主所沖積而成的平原，平原上大小不一的河川，不但可以聯絡整個蘭陽平原，更可通往海岸的港口，這些大小不一河川的流經之地，更助於市街的出現與發展。

　　到了道光年間，蘭地的土地開墾大致完成，加上水利豐沛與土壤

肥沃，讓蘭地成為當時最主要的米穀生產之地。以往為漢移民聚落中心的寺廟，此時也成為了當時候的集散市場。諸如頭圍慶元宮、三結昭應宮、羅東震安宮，上述的這些寺廟的廟埕，都成了當時貨物集散的重要之地。這些寺廟都位於河運流經之地，在陸路部分也處於交通樞紐的位置上，不但吸引許多漢移民的匯聚，也帶動了商業的發展，頭圍、三結、羅東這三個市街，就以寺廟為中心逐漸成形。

到了咸、同年間，因河運與陸運所形成的商貿範圍，逐漸擴展至其他地區，出現了礁溪、冬瓜山、利澤簡、蘇澳等市街。這些新興的市街，也都在當地的聚落，同樣的以寺廟為中心逐漸發展成為市街。因此，從市街的廟宇發展，可以說明街肆作為商業中心，及其對附近村庄的支配關係，也反應了信仰傳播與商貿往來的密切連結。

第四章
溪北市街及其主要寺廟

　　噶瑪蘭因蘭陽溪將其劃分為溪北與溪南兩大地域，當中溪北地域更是漢人最早入墾之地，至於其清代行政區分別為頭圍堡、淇武蘭堡、民壯圍堡、員山堡、五圍三結街共五堡，當中已經出現的街市分別為頭圍堡下的頭圍街、淇武蘭中的礁溪街、以及五圍的三結街。本章便以噶瑪蘭溪北地區市街的寺廟為主，下面各節，由北而南依序為：頭圍街、礁溪街、三結街，以下分別就這三個市街的寺廟進行論述。

第一節　頭圍街主要寺廟

一　慶元宮

（一）沿革與形式

　　慶元宮，道光七年（1827）所建。據廟方說法，命名為「慶元」宮，即「嘉慶元年」之意。[1]該廟是臺灣直接分靈湄州祖廟，位於頭圍街的中心點，同時也是頭圍地區的最重要的代表廟宇。[2]

1　慶元宮：《頭城鎮慶元宮簡介》（宜蘭縣：慶元宮管理委員會，2002年）。
2　慶元宮：《頭城鎮慶元宮簡介》（宜蘭縣：慶元宮管理委員會，2002年）。

圖4-1-1　慶元宮今照圖

資料來源：筆者拍攝

　　慶元宮為坐西北朝東南，屋頂為單簷硬山形式，規模是三間兩進式（圖4-1-2、圖4-1-3）。

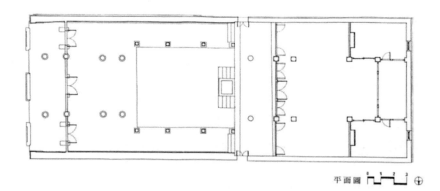

圖4-1-2　慶元宮平面圖

資料來源：陳登欽主持：《宜蘭縣頭城文化史蹟勘察測繪報告》（宜蘭縣：宜蘭縣政府，1993年），頁19。

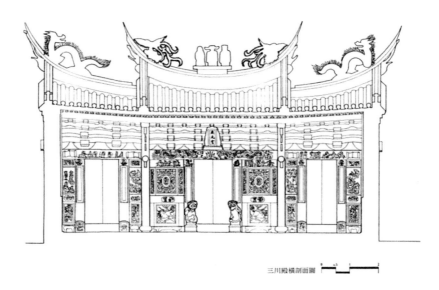

三川殿橫剖面圖

圖4-1-3 慶元宮三川殿剖面圖

資料來源：陳登欽主持：《宜蘭縣頭城文化史蹟勘察測繪報告》（宜蘭縣：宜蘭縣
政府，1993年），頁21。

（一）奉祀神祇

主祀神為天上聖母，[3]配祀五谷大帝、[4]倉頡夫子與文昌帝君。[5]

---

3 天上聖母，又稱媽祖、天妃、天后、媽祖婆，本名林默娘，為福建省興化郡莆田縣
湄洲嶼人，二十八歲羽化昇天，眾人感念其在世逢災救災，逢難救難，便立廟祀
之。宋宣和四年（1122）第一次受到朝廷賜封號，紹興二十五年（1155）封為「崇
德夫人」，紹熙二年（1190），因救旱災有功，加封為「靈惠妃」；元代，因庇護漕
運有功，封為「護國明著天妃」；明代，永樂七年（1409）因鄭和下西洋，天后屢
次顯靈庇佑旅途順利，朝廷封為「護國庇民妙靈昭應弘仁普濟天妃」，立廟於南
京；清代，康熙二十二年（1863）福建水師提督施攻克臺灣，為感其助，加封為
「護國庇民妙靈昭應仁慈天后」，雍正四年（1726）天后顯靈神助官軍平定朱一貴
之亂，加封為「天上聖母」。參見仇德哉：《宗廟英烈》，臺灣寺廟文化第四輯（雲
林縣：信通書局，1982年），頁10-13。

4 五谷大帝，又稱神農大帝，為上古時代炎帝，由於炎帝教民耕農，不再以採集維
生，標示著社會進入安定狀態，因而被羥稱為神農氏，神農氏最晚在漢唐時期已經

　　慶元宮以天上聖母為主祀神，而清代的天上聖母形象，大抵上呈現帝后的形象，特別是在康熙二十二年（1683），因天上聖母顯聖助大清攻克澎湖、臺灣。其後康熙帝敕封天后，到了康熙五十九年（1720），進一步列入「祀典」，「歲以春秋仲月致祭」，[6]成為每年重要的祭典。因此，從天上聖母的形象來看，在臺灣的供像，其冠服的風格呈現出佛道相融、帝后合體、亦君亦臣。從服飾來看，媽祖不穿僧服，不穿道袍，所著后妃禮服便當是儒家屬性。簡言之，臺灣天上聖母的形象一方面繼承了明代遺風，一方面也反映清代的輿服禮制。[7]

被神格化。參見仇德哉：《臺灣之寺廟與神明（二）》（臺中市：臺灣省文獻委員會，1984年），頁4-5。

5　倉頡，相傳為黃帝史官、以及漢字的創造者；文昌帝君又稱魁星、梓潼帝君，相傳為西晉時期著名讀書人，本名叫張亞子或張惠子，後戰死沙場，被玉帝派管文昌府，主掌管人間祿籍。因此，倉頡、文昌帝君便成為讀書人所奉祀之神。參見朱元壽：《神誕譜》（臺北市：中午出版社，1975年），頁65-66。

6　見連橫《臺灣通史》（臺北市：臺灣銀行經濟研究室，1962年），頁244，卷十典禮志天后宮條。

7　參見陳清香：〈臺灣媽祖宮內的供像探討——以臺南大天后宮、北港朝天宮、新港奉天宮、大甲鎮瀾宮為例〉，連江縣馬祖民俗文物館主辦「『媽祖信仰與馬祖』學術研討會」會議論文，2007年；陳清香：〈從同祀神看媽祖信仰的地方屬性〉，臺南大天后宮主辦「『媽祖在臺灣』學術討會」會議論文（臺南市：臺南大天后宮，2007年）。

倉頡夫子與文昌
帝君　　　　　　　　天上聖母　　　　　　五谷大帝

圖4-1-4　慶元宮神像圖

資料來源：筆者拍攝

（二）例祭與祭祀範圍

1　例祭

農曆二月初三，祭拜文昌帝君與倉頡夫子。

農曆三月二十三日，天上聖母春秋，子時舉行聖誕祭典科儀，下午迎聖駕遶境出巡。

農曆四月二十六日，五谷大帝誕辰。[8]

2　祭祀範圍

慶元宮與開成寺組成「頭圍堡祭祀組織」，避開頭圍地區低濕平原與平埔族活動地域，其主要祭祀圈範圍以福城、拔雅林、港澳、金

8　許淑娟：《蘭陽平原祭祀圈的空間組織》（臺北市：臺灣師範大學地理研究所碩士論文，1991年），頁43-46。

面、白石腳、大坑罟、新興、夏普、中崙為主。[9]

（三）宗教活動

最大的宗教活動為中元普渡時候的「搶孤」。關於「搶孤」的活動，是因為當時烏石港與大陸通商交易熱絡，而由大陸傳入此一民俗活動。至於清代的「搶孤」，道光五年（1825）擔任通判烏竹芳留下了「蘭慶中元」的詩句，對祭拜、放水燈、搶孤諸活動，有很生動的描述：

> 殽果層層列此筵，紙錢焚處起雲煙；滿城香燭人依戶，一路歌聲月在天。
> 明滅燈光隨水轉，輝煌火炬繞街旋；鬼餘爭食齊環向，跳躍高臺欲奪先。[10]

烏竹芳更在詩末附註說明「搶孤」的方式：

> 蘭每年七月十五夜，火炬燭天，笙歌喧市，沿溪放燄；家家門首各搭高臺，排列供果，無賴之徒爭相奪食，名為搶孤。[11]

從引文中，可以了解當時「搶孤」的形式。[12]但到了劉銘傳擔任臺灣

---

9 許淑娟：〈蘭陽平原祭祀圈的空間組織〉（臺北市：臺灣師範大學地理研究所碩士論文，1991年），頁43-46。

10 （清）陳淑均：《噶瑪蘭廳志》卷8〈雜識下‧紀文下〉（臺北市：「行政院文建會委員會」，2006年），頁480。

11 （清）陳淑均：《噶瑪蘭廳志》卷8〈雜識下‧紀文下〉，頁480。

12 即為各家戶在門前搭臺，供人搶奪普渡後的孤食，隨後才逐漸發展成集中在公廟前方，搭起高大的孤棚，由各角頭派代表，進行集體性競賽的搶孤行為。

巡撫時，認為此一活動是陋習，便明令禁止。[13]到了日本統治時期，也以陋俗弊風為由禁止舉行，到了民國時期，也曾一度以「危險性高，活動經費浩大」等理由，加以廢除，直到民國八十年（1991），才又恢復搶孤活動。[14]

（四）廟中文物與藝術

1　建築

目前慶元宮仍屬清代建築的部分，僅存光緒己丑年（光緒十五年，1889）所建的前殿石造排樓與屋架、兩廊屋架、正殿龍柱、及部分石材牆基，這些建築全取材砂岩構成。

---

13 加拿大傳教士馬偕來到蘭地看到此一宗教活動，認為這是一項「野蠻」的活動，但經「開明的巡撫劉銘傳改革」而取消。參見馬偕著、林耀南譯，《福爾摩沙紀事：馬偕臺灣回憶錄》（臺北市：前衛出版社，2007年），頁107。但事實上，民間一直都有舉辦此一活動。參見黃文博：《臺灣信仰傳奇》（臺北市：臺原出版社，1989年），頁213。

14 頭城中元祭典協會：http://j7.lanyangnet.com.tw/tcclimb/，閱讀時間：2016年5月12日。

圖4-1-5　慶元宮前殿石作建築圖
資料來源：筆者拍攝

2　石雕作品

　　關於慶元宮的石雕作品，主要分布在前殿、三川殿明間與三川殿次間、以及正殿的龍柱。在前殿部分，中門刻有雙龍奪珠、左門楣刻龍馬負河圖、右門楣刻神龜背洛書、前殿有石獅等；三川明間正門聯柱，螭虎窗、簷柱、左右側頂堵等，三川殿次間左右側身堵，都完整保留清道光年間漳州師傅精雕細琢的作品。[15]

---

15 林福春從慶元宮的砂岩石作的風化程度，認為砂岩石作應為道光年間的所作，至於石作上的光緒紀年，乃為重修時所補刻。參見氏著：《清代噶瑪蘭寺院之研究》（臺北市：巨龍圖書公司，1993年），頁101-104。

圖4-1-6　慶元宮正殿砂岩龍柱圖

資料來源：筆者拍攝

圖4-1-7　中門雙龍奪珠、龍馬負
河圖、神龜背洛書、正門門聯圖[16]

資料來源：筆者拍攝

圖4-1-8　三川明間螭虎窗圖

資料來源：筆者拍攝

---

16 正門門聯為頭圍縣丞朱應錫所題（朱氏任期為道光二年五月至四年十月（1822-1824）），聯曰：「中山護冊左海濟師溯累朝赫濯聲靈比洛女湘君九天黻顯。鶯嶺環青馬淵涵碧看此地巍峨宮闕與方壺圓嶠一水相連」。上款：「歲在屠維赤奮若橘相之月」，下款：「頭圍縣丞會稽朱應錫謹題」。屠維赤奮若係己丑年，即道光九年（1827），應是本廟最古的門聯。

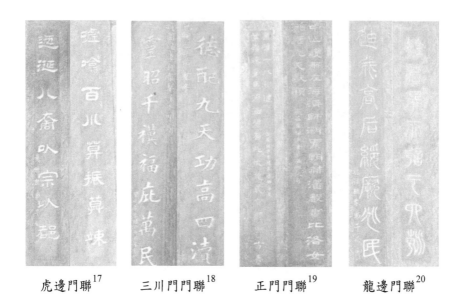

虎邊門聯[17]　　三川門門聯[18]　　正門門聯[19]　　龍邊門聯[20]

圖4-1-9　三川殿門聯圖

資料來源：筆者拍攝

---

17 聯曰：「噓翕百川草振草竦，迤涎八裔以宗以都」上款：「光緒己丑年重修」下款：
　　「黃姓眾弟子全叩」光緒己丑年為光緒十五年。

18 聯曰：「德配九天功高四瀆聯，靈昭千禩福庇萬民」上款：「光緒己丑年重修」下
　　款：「頭圍保李姓眾畢子全叩」

19 正門門聯為頭圍縣丞朱應錫所題（朱氏任期為道光二年五月至四年十月（1822-
　　1824）），聯曰：「中山護冊左海濟師溯累朝赫濯聲靈比洛女湘君九天黻顯。鶯嶺環
　　青馬淵涵碧看此地巍峨宮闕與方壺圓嶠一水相連」。上款：「歲在屠維赤奮若橘相之
　　月」，下款：「頭圍縣丞會稽朱應錫謹頭」。屠維赤奮若係己丑年，即道光九年
　　（1827），應是本廟最古的門聯。

20 聯曰：「欽若界而訖于四海，迪我高后綏厥兆民」上款：「光緒己丑年重修」下款：
　　「龍溪縣眾弟子全叩」

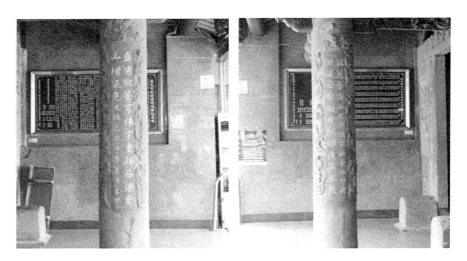

圖4-1-10　三川殿左右聯柱圖[21]

資料來源：筆者拍攝

圖4-1-11　三川殿左右石獅圖

資料來源：筆者拍攝

---

21 聯曰：「盛德配蒼穹棟宇重新石港金山增氣色，洪流安紫澥舟杭四達吳瓜越藉薦馨
　香」上款：「光緒己丑年季夏月吉旦」下款：「沐恩吳姓眾弟子仝叩獻」光緒己丑年
　為光緒十五年。

圖4-1-12 三川殿次間圖[22]

資料來源：筆者拍攝

左　　　　　　　中　　　　　　　右

圖4-1-13 中殿左右聯柱圖（一）[23]

資料來源：筆者拍攝

---

22 由噶瑪蘭大湖呂家呂宗翰所敬贈，至於其同知銜為捐官而來。參見何里庭：〈宜蘭詔安客屬村落的文化網絡與認同：以游氏宗族與寺廟為例〉（新竹縣：國立交通大學客家文化學院客家社會與文化學程碩士論文，2013年），頁49。

23 左聯曰：「日麗蕊珠宮仙仗翠浮江樹動，波平烏石港慈雲輕護海帆來」款曰：「光緒己丑年孟夏吉旦，陳姓眾弟子仝叩謝」中聯曰：「百四年輪奐重新默仗神威翻手不愁雲屢變，三十里絣幪遙托忝敦匠事盟心遺興水同情」款曰：「光緒十五年歲次己丑蒲月穀旦，五品典籍職銜附貢生董事蘇朝輔偕婿林紹芳仝拜獻」右聯曰：「花迎玉輦分三島，雲擁瑤墀拜百靈」款曰：「光緒己丑年季冬月吉旦，舊南靖迎祥社眾弟子仝叩謝」

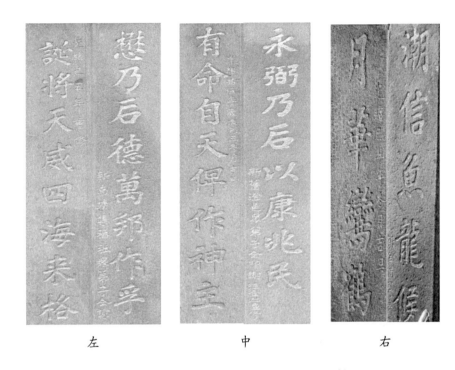

左　　　　　　　　中　　　　　　　　右

圖4-1-14　中殿左右聯柱圖（二）[24]

資料來源：筆者拍攝

3　文物

由於慶元宮多次修繕與整建，所存清代文物僅剩咸豐癸丑年（咸豐三年，1853）的香爐、道光戊申（道光二十八年，1848）仲秋立「寰海尊親」匾、光緒皇帝所頒「與天同功」匾。

---

24 左聯曰：「誕將天威四海來格，懋乃仁德萬邦作孚」款曰：「光緒己丑年重修，新南靖集福社眾弟子仝謝」中聯曰：「有命自天俾作神主，永弼乃后以康兆民」款曰：「光緒拾伍年歲次己丑冬月吉旦，新舊港邑眾弟子仝叩謝」右聯曰：「月華鷥鶴排旌節，潮信魚龍候鼓鐘」款曰：「光緒己丑年冬月吉旦，新金浦眾弟子仝叩謝」

（1）香爐

咸豐癸丑年（1853）端月吉旦置的香爐，由頭圍街弟子鄭卯答謝。

圖4-1-15　香爐圖

資料來源：筆者拍攝

（2）匾額

正殿懸有一面「與天同功」匾，上雖具名「光緒御筆之寶」方印，但字體為陰刻作法，加上筆法與其他匾額有所差距，應為字體與御匾相似或現代重修。[25]

---

25 李建緯：〈臺灣媽祖廟現存「御匾」研究──兼論其所反映的集體記憶與政治神話〉，《民俗曲藝》第186期（2014年），頁26。

圖4-1-16　「與天同功」匾圖

資料來源：筆者拍攝

三川殿上尚有道光戊申（1848）仲秋立，噶瑪蘭廳眾信士一同敬獻「寰海尊親」匾，此匾為慶元宮已知年代最久遠的匾額，匾上方印，上為「風調雨順」、下為「國泰民安」。

圖4-1-17　「寰海尊親」匾圖

資料來源：筆者拍攝

（3）木聯

位於正殿上有兩造對聯，分別為道光戊申年（道光二十八年，1848）由頭圍縣丞王霈所敬贈一對木聯，上聯曰：「海宇慶昇平功德

昭垂利濟必資於博厚」,下聯曰:「春秋崇祀聲靈赫濯光大更應乎高
明」。上款:「道光戊申仲秋穀旦」,下款:「頭圍縣丞平江王需敬
奉」。以及咸豐元年(1851)由頭圍街人士楊廷選所敬奉,上聯曰:
「安海垂功坎德率濱永戴」,下聯曰:「參天立聖坤儀在上常昭」。上
款:「咸豐元年仲秋穀旦」,下款:「頭圍街弟子楊廷選敬奉」。

圖4-1-18　內殿木聯圖

資料來源:筆者拍攝

二　開成寺

(一)沿革

　　相傳在嘉慶元年(1796),由吳沙從唐山攜來之觀音菩薩佛像,
在頭城福德坑溪附近設庵奉祀,號稱「佛祖廟」,為頭城古寺之一。[26]

---

26 游謙、施芳瓏:《宜蘭縣民間信仰》(宜蘭縣:宜蘭縣政府,2003年),頁276。

原在福德坑溪附近，同治三年（1864）被大水沖毀，故遷至現址重建，其方位為坐西北朝東南，與開蘭先賢吳沙及楊廷理祿位、城隍廟並排平房建築的寺廟。

圖4-1-19　開成寺舊照圖[27]

資料來源：宜蘭縣史館

近年改建為鋼筋混凝土造的四層大樓，清代原貌已經不建蹤影。[28]

---

27 約為民國四十年（1951）所拍攝。參見宜蘭人文知識數位資料庫：http://ylhm.e-land.gov.tw/ details.aspx?id=13264&type=oldpicture，閱讀時間：2017年6月3日。

28 游謙、施芳瓏：《宜蘭縣民間信仰》，頁276-277。

圖4-1-20　今日開成寺圖

資料來源：筆者拍攝

（二）奉祀神祇

根據研究指出，清代開成寺主祀「觀音佛祖」，[29]右兩次間配祀

---

29 觀世音菩薩，梵文為「Avalokitesvara」（阿縛盧吉帝濕伐羅）之意譯，亦譯為「觀
自在」、「觀我自在」，全名為「南無大慈大悲救苦救難觀世音菩薩」，為中國佛教四
大菩薩之一。唐代避太宗李世民諱，被稱為「觀音」。參見卓克華：《從寺廟發現歷
史——臺灣寺廟文現之解讀與意涵》（臺北市：揚智文化出版社，2003年），頁
389。至於其清代形象，呈現出莊嚴、典雅、慈悲、安詳，外型上大抵繼承宋代的
審美標準與清代密教形式。參見陳清香：《臺灣佛教美術的傳承與發展》（臺北市：
文津出版有限公司，2005年），頁221。

「城隍爺」[30] 及「大眾爺」，[31] 與「開蘭有功人士」[32]，不但具有重要歷史意義，且充分流露出宜蘭人追本溯源之情。[33] 另於祠旁巷內有一供奉「英靈聚會之所」牌位的萬善祠，也是為紀念開拓死難者之亡魂而設。近年改建為鋼筋混凝土建築，成為一棟四層樓的「佛、宗教」合用的寺廟，一樓為開成寺、城隍廟公共空間使用，二樓奉祀城隍，三樓奉祀佛祖，左右間則為吳沙及楊廷理祿位，頂樓奉祀觀音菩薩。原貌不復。[34]

（三）例祭與祭祀範圍

1　例祭

　　清代的祭祀活動，推估與今日廟方祭祀時間相去不遠，因而根據《頭城鎮開成寺管理委員會信徒大會手冊》記載，一年當中的聖誕祭祀時間如下：[35]

---

30 城隍為儒教《周宮》八神之一。亦是信奉守護城池之神與冥界的地方官。魏晉南北朝時便有城隍信仰，到了宋代列為國家祀典，明代進一步將城隍分為王、公、侯、伯四級，並由地方主官主祭。參見游謙、施芳瓏：《宜蘭縣民間信仰》，頁337-338。

31 大眾爺，與有應公為同一性質，主要為無主的孤魂枯骨，民間一般認為祂是陰間的長官，相當於鬼中的頭目，同時具有陰間司法的職能，為臺灣民間自己想像出的陰神。參見文化部國家文物資料庫：http://nrch.culture.tw/twpedia.aspx?id=6268

32 分別為「開蘭特揀臺灣府正堂前任臺澎兵備道兼提督學政柳州楊號雙梧大人長生祿位」、「開拓蘭陽吳沙成公、賴柯基、許天送、林漢中、張德明祿位」、「開拓蘭陽何長興、趙隆盛、柯有成、吳翼飛、黃君佐、林朝瑞祿位」。參見劉俊廷，〈開成寺〉《蘭陽博物》第67期，2010年8月電子報：http://enews.lym.gov.tw/content.asp?pid=17&k=54，閱讀時間：2016年5月26日。

33 游謙、施芳瓏：《宜蘭縣民間信仰》，頁277。

34 游謙、施芳瓏：《宜蘭縣民間信仰》，頁277。

35 開成寺：《頭城鎮開成寺沿革簡介》（宜蘭縣：成寺管理委員會，2009年）。

農曆每月初一、十五日，敬獻祈求平安午敬法會及開啟捐獻箱及香燭箱。

農曆正月十五日，消災及點燈開經法會。

農曆二月十九日，觀音佛祖佛誕拜壽及午敬法會。

農曆四月初八日，釋迦牟尼佛佛誕浴佛午敬法會。

農曆六月初三日，韋馱護法聖誕拜壽。

農曆六月九日，觀音佛祖成道紀念日，舉行午敬法會。

農曆六月二十四日，伽藍護法聖誕拜壽。

農曆七月初一日，大眾爺聖誕生紀念日，民眾前往祭拜奉敬。

農曆七月十三日，大勢至菩薩佛誕拜壽及午敬法會。

農曆八月十四日，吳沙誕生紀念日，以素品三牲祭拜。

農曆九月十九日，觀音佛祖出家紀念日，誦經祭拜午敬法會。

農曆九月三十日，藥師佛佛誕舉行為期三天的拜壽祈安植福午敬法會。

農曆十一月十七日，阿彌陀佛佛誕拜壽午敬法會。

農曆十二月八日，釋迦牟尼佛成道紀念日舉行午敬法會。

農曆十二月十五日，舉辦年度消災圓經點燈大法會。

2 祭祀範圍

開成寺與慶元宮組成「頭圍堡祭祀組織」。[36]為清代頭圍地區最大的祭祀活動組織。

（四）廟中文物

由於開成寺已改建為鋼筋混凝土造的四層大樓，其清代的原貌已

---

36 許淑娟：〈蘭陽平原祭祀圈的空間組織〉，頁43-46。

經全然不見，今日在寺中關於清代文物僅有同治年間兩方匾額，懸掛於二樓三川殿上，以及寺外的復刻版的昭績碑。

1　匾額

在二樓三川殿上有同治六年（1866）丙寅孟春穀旦，欽加升銜知頭圍縣丞事王師陽敬立「慈雲普被」匾，[37]此匾為開元寺已知年代最久遠的匾額。

圖4-1-21　「慈雲普被」匾圖

資料來源：筆者拍攝

在二樓三川殿上另懸掛同治壬申年（同治十一年，1872），噶瑪蘭廳宜蘭縣頭圍分縣眾信士敬獻「法雨培蘭」匾。

---

37 丙寅年應為同治五年為準，換算西元日期為一八六六年二月十五日至一八六七年二月四日，同治六年天干地支應為丁卯年為準，換算西元日期為一八六七年二月五日至一八六八年一月二十四日，關於此匾只能約估在同治五年到同治七年間的物件。

圖4-1-22　「法雨培蘭」匾圖

資料來源：筆者拍攝

2　碑文

寺外有立一方昭績碑，碑文內容如下：

布衣而建開闢之功，纖民而創不朽之業，生無一命之加，歿享千秋之祀，稽之史冊，偉績如吳公者，絕無而僅見也。臺灣得後天之氣，國初始入版圖，函仁沐德，垂二百年，比戶絃歌，居然文物之邦矣。惟噶瑪蘭僻在山後，番人所久居，茹毛而飲血。吳公名沙者。漳浦人，居近三貂，慕義而任俠，力不足以供客，則予以糧糗、斧斤，使抽藤伐木以自贍，日久人眾闢地益進，三貂、草嶺之開，彷彿如有神助，嘉慶元年起，自三貂開至四圍，十餘年中，和番肅眾，皆係吳公及子光裔之辛勤，從子化之繼武也。海寇蔡牽，朱濆相繼窺伺，賴其父子，策群力以殺敗之，梁少詹曾奏蒙仁宗睿皇帝，恩旨褒查，而太府覆奏未及，以致褒功之典久淹，未免輿情仰望。蘭地之闢，雖成功於楊雙梧太尊，而開磽确成膏腴，則全賴吳公父子經營血戰之力。吾願蘭民之安享於太平者，食毛踐土，無忘所自，虔薦

烝嘗之祀，則吳公之庇佑蘭民，生死豈有二致哉。景仰之餘，
泐貞珉而為之記。

大清咸豐捌年桐月吉旦（公元1858）。

署頭圍縣丞事錢塘王兆鴻敬立。

關於此碑，為咸豐八年（1858），由頭圍縣丞王兆鴻鐫刻，表彰吳沙
入蘭地墾拓的事蹟。此碑原來放置在烏石港前的「接官亭」，其後不
知何故，被移至頭城盧宅庭院中，今佚，僅存拓本。[38]民國九十四年
（2005），頭城鎮開成寺管理委員會為了讓珍貴的歷史重現，特地按
照原文再刻新碑，立在開成寺廟埕北側，並由主任委員莊錫財撰寫
「昭績碑由來」刻於碑石背面，說明設立「昭績碑」的原委及始末。

昭績碑正面

昭績碑背面

圖4-1-23　昭績碑圖

資料來源：筆者拍攝

---

38 陳進傳：《清代噶瑪蘭古碑之研究》，頁65。

三　南北門福德廟

（一）沿革

　　建於同治二年（1863），位在頭圍街的南、北兩端，其方位北門福德廟為坐北朝南，南門福德廟為坐南朝北。南、北二廟均供奉土地公與土地婆。[39]有界定街區與鎮守財氣之意，並期許頭圍街的商機鼎盛、永不沒落。[40]雖然今存樣貌為大正五年（1916）整修。[41]以土地廟的規模來看，其中北門福德廟前有一對石獅，可以想見其規模宏大，以知此區信徒之財力雄厚。[42]

圖4-1-24　北門、南門福德廟舊照圖[43]

資料來源：宜蘭縣史館

---

39 福德正神源於古代的「社神」，是管理一小塊地面的神，相傳福德正神本名為張福德，在世為官正直，死後，新任官員上下交征，無所不欲，民眾便想到張福德的德政，因而建廟祭祀，取其名而尊為「福德正神」。最晚於漢代就將此信仰散布於各地。參見游謙、施芳瓏：《宜蘭縣民間信仰》，頁203-204。

40 游謙、施芳瓏：《宜蘭縣民間信仰》，頁206-207。

41 陳登欽主持：《宜蘭縣頭城文化史蹟勘察測繪報告》（宜蘭縣：宜蘭縣政府，1992年），頁25。

42 游謙、施芳瓏：《宜蘭縣民間信仰》，頁206-207。

43 約為民國四十年（1951）所拍攝。參見宜蘭人文知識數位資料庫：http://ylhm.e-land.gov.tw/ details.aspx?id=13264&type=oldpicture，閱讀時間：2016年3月8日。

圖4-1-25　北門福德廟石獅像圖[44]

資料來源：宜蘭縣史館

（二）奉祀神祇

　　南、北門的福德廟，位於頭圍街的南、北兩端，均奉祀土地公與土地婆，加上土地公的形象為手拿金元寶，顯現「街頭街尾土地公」的諺語。此外，以神龕後的雕刻像之精緻，雖然此廟於日治大正年間重修過，但從中可以了解當時頭圍街的繁華，才有能力建造此廟。

---

44 約為民國四十年（1951）所拍攝。參見宜蘭人文知識數位資料庫：http://ylhm.e-land.gov.tw/details.aspx?id=13264&type=oldpicture，閱讀時間：2016年3月8日。

圖4-1-26　北門福德廟土地公、土地婆形像圖

資料來源：筆者拍攝

（三）例祭與祭祀範圍

例祭為農曆二月二日。[45]其祭祀範圍以頭圍街的街頭到街尾範圍為主，也就是當時頭圍街最繁華之地。[46]

上述三間寺廟為清代頭圍街的主要寺廟，通過這些寺廟所保存下來的文物與藝術品，及是在說明地方的興衰與演變。

第二節　礁溪街主要寺廟

礁溪街，主要的寺廟為「敕建礁溪協天廟」，以下分別就其沿革、神祇、例祭與祭祀圈分別論述之。

---

45 游謙、施芳瓏：《宜蘭縣民間信仰》，頁206-207。
46 游謙、施芳瓏：《宜蘭縣民間信仰》，頁206-207。

一　沿革

　　根據《敕建礁溪協天廟簡介》所載，該廟主神是由福建省東山縣關帝廟分靈而來，嘉慶年間林應獅、林古芮等人前來蘭地開墾，於嘉慶九年（1804）建廟奉祀關聖帝君。[47]當時，只有三間茅草屋所組成，咸豐七年（1857），改為土牆瓦頂，並增建東西廂房及兩房護廊，以供香客休憩，其方位為坐西北朝東南。到了同治六年（1867），臺灣總兵劉明燈巡察噶瑪蘭廳，發生聖蹟。[48]因此，上表奏朝廷，敕建「協天廟」。光緒十三年（1887）重修，大正四年（1914），亦重修廟

圖4-2-1　協天宮舊照圖[49]

資料來源：許美智編：《影像宜蘭——凝視歲月的印記》宜蘭文獻叢刊第28種（宜蘭縣：宜蘭縣史館，2007年），頁29。

47　協天廟：《敕建礁溪協天廟簡介》（宜蘭縣：協天廟管理委員會，1969年）。

48　陳泰裕：《臺灣名剎古寺：北部、中部》（臺北縣：兒童文摘雜誌社，1980年），頁120。

49　為一九五四年由周金塗所拍攝。參見許美智編：《影像宜蘭——凝視歲月的印記》宜蘭文獻叢刊第28種（宜蘭縣：宜蘭縣史館，2007年），頁29。

圖4-2-2　協天宮今照圖

資料來源：筆者拍攝

宇，並給雕塑新像陪祀，民國五十五年（1966），因寺廟年久失修，拆除重建，已無法看到原貌。[50]

二　奉祀神祇

廟中正殿供奉關聖帝君，並以關平、周倉陪祀，右殿供奉觀音菩薩，左殿供奉福德正神。

主祀神關聖帝君，本名關羽，為三國名將。相傳死後因其忠義勇武而得以得道升天，爾後陸續於荊州、襄陽一代顯靈，加上其忠義影響民間甚遠，到了宋代，帝王、儒、佛、道乃至民間雜劇小說都將關

羽給予神格化，更成了成了國家祭祀的高級神祇。[51]在臺灣宮廟中，關聖帝君多以坐姿為型。其形象大抵為，五官以黗眉瞠木聳鼻，雙唇微開，細鬍鬚垂至胸前。上身袍服披掛未加甲胄，僅留覆肩，雙臂張開，一手握拳，雙手按雙腿，雙腿呈外張的坐姿。協天廟的開基神像的樣貌也反映此一情況。[52]

圖4-2-3　關聖帝君與開基神像圖

資料來源：筆者拍攝

<hr />

51 參見呂宗力、欒保群著：《中國民間諸神》（石家莊市：河北教育出版社，2001年），頁477-478。

52 參見陳清香：〈關聖帝君伽藍尊者的造型特徵〉，「萬神論壇」（新北市：華嚴學會，2017年）。

圖4-2-4　關聖帝君神位牌圖
資料來源：宜蘭縣史館[53]

三　例祭與祭祀圈

（一）例祭

　　每年固定舉行之盛會為「春秋祭典」。[54]

53　約為民國四十年（1951年）所拍攝。參見宜蘭人文知識數位資料庫：http://ylhm.e-la
　　nd.gov.tw/search.aspx?keyword=%E9%97%9C%E8%81%96%E5%B8%9D%E5%90%9
　　B，閱讀時間：2017年8月9日。

54　協天廟管理委員會：《敕建礁溪協天廟簡介》（宜蘭縣：協天廟管理委員會，1969
　　年）。

1　春祭：關帝飛升日

農曆正月十三日，規模盛大，有三獻禮、四佾舞以及「糯米大壽龜」的乞龜拜拜。

2　秋祭：關帝誕辰日

農曆六月二十四日，有三獻禮、四佾舞，相較春季規模較小。

（二）祭祀圈

嘉慶年間林應獅等人在湯圍與三圍間開墾，並奉祀由故鄉攜來的關聖帝君，因而成為當時民眾的信仰對象。其結合原則為建立於以民性為主的拓墾組織上，並隨著墾地的增加、人口的移動，其祭祀圈從原有的村莊逐漸發展成為超村落性。[55]

四　寺廟文物

協天廟多次翻修重建，又以光緒十三年（1887）規模最大。[56]雖然今已經無法看到其原貌，但是透過當時留下的「重修協天廟捐題碑」，從捐款者姓名刻滿古碑，以及款額之多，可以了解當時協天廟的香火之鼎盛。

---

55 許淑娟：〈蘭陽平原祭祀圈的空間組織〉，頁252。
56 陳進傳：《清代噶瑪蘭古碑之研究》，頁188-189。

圖4-2-5　光緒十三年重修協天廟捐題碑圖

資料來源：協天廟：《敕建礁溪協天廟簡介》，宜蘭縣：礁溪協天廟管理委員會，
　　　　1969年。

第三節　三結街主要寺廟

　　三結街在清代為廳治所在地，因此，其宗教活動充滿官方色彩，分別將當時與官方有關係的廟宇依序論述之。

一　昭應宮

（一）沿革

　　關於昭應宮的興建沿革，陳淑均《噶瑪蘭廳志》載道：

> 天后廟：俗呼「媽祖宮」，在廳治南街，東向。嘉慶十三年，居民合建。[57]

　　建於嘉慶十三年（1808）的昭應宮，為三結街居民最早興建的廟宇，比噶瑪蘭設廳還早四年的時間。自建成後成為城內居民信仰中心及民眾聚會之地，設廳後主要成為官方張貼諭旨告示之處。[58]昭應宮原本在現址的對街，坐西朝東，面向大海。道光十四年（1934），從對街遷建於現址，為面寬三開、三進的形式，並在原址興建木造戲臺，昭應宮的地理位置，正好位在宜蘭舊城的中心位置，是東西、南北兩條大路，以及東西南北門的中心位置。[59]據《宜蘭昭應宮簡介》載道，當年從坐西朝東改為坐東朝西，是因為堪輿學家認為如此一來

57　（清）陳淑均：《噶瑪蘭廳志》卷3中〈祀典・蘭中祠宇〉，頁197。

58　蘇美如編纂，《宜蘭市志》（宜蘭縣：宜蘭市公所，2006）電子文獻：http://www.ilancity.gov.tw/project/ilanes/，閱讀時間：2017年9月10日。

59　王險：〈宜蘭昭應宮〉收錄於江季霖主編：《全國佛剎道觀總覽──天上聖母（一）》（臺北市：全國寺廟整編委員會，1987年），頁137。

能夠讓蘭人可以「科甲聯登」、文運興運，同治七年（1868）出了一位也是宜蘭唯一的進士楊士芳。[60]到了日本統治時期，因美軍轟炸，而有所損壞，民國五十七年（1968）拆除戲臺，改建後殿為鋼筋水泥造，正殿屋頂改琉璃瓦。[61]

圖4-3-1 昭應宮舊照圖[62]

資料來源：蘇美如編：《宜蘭市志：歷史建築篇》（宜蘭縣：宜蘭市公所，2001年）。

電子文獻：http://www.ilancity.gov.tw/project/ilanes/

圖4-3-2 昭應宮今照圖

資料來源：筆者拍攝

60 昭應宮：《宜蘭昭應宮簡介》（宜蘭縣：昭應宮管理委員會，1986年）。

61 蘇美如編纂：《宜蘭市志》（宜蘭縣：宜蘭市公所，2006年）。電子文獻：http://www.ilancity.gov.tw/project/ilanes/，閱讀時間：2017年9月10日。

62 蘇美如編纂：《宜蘭市志》電子文獻：http://web.ilancity.gov.tw/project/ilanes/ilanes-005/c-3.html，閱讀時間：2017年9月10日。

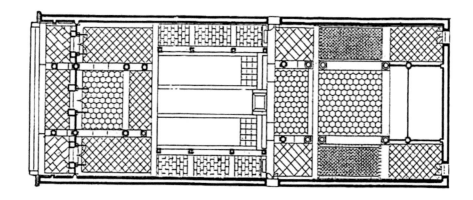

圖4-3-3　昭應宮前殿與正殿平面圖

資料來源：李乾朗：《宜蘭昭應宮調查研究》（臺北市：「行政院文化建設委員會」，1988年），頁63。

（二）祀奉神祇

主祀「天上聖母媽祖」，陪祀神明，註生娘娘、[63]福德正神等。昭應宮後殿二樓則奉祀觀音菩薩、開蘭有功的「三大老」、東嶽大帝。

---

63 註生娘娘，又稱為「授子神」、「鳥母」是專司生育的女神。一說註生娘娘出自《封神傳》，為三仙島之雲霄、瓊霄、碧霄三姊妹之一，是龜靈聖母的門徒，曾以產盆練成「混元金斗」法寶，後因胞兄趙公明（玄壇元帥）命喪姜子牙之手，三仙姑為報兄仇，聯手投靠闈太師門下，日後並擺下黃河陣，使周營部將傷亡無數，幸得元始天尊破解陣仗，三仙姑戰敗死亡，姜子牙歸國封神時，命三仙姑掌混元金斗，凡天下蒼生落地從金斗轉劫。民眾便據此典故，奉三仙姑為「註生娘娘」立祀。參見仇德哉《臺灣之寺廟與神明（四）》（臺中市：臺灣省文獻委員會，1983年），頁135。

天上聖母像

福德正神像

註生娘娘像

圖4-3-4　昭應宮正殿奉祀神祇圖

資料來源：筆者拍攝

觀音佛祖像

開蘭三大老像[64]

東嶽大帝像[65]

圖4-3-5　昭應宮內殿二樓奉祀神祇圖

資料來源：筆者拍攝

---

64 中坐楊廷理、左為翟淦、右為陳蒸，三任通判，均作清制官服，俗稱「三大老」。
這三尊木雕像本奉祀於孔廟中。

65 東嶽為五嶽中的泰山。在明代小說《封神演義》中，黃飛虎受封為東嶽泰山天齊仁
聖大帝，為五嶽之首，主宰人間、陰間的禍福，是統轄陰陽界的大神。參見仇德哉
《臺灣之寺廟與神明（四）》，頁166。

（三）例祭與祭祀圈

昭應宮的祭祀時間為農曆三月二十三日，天上聖母生日。但一般都從二十日開始，二十日作戲、二十一日拜媽祖、二十二日出巡，大抵上沿襲清代的祭祀時間。至於其祭祀圈範圍，陳淑均《噶瑪蘭廳志》載道：

> 香田在抵美福莊，年租穀二十八石；又本街西畔地基稅銀二十餘兩。西門外五結、東勢、二結、牛欄後及頭圍等處渡船，香燈銀共二十元、糧稅十六元、大船稅二十元，俱作香火之資。[66]

從引文來看，當時支撐昭應宮的香火，除了在本地三結街外，其範圍涵蓋幾乎為當時整個噶瑪蘭地區，[67]顯見昭應宮雖不是官方所建之廟宇，但具有官方廟宇的水準，也讓昭應宮成為當時噶瑪蘭地區最重要的寺廟。

（四）廟中文物與藝術

1 建築

道光十四年（1834），昭應宮改為西向後，為面寬三開間的形式，但後殿因民國五十七年（1968）所建，清代原貌已不復存。至於前殿與正殿部分，則保留清代原貌。首先前殿的屋架為深九架之疊斗式作法，正殿屋架為深十五架之疊斗式作法，為漳州式的建築風格。[68]

66　（清）陳淑均：《噶瑪蘭廳志》卷3中〈祀典·蘭中祠宇〉，頁197。

67　游謙、施芳瓏：《宜蘭縣民間信仰》，頁294。

68　蘇美如編纂，《宜蘭市志》電子文獻：http://web.ilancity.gov.tw/project/ilanes/ilanes-005/c-3.html，閱讀時間：2017年9月10日。

2　建築藝術

昭應宮的木雕與石雕，種類豐富、線條流暢，門面的前殿以開朗
之格局及精緻繁複之雕刻，排樓面及看架斗拱造型雄渾，在材料的選
用上，多是從大陸福建省進口的福杉、青斗石、泉州白石、尺磚等，
各部構材的比例勻稱、雕刻精美，只可惜民國以降，昭應宮重新粉刷
過後的顏色過於俗艷。[69]

圖4-3-6　昭應宮木雕圖

資料來源：筆者拍攝

---

69 蘇美如編纂：《宜蘭市志》電子文獻：http://web.ilancity.gov.tw/project/ilanes/ilanes-005/c-3.html，閱讀時間：2017年9月10日。

圖4-3-7　昭應宮交趾陶圖

資料來源：筆者拍攝

圖4-3-8　昭應宮石雕圖

資料來源：筆者拍攝

圖4-3-9　昭應宮龍柱圖

資料來源：筆者拍攝

圖4-3-10　昭應宮石獅圖

資料來源：筆者拍攝

圖4-3-11　昭應宮雕花圖

資料來源：筆者拍攝

3　文物

　　昭應宮屬於清代的匾額共有五方，分別為道光皇帝「澤覃海宇」、[70]光緒皇帝「與天同功」的「御匾」；[71]與咸豐八年（1858）信

---

70 道光十九年（1839），朝廷加封媽祖為「護國庇民妙靈昭應宏仁普濟福佑群生誠感鹹孚顯神贊順垂慈篤祜安瀾利運澤覃海宇天后」。參見蔡相煇，《媽祖信仰之研究》（臺北市：秀威資訊科技公司，2006年），頁167。因此，可以知道「澤覃海宇」匾為道光十九年以後的事情，但是相較於昭應宮更為古老的媽祖廟，卻不見道光皇帝有御賜此匾的情況，所以此匾極大的可能為非御賜的匾額。

71 根據李建緯研究後指出，懸掛在昭應宮「與天同功」的「御匾」，從字體形式的與其他廟宇的御匾相似，但其邊框之卷草紋、立雕之龍紋，以及塗料之製作方式，具現代工藝特點，很大的程度是經過大幅度整修。見氏著：〈臺灣媽祖廟現存「御匾」研究──兼論其所反映的集體記憶與政治神話〉《民俗曲藝》第186期，頁27。

官長白弟子富謙所敬贈「恩得齊天」;[72]同治七年（1868）通判丁承禧所贈「澤周海甸」;[73]光緒七年（1881）總兵張兆連「恩周赤子」。[74]

圖4-3-12 「澤覃海宇」匾圖

資料來源：筆者拍攝

---

72 該區與現存廟中咸豐九年（1859）富謙所敬鑄大鐘，與現存五穀廟中咸豐八年（1858）〈重建先農壇碑記〉：「特調臺灣噶瑪蘭民番分府即補府正堂長白富謙立」，以及礁溪四城公墓咸豐八年（1858）的〈嚴禁放牧牲畜踐踏公塚碑〉載道：「特調臺灣噶瑪蘭廳海防分府府正堂富謙」為同一人，但是遍查清代文獻記載清代官員並無富謙此人。從補府正堂與防分府府正堂得職官稱謂來看，由於噶瑪蘭地位特殊，通判掌管海防、民、番、糧、捕之職，因此，富謙是「海防分府」銜，所以用「正堂」。從年代來看，《臺灣通志》載道：「宮謙，正白旗內務府廷署佐領下議敘通判。（咸豐）七月三月任。」因此，可以判斷《臺灣通志》在謄錄時可能將「富」誤寫成「宮」，而昭應宮的匾額正是時任通判的富謙所敬贈。參見（清）薛紹元：《臺灣通志》，臺灣文獻叢刊第130種（臺北市：臺灣銀行經濟研究室，1962年），頁356。

73 通判丁承禧為同治七年（1868）就任。參見（清）薛紹元：《臺灣通志》，頁357。

74 光緒十三年（1887）〈各路生番歸化請獎員紳摺〉載道：「劉銘傳督率有方，深堪嘉尚。副將張兆連、陶茂森，均著以總兵記名簡放」參見臺灣經濟研究室編，《劉壯肅公奏議》臺灣文獻叢刊第27種（臺北市：臺灣銀行經濟研究室，1958年），頁221。由此可知，光緒十三年（1887）張兆連才有「總兵銜」，與匾額落款的頭銜不符。但是從福靖新右營來看，光緒四年（1878）〈臺北後山番社頑抗預籌進勤摺〉載道，由於後山加禮宛番作亂，總兵孫開華便籌將福靖新右營兩哨派往南澳地區坐鎮。參見臺灣經濟研究室編：《吳光祿使閩奏稿選錄》臺灣文獻叢刊第231種（臺北市：臺灣銀行經濟研究室，1966年），頁19。由此可以推斷出，光緒七年（1881）張兆連可能奉總兵孫開華來到噶瑪蘭。

圖4-3-13 「與天同功」匾圖
資料來源：筆者拍攝

圖4-3-14 「恩得齊天」匾圖
資料來源：筆者拍攝

圖4-3-15 「澤周海甸」匾圖
資料來源：筆者拍攝

圖4-3-16　「恩周赤子」匾圖

資料來源：筆者拍攝

除了匾額之外，昭應宮所存清代文物尚有「嘉慶庚午楊廷理製」的古香爐，道光乙未年（道光十五年，1835）由通判仝卜年所立的柱聯，[75]以及咸豐九年（1859）富謙所敬鑄之鐘。

圖4-3-17　昭應宮香爐圖

資料來源：筆者拍攝

---

75 道光十一年（1831）十二月初七日任。見（清）陳淑均：《噶瑪蘭廳志》卷2中〈職官・官秩〉，頁137。

圖4-3-18　昭應宮掛鐘圖[76]

資料來源：筆者拍攝

二　文昌廟

（一）沿革

　　創建於嘉慶二十三年（1818），為通判高大鏞為使讀書人在精神上有所寄託乃興建本廟。道光二十五年（1845）通判朱材哲改建，並增奉關聖帝君，文武帝君並祀，所以又叫做「文武廟」。[77]文昌廟為文武二殿並列，二殿各面寬三開門，分隔左右屋架，使二者結構分離，

76　根據陳清香的分類，昭應宮所存的掛鐘，形式上屬於早期波浪口鐵鐘。參見氏著：〈從銅鐘風格演變看臺灣寺廟文化〉，《臺灣民俗藝術彙刊》第4期（2008年），頁43-45。該文所稱的「銅鐘」，實際多數屬銑鐵，參見李建緯：〈臺中市萬和宮金屬鐘研究——試論其所反映的產銷問題〉，《文化資產保存學刊》第35期（2016年），頁33。

77　文昌宮：《宜蘭文昌宮沿革簡介》（宜蘭縣：文昌宮管理委員會，1993年）。

但屋面仍然相連，因此外觀為同屬一棟。另外，宜蘭有名的仰山書院也設在文昌廟之內，之後建築物荒廢，僅存石柱數根及「考棚」門額。[78]

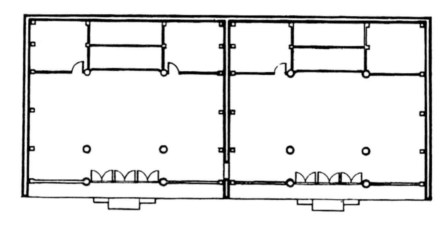

圖4-3-19　文昌廟平面圖

資料來源：李乾朗：《宜蘭昭應宮調查研究》（臺北市：「行政院文化建設委員會」，1988年），頁13。

圖4-3-20　文昌廟平面圖

資料來源：宜蘭縣史館

圖4-3-21　文昌廟今照圖

資料來源：筆者拍攝

---

78 （日）宮本延人：〈蘭陽史蹟〉，《科學的臺灣》第8期（1937年），第5卷第4號（1937年）。

（二）祀奉神祇

主祀神依文殿、武殿不同分別奉祀也不一樣。

1 文殿

文殿部分有主祀神文昌帝君與其牌位，陪祀神為造字先師「倉頡夫子神位」，陪祀神為五夫子朱熹、周敦頤、張載、程灝、程頤的牌位和魁星爺。文昌廟主神為文昌帝君，是掌管學務之職，一般在民間信仰，雖然以帝稱呼，但由於不具九五之尊之資格，因此頭不戴九旒冠冕，身不著龍紋大袍，雖具備有帝王的某些威儀，然衣著卻是相當於一般的高級官吏，以傳統文官形象呈現於世人面前。[79]

文昌帝君

---

79 陳清香：〈神像的容顏——從神像的人性到佛像的悟性〉，《傳統藝術》第51期（2005年），頁22-31。

五夫子

魁星爺

圖4-3-22　文殿神祇像圖

資料來源：筆者拍攝

2　武殿

　　武殿部分有主祀神祇關聖帝君與其牌位，陪祀神祇為觀音佛祖與西秦王爺。

關聖帝君

西秦王爺[80]　　　　　　　　　　觀音佛祖

圖4-3-23　武殿神祇像圖

資料來源：筆者拍攝

（三）例祭與祭祀圈

做為清代官方祀典廟宇之一的文昌廟，由於嘉慶二十三年（1818）通判高大鏞將武廟移奉與文廟合祀，也讓文昌廟同時具有文昌帝君與關聖帝君雙主神的情況，至於其清代的祭祀方式與時間，陳淑均《噶瑪蘭廳志》載道：

> 關帝廟
> 直省、府、州、縣（及山西解州故里、湖北當陽縣墓所）關帝廟，歲均以春秋仲月諏吉及五月旬有三日致祭。前殿主祭以地方正官一人，後殿以丞史，執事以禮生。祭日陳設、迎神、上香、奠獻、讀祝、送神、視燎禮儀，並與京師祭前、後殿同。[81]

---

80 西秦王爺又稱「郎君爺」，相傳為唐玄宗李隆基（西元685-762年），由於唐玄宗喜好戲曲、音樂，成立梨園，網羅天下的藝文界菁英，於宮中建築戲臺，作曲、編劇、演戲，後來被戲劇界尊為開山祖和職業神。參見內政部全國宗教知識網：https://religion.moi.gov.tw/Knowledge/Content?ci=2&cid=272，閱讀時間：2017年9月10日。

81 （清）陳淑均：《噶瑪蘭廳志》卷3中〈祀典・關帝廟〉，頁188。

文昌壇

直省、府、州、縣暨四川梓潼縣鳳凰山文昌廟，歲均以春秋仲
月（京師春祭，以二月三日），地方官躬詣致祭。陳設器數、
行禮儀節，並與京師祭廟同。[82]

由於文昌廟具有文廟與武廟性質，因此，每年例祭時間為農曆五月十
三日關帝聖誕，與農曆二月三日文昌帝君聖誕。由於文昌廟為清代官
廟，其香火來源是由官隘界田地收稅與捐銀而來。[83]

（四）廟中文物

由於文昌廟多次改建，至今所存清代文物僅剩位於文殿與武殿的
漢、滿文並列牌位，證明其當時作為官方祀典的主要廟宇之一。

圖4-3-24　漢、滿文並列的牌位圖
資料來源：宜蘭縣史館[84]

82　（清）陳淑均：《噶瑪蘭廳志》卷3中〈祀典・文昌廟〉，頁191。
83　陳進傳：《清代噶瑪蘭古碑之研究》，頁141-143。
84　宜蘭人文知識數位資料庫：http://ylhm.e-land.gov.tw/，閱讀時間：2017年7月28日。

三 五穀廟

（一）沿革

嘉慶九年（1804），因開蘭先民有漳、泉、粵三籍移民，規劃開墾耕鑿，但農民栽植農作物未能豐收，農民代表聚會於五圍（今宜蘭市）南邊，決定敕一支神農大帝黑令旗，豎立於該聚會處。[85]

嘉慶十五年（1810）官方准予敕建先農社稷神祇壇。由委辦知府兼首任通判楊廷理統籌，堪輿師梁章讀監立。廟宇坐北朝南，嘉慶十七年（1812）竣工，由通判翟淦命名「先農社稷神祇壇」，是噶瑪蘭廳的官廟。

咸豐二年（1852），先農壇遭強烈颱風侵襲，倒塌全毀。咸豐七年（1857），廟宇改為坐東朝西，格局上為三開間、進深十六架。主要構造由前後五柱之二大木棟架，及左右厚達六十公分之土埆磚構山牆及背立面牆體所構成，室內空間格局為「凹壽」形式。[86]

咸豐八年（1858），重建工程竣工。咸豐九年（1859），本廟配祠壇東嶽山川風雲雷雨壇竣工。同治七年（1868）開蘭進士楊士芳，將先農社稷神祇壇，改名為五穀廟。配祠壇改名為東嶽神壇。

同治十年（1871），本廟興建北式山門，城牆兩側龍鳳宅第，拜亭，修建東嶽神壇竣工。光緒二十一年（1895），配祠壇東嶽神壇脫離管理。[87]今日面貌為近代所建。[88]

---

85 蘇美如編纂：《宜蘭市志》（宜蘭縣：宜蘭市公所，2006年）。

86 國家文物資料庫：宜蘭五穀廟。https://nchdb.boch.gov.tw/webno/cultureassets/Building/fprint.aspx?p0=37675，閱讀時間：2017年10月12日。

87 游謙、施芳瓏：《宜蘭縣民間信仰》，頁355。

88 游謙、施芳瓏：《宜蘭縣民間信仰》，頁355。

圖4-3-25 五穀廟舊照圖

資料來源：宜蘭縣史館

圖4-3-26 五穀廟今照圖

資料來源：筆者拍攝

（二）祀奉神祇

　　主神除神農大帝外，配祀神有觀音佛祖、福德正神，另外有清代噶瑪蘭廳歷任通判的長生祿位。主祀神神農大帝，即為上古時代三皇五帝之一的神農氏，上古時期，神農氏首先教人種植五穀，根據神話來看，當時尚未進入封建禮制的時代，沒有嚴格的士庶階級與衣冠服飾，神農大帝便以赤裸著身子，脖子腰間圍著樹葉的形象表現之，即使神農氏被歸類為帝王之列，但卻是唯一沒有冠冕和袍服的大帝。[89]

神農大帝

---

89 陳清香：〈神像的容顏──從神像的人性到佛像的悟性〉，《傳統藝術》第51期（2005年），頁22-31。

福德正神與先賢牌位

觀音佛祖

圖4-3-27　五穀廟正殿神像圖

資料來源：筆者拍攝

（三）例祭與祭祀範圍

　　清代時候，五穀廟為官方祀典之廟，舉凡迎春、勸農、春秋常雩皆由地方官員循例舉行，加上五穀廟具有「社稷壇」、「先農壇」、「神祇壇」的功能，關於其例祭時間與儀式，陳淑均《噶瑪蘭廳志》載道：

> 社稷壇「通禮」：直省府、州、縣各建社稷、皆社右、稷左，異位同壇（高二尺一寸，方二丈五尺），歲以春秋仲月上戊日致祭，皆以長官主之。[90]

90　（清）陳淑均：《噶瑪蘭廳志》卷3中〈祀典・社稷壇〉，頁179。

先農壇「通禮」：直省府、州、縣各建先農壇（壇制與社稷同），歲以仲春亥日致祭（或用春季）。主祭、陪祀文武官及各執事，均如祭社稷之禮。[91]

神祇壇（壇無定制，多附先農壇行禮）常祀，祀雲、雨、風、雷，境內山川、城隍之神。歲春秋仲月諏吉致祭；在城文武各官皆與。[92]

柯培元《噶瑪蘭志略》另載道：

社稷壇（歲以春秋仲月上戊致祭，為民祈穀，自嘉慶十七年奉行。）

神祇壇（歲以春秋仲月致祭，自嘉慶十七年奉行。）

風雲雷雨壇（歲以春秋仲月致祭，自嘉慶十八年奉行；左設本境山川牌，右設本境城隍神牌。）

先農壇（歲以春秋仲月上丁守吏致祭，自嘉慶二十三年奉行。）

——以上山川社稷致祭，年支銷祭品銀二十兩。[93]

從上述引文可以看到，作為官方祀典的寺廟，主要是由地方官吏每年主持並撥款來奉祀。到了光緒四年（1878），在知縣馬桂芳促成，與地方士紳募資籌備下，將「風雲雷雨壇」移至城南門外，另建東嶽廟祀之。[94]至於其祭祀圈，從廟中留下的「粒食開先」匾，其範圍更達

---

91 （清）陳淑均：《噶瑪蘭廳志》卷3中〈祀典‧先農壇〉，頁182。

92 （清）陳淑均：《噶瑪蘭廳志》卷3中〈祀典‧神祇壇〉，頁182-183。

93 （清）柯培元：《噶瑪蘭志略》卷7〈典祀志〉，頁296。

94 東嶽廟：《東嶽廟沿革史》（宜蘭縣：東嶽廟管理委員會，1984年）。

噶瑪蘭民番分府壯圍三、四、五、六、七結，七張、酬勞埔、份仔、小同興、四張、三十分等莊。[95]

（四）廟中文物

由於五穀廟多次改建，關於清代文物僅剩下匾額數方與位於廟外的〈先農壇碑記〉一方。

1　匾額

嘉慶十七年（1812）由通判翟淦所敬贈「制器壽人」，為廟中最古老的匾額。

圖4-3-28　「制器壽人」匾圖

資料來源：筆者拍攝

---

95 從廟中所存「粒食開先」匾，可以看到此匾由噶瑪蘭民番分府壯圍三、四、五、六、七結，七張、酬勞埔、份仔、小同興、四張、三十分等莊所敬贈，可以想見當時的祭祀範圍涵蓋了民壯圍堡、三結街等地。

咸豐戊午年（咸豐八年，1858），由通判富謙所敬贈「農醫之祖」。

圖4-3-29 「農醫之祖」匾圖

資料來源：筆者拍攝

咸豐己未（咸豐九年，1859）由噶瑪蘭民番分府壯圍三、四、五、六、七結，七張、酬勞埔、份仔、小同興、四張、三十分等莊全敬贈「粒食開先」一方。

圖4-3-30 「粒食開先」匾圖

資料來源：筆者拍攝

光緒九年（1883）由宜蘭知縣彭達孫敬贈「澤普蒼生」一匾。

圖4-3-31　「澤普蒼生」匾圖

資料來源：筆者拍攝

2　碑文

五穀廟現存一方咸豐八年「重建先農碑記」，關於碑文內容如下所述：

> 重建先農碑記
>
> 蓋聞民以祀神，神以佑民；欲祈民福於無窮，在妥神靈之有所。況祀典之廟、粒食攸關，尤屬當務之為急乎！蘭嘉慶十五年始棣版圖，所有應設廟宇疊經造。迨十七年間，瞿前任奉建先農壇在於南關外，坐北向南，崇祀聖像；凡遇迎春、勸農、春秋常雩，守土官長循例舉行，四方於是乎觀禮焉。不意於道光二十八、九等年，連遭風雨損壞，洎咸豐二年，全行倒塌、片瓦無遺，權將聖像移供武廟內。如是者有年，前幾任官欲修不果。余蒞篆後察悉，十年來雨暘，不若屢損田禾者；職是之

故，為蘭計，肅然思所以重建之。伏維神農大帝肇興稼穡、澤遍生民，使天下萬世永賴末耨之利；我國家春祈秋報，鉅典煌煌，合亟設立神壇以昭誠敬。余嘗覽舊時遺址，謂其砂水坐向不相朝顧，甚非神所憑依處也。特於南關外親擇地基視定方位，坐東而面西，格合坐卯向西兼乙辛、辛酉、辛卯分金；前有泮水與芳勝環抱，上有玉山與叭哩相當，如「一水護田將綠遠，兩山排闥送青來」詩句。余履勘之下，取其格局完美、氣象堂皇，不但大有可占，且冀文風丕振。維時識堪輿具在，僉以余言為然，計即決矣！第工料一切，勢須鳩貲備辦；所可喜者，蘭營都閫府黃公遇春敬神愛民，與余為同志，首先捐俸以為之倡。即諭飭職監林國翰、舉人黃讚緒、職員林啟勳、職監黃玉瑤等，齊集公所會議章程，按照閣屬官番隘界上、中、下則各款田園，每甲勸捐番銀四角餘，各量力佽助以資土木之需。幸都人士感發興起、踴躍樂輸、眾志成城，俾久廢得舉，洵為開蘭以來所未有之盛事也。至諸務較繁著，昭應宮住持僧良法全為經紀焉。於是召匠庀材、選良監督，本三月初三日興工，迨六月初十日報竣。製從其樸、料置其堅，總期廟貌長存，垂諸永遠；隆享祀之報，普美利之庥。神，靈也，而民福寓之；是則余之所厚望者耳！

茲因規模粗具，用誌緣起，並泐於石，以公同善云。是為記。

咸豐捌年六月穀旦，特調臺灣噶瑪蘭民番分府即補府正堂長白富謙立。

從碑文內容來看，記敘了重建的原因之外，文中更記錄了道光二十八年、道光二十九年，蘭地有強風豪雨的重要史料。

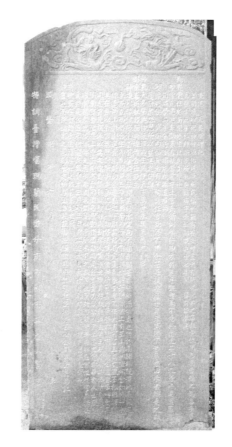

圖4-3-32　「重建先農壇碑記」匾圖

資料來源：筆者拍攝

四　城隍廟

（一）沿革

　　清代有城池官署的地方，必定有城隍廟，噶瑪蘭廳也不例外，陳淑均《噶瑪蘭廳志》載道：

城隍廟：在廳治西街後，南向。嘉慶十八年官民合建。[96]

　　嘉慶十八年（1813），蘭地建城，便由官民募捐動員民工興建而成，方位為坐北朝南，屬於宜蘭舊城重要官廟之一。[97]

　　道光十年（1830），通判李廷璧倡募大修；咸豐八年（1858）通判富謙捐俸倡修；同治七年（1868）通判丁承禧及仕紳倡修；光緒元年（1875），晉爵為都城隍，敕封顯佑伯；[98]明治三十年（1897）重修。[99]今日所見廟貌僅存兩側護龍、門屋及圍牆為前清時期所建，其餘均曾整修或改建。[100]

圖4-3-33　城隍廟舊照圖

資料來源：宜蘭縣史館

96　（清）陳淑均：《噶瑪蘭廳志》卷3中〈祀典・蘭中祠宇〉，頁196。

97　游謙、施芳瓏：《宜蘭縣民間信仰》，頁340。

98　考證出來應為縣城隍，參見游謙、施芳瓏：《宜蘭縣民間信仰》，頁340。

99　陳長城，〈宜蘭城隍〉，《臺北文獻》直字42（1977年），頁201-205。

100　蘇美如編纂，《宜蘭市志》（宜蘭縣：宜蘭市公所，2006年）。

圖4-3-34 城隍廟今照圖

資料來源：筆者拍攝

（二）祀奉神祇

　　主祀神祇為城隍爺外，中殿陪祀文武判官、六部司（吏、戶、禮、兵、刑、工）、七爺（謝將軍）、八爺（范將軍）、衙役以及和尚祿位；左堂奉祀城隍夫人、註生娘娘、十二婆姐；旁廡三橡祀三寶佛，其中「城隍夫人殿」裡頭還有一個小房間，內有床舖等家居擺設，據說以前婦女為祈求平安，自願做城隍夫人的婢女，每日皆來此整理房間。[101]主祀神祇城隍爺，其形象與傳統地方行政官員形象相當，雖然城隍的官階不高，但一定頭戴官帽，身穿朝服，表現了官吏的威儀；顏面而言，以五官端正，面有皺紋，鬍鬚長及胸前為主。一般而言，

---

101 陳長城：〈宜蘭城隍〉，《臺北文獻》直字42（1977年），頁201-205。

城隍爺頭上所戴展角樸頭帽，為彰顯其管轄陰陽兩界的重要任務。[102]

圖4-3-35　城隍爺與文武判官、六部司像圖

資料來源：筆者拍攝

---

102 陳清香：〈神像的容顏──從神像的人性到佛像的悟性〉，《傳統藝術》第51期
（2005年），頁22-31。

圖4-3-36　城隍夫人像圖

資料來源：筆者拍攝

（三）例祭與祭祀圈

1　例祭

　　清代時候，城隍廟為官方祀典之廟，其祭祀時間與方式，陳淑均《噶瑪蘭廳志》載道：

> 「通禮」祭都城隍之禮：歲秋諏吉，遣官致祭；陳牛一、羊一、豕一、果實五盤。承祭官行三跪九叩禮，迎神、上香、奠帛、讀祝、三獻爵、送神、望燎，均如儀。[103]

此外，城隍廟又有「厲祭」來祭祀孤魂野鬼，關於其祭祀時間與方式，陳淑均《噶瑪蘭廳志》載道：

> 「通禮」：直省歲三月寒食節，七月望日、十月朔日，祭厲壇於城北郊。前期，守土官飭所司具香燭，公服詣神祇壇以祭厲，告本境城隍之位，上香、跪、三叩；興，退。至日，所司陳羊三、豕三、米飯三石、尊酒、楮帛於祭所，設燎鑪於壇南。黎明，禮生奉請城隍神位入，壇設於正中；香案一、鑪燈具。贊禮生二人引守土官公服詣神位前。贊：「跪」，守土官跪。贊：「上香」，守土官三上香。贊：「叩、興」，守土官三叩；興，退。執事者焚楮帛。守土官詣燎鑪前，祭酒三巡，退。禮生仍奉城隍神位還神祇壇，退。[104]

2 祭祀圈

因具有官廟性質，在奇武蘭庄設有香田一百四十七甲，利澤簡庄鄉園一〇六甲，年折稅洋銀五十三元，不論豐歉，在三結街東畔地基稅銀二十餘兩，為廟中香燈齋糧之供。[105]

（四）廟中文物

由於城隍廟多次改建，至今所存清代文物僅剩位於中殿的道光甲午年（道光十四年，1834）的大鐘，與懸掛於中殿三川門上道光二十八年（1848）的「不由人算」的大算盤。

---

104 （清）陳淑均：《噶瑪蘭廳志》卷3中〈祀典・厲祭〉，頁197。
105 游謙、施芳瓏：《宜蘭縣民間信仰》，頁340。

圖4-3-37　城隍廟掛鐘圖[106]

資料來源：筆者拍攝

圖4-3-38　城隍廟算盤圖

資料來源：宜蘭縣史館[107]

---

106 鐘體中央有五道凸弦紋，鐘體風格素面、波浪口、鐘體中央有弦文，加上所見「鑄人林國瑚」之名，應是福州蓮宅林姓家族所作。參見李建緯：〈臺中市萬和宮金屬鐘研究——試論其所反映的產銷問題〉，《文化資產保存學刊》第35期（2016年），頁55-56。

107 宜蘭縣人文資料庫：http://ylhm.e-land.gov.tw/，閱讀時間：2017年9月10日。

五　東嶽廟

（一）沿革

　　東嶽廟原為「風雲雷雨壇」，後獨立建廟為東嶽廟。但是一般傳說，咸豐七年（1857），噶瑪蘭通判秋日覲原有意興建東嶽廟，後被調職而未成。[108]直到光緒四年（1878），在知縣馬桂芳促成，與地方士紳募資籌備下，選址在舊城南門外，本廟才建成。[109]但是民國七十一年（1982）經過改建後，其原貌以不復存。

圖4-3-39　東嶽廟舊照圖[110]
資料來源：宜蘭縣史館

108　東嶽廟：《東嶽廟沿革史》（宜蘭縣：東嶽廟管理委員會，1984年）。
109　東嶽廟：《東嶽廟沿革史》（宜蘭縣：東嶽廟管理委員會，1984年）。
110　宜蘭人文知識數位資料庫：http://ylhm.e-land.gov.tw/details.aspx?id=13166&type=old picture，閱讀時間：2017年9月10日。

圖4-3-40　東嶽廟今照圖

資料來源：筆者拍攝

（二）祀奉神祇

東嶽仁聖大帝鎮座主神。謝七爺、范八爺。

圖4-3-41　東嶽仁聖大帝像圖

資料來源：筆者拍攝

（三）例祭與祭祀圈

農曆三月二十八日，為東嶽大帝的聖誕。

（四）宗教活動

在農曆三月二十八日，東嶽大帝的聖誕的前一天晚上施行「暗訪」，由七爺、八爺即謝范將軍在簡單的陣頭引領下，繞行三結街，以警示、宣揚東嶽大帝生日，閒等神鬼不得造次，合境慶賀之意。[111]

---

111 東嶽廟：《東嶽廟沿革史》（宜蘭縣：東嶽廟管理委員會，1984年）。

（五）廟中文物

　　東嶽廟所存清代文物有兩件，分別為知縣彭達孫所敬獻「帝出乎震」匾，以及由福州當地匠師所塑造東嶽仁聖大帝像。[112]

圖4-3-42　「帝出乎震」匾圖

資料來源：筆者拍攝

六　孔廟

（一）沿革

　　噶瑪蘭設廳之初並未興建孔廟，直到同治四年（1865）由舉人黃纘緒等人發起創建孔廟之議，初建泮池、櫺門，但因械鬥之亂而停工。[113]同治七年（1868），進士楊士芳新科及第，為倡導文風，乃號

---

112 東嶽廟：《東嶽廟沿革史》（宜蘭縣：東嶽廟管理委員會，1984年）。

113 當時西皮福祿械鬥，因羅東地方林、李兩姓賭徒發生糾紛，引起一場械鬥。械鬥分為西皮、福祿兩派，西皮派以舉人黃纘緒為首，福祿派以羅東陳輝煌為首。這原來只是兩種樂曲的派別，但最後竟然蔓延全宜蘭，官府最後派出軍隊，並將起事者斬首，亂事才被壓制下來。參見許雪姬，《臺灣歷史辭典》（臺北市：「行政院文化建設委員會」，2004年），頁328。

召舉人李望洋及仕紳多人募資倡建。其址建於縣城西北巽門處，同治八年（1869）正式興建，光緒二年（1876）完工，其規制仿臺灣府學孔廟而定。[114]在興建其間，光緒元年（1875）噶瑪蘭廳改制為宜蘭縣，並在孔廟明倫堂興設儒學，無奈由於戰火及天災的侵蝕，日本統治末年終遭拆除的命運，僅留下一堵矮牆。[115]民國時期，在原址重建孔廟，但礙於經費有限，格局上並未完全按照舊制，其古貌已不復存，但大體上與清代面貌相似。[116]

圖4-3-43　孔廟舊照圖[117]

資料來源：宜蘭縣史館

---

114 鄭竹舟編纂：〈教育志（下）教育設施篇〉卷5《宜蘭縣志》（宜蘭縣：宜蘭縣文獻委員會，1961年），頁19-20。

115 蘇美如編纂：《宜蘭市志》（宜蘭縣：宜蘭市公所，2006年）。

116 李乾郎：《臺灣建築史》，臺北市：雄獅圖書公司，2007年），頁206。

117 宜蘭人文知識數位資料庫：http://ylhm.e-land.gov.tw/details.aspx?id=8868&type=old picture，閱讀時間：2017年9月10月。

圖4-3-44　孔廟今照圖

資料來源：筆者拍攝

（二）祀奉神祇

　　主祀至聖先師孔子牌位，陪祀有孔子的五代祖先與顏子、子思、子路等七十二位弟子牌位、古代事親至孝之貞節人士牌位。

至聖先師牌位

四配、十二哲先賢牌位

圖4-3-45　孔廟牌位圖

資料來源：筆者拍攝

（三）例祭

春秋兩季舉行釋奠禮，農曆九月二十八日孔子誕辰，六佾舞于庭。

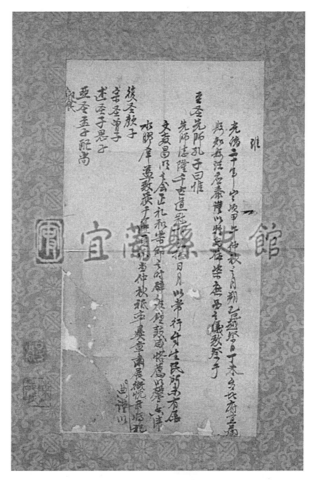

圖4-3-46　一八九五年宜蘭孔廟祭文內容圖[118]

資料來源：宜蘭縣史館

---

118 宜蘭人文知識數位資料庫：http://ylhm.e-land.gov.tw/details.aspx?id=9450&type=old picture，閱讀時間：2017年9月10日。

（四）寺廟文物

孔廟由於受到第二次世界大戰的戰火波及，其清代原貌已經無法看見，至於所留下的清代文物，僅剩光緒七年（1881）「臥碑」。[119]「臥碑」原文：

> 禮部題奉欽依刊立臥碑，曉示生員：
>
> 朝廷建立學校，選取生員，免其丁糧，厚以廩膳，設學院學道學官以教之，各衙門官以禮相待，全要養成賢才，以供朝廷之用。諸生皆當上報國恩，下立人品。所有教條，開列于後
>
> 一、生員之家，父母賢智者，子當受教；父母愚魯或有非為者，子既讀書明理，當再三懇告，使父母不陷於危亡。
>
> 一、生員之志，當學為忠臣、清官，書史所載忠清事蹟，務須互相講究；凡利國愛民之事，更宜留心。
>
> 一、生員居心忠厚正直，讀書方有實用，出仕必作良吏。若心術邪刻，讀書必無成就，為官必取禍患，行害人之事者，往往自殺其身，常宜思省。
>
> 一、生員不可干求長官、交結勢要，希圖進身。若果心善德全，上天知之，必加以福
>
> 一、生員當愛心忍性，凡有司官衙門，不可輕入。即有切己之事，止許家人代告，不許干與他人詞訟，他人亦不許牽連生員作證。

---

119 清世祖順治九年（1652），御製臥碑文，由禮部頒行全國各府、州、縣，刊刻學宮，俾令生員知曉遵行。碑文計有八條，皆修身、立志、敦品、向學等勵志性文字，可謂校規。參見國家圖書館臺灣記憶電子資料庫：http://memory.ncl.edu.tw/tm_cgi/hypage.cgi?HYPAGE=document_ink_detail.hpg&subject_name=%E8%87%BA%E7%81%A3%E7%A2%91%E7%A2%A3%E6%8B%93%E7%89%87&subject_url=&project_id=twrb&dtd_id=12&xml_id=0000007055，閱讀時間：2017年9月10日。

一、為學當尊敬先生，若講說皆須誠心，聽受如有未明，從容再問，毋妄行辨難。為師者，亦當盡心教訓，勿致怠惰。

一、軍民一切利病，不許生員上書陳言，如有一言以建白，以違制論，黜革治罪。

一、生員不許糾黨多人，立盟結社，把持官府，武斷鄉曲。所作文字，不許妄行刊刻。違者，聽提調官治罪。

以上教條生員皆宜恪守，一有違犯黜革治罪。

同知銜知宜蘭縣事臣馬桂芳敬刊。

光緒柒年歲次辛巳春日穀旦立。

圖4-3-47 臥碑圖[120]

資料來源：宜蘭縣史館

---

120 宜蘭人文知識數位資料庫：http://ylhm.e-land.gov.tw/details.aspx?id=9044&type=old picture，閱讀時間：2017年9月10日。

小結

　　本章考察了清代溪北地區主要市街中的寺廟沿革與宗教活動，從中可以發現幾個特點，以下分別敘述之。

　　一，頭圍街部分，由於該地為漢人最早前來的地區，加上位於噶瑪蘭對外的交通必經之路，也讓頭圍街該地的神祇信仰，奉祀著旅途平安的天上聖母以及充滿商業氣息的福德正神。另外，從頭圍街當地寺廟的沿革來看，該地寺廟重修、改建次數最多，顯見當時頭圍街民眾的財力雄厚以及信眾經由捐敬的方式，來榮耀天神。

　　二，礁溪街部分，因陸路交通的開發，以及自英法聯軍以後，市場對於茶葉需求大增，逐漸形成以關聖帝君的協天廟為中心發展而成的市街。從中可以看出，隨著經濟的發展，具有商業性格的關聖帝君，不但成為當時集市的中心，協天廟也從三間茅草房，蛻變成為一座磚造式的廟宇。

　　三，三結街部分，由於該地為噶瑪蘭政治中心，也因此官方祀典的寺廟占絕大多數，特別是在當時，其建築的材料來源上，建材均由大陸地區購進買入，從所供奉的牌匾來看，由地方大員所敬贈的牌匾為蘭地最多，顯見三結街具有濃厚的政治色彩。

第五章
溪南市街及其主要寺廟

　　清代噶瑪蘭溪南的行政區分別為羅東堡、頂二結堡、清水溝堡、茅仔寮堡、利澤簡堡、溪州堡、打那美堡，共七堡，當中已經出現街市分別為羅東堡的羅東街、利澤簡堡蘇澳街與利澤簡街、打那美堡的冬瓜山街。因此，本章以噶瑪蘭溪南地區市街的寺廟為主，依序分別為：羅東街、利澤簡街、冬瓜山街、蘇澳街，以下分別就這四個市街的主要寺廟進行論述。

第一節　羅東街主要寺廟

　　羅東有五大廟或三大廟的稱呼，無論五大廟或是三大廟皆為今日羅東主要的信奉中心。五大廟分別為慈德寺（城隍廟）、震安宮（媽祖廟）、勉民堂、奠安宮（帝爺廟）、慶安宮（大聖廟），而三大廟則分別為慈德寺（城隍廟）、震安宮（媽祖廟）、奠安宮（帝爺廟），當中位於清代羅東街的範圍，為慈德寺（城隍廟）、震安宮（媽祖廟）、奠安宮（帝爺廟）、以及屬鸞堂性質的勉民堂。本文主要討清代羅東街的主要寺廟，因此，以下分別介紹慈德寺（城隍廟）、震安宮（媽祖廟）、奠安宮（帝爺廟）、勉民堂，並以這四間寺廟為論述中心。

一　慈德寺（城隍廟）

（一）沿革

　　慈德寺又稱城隍廟，據《慈德寺（城隍廟）》記載，嘉慶二十年（1815），十六份林天來倡議，發起東勢善信人士捐款，募得一千兩白銀，在塚埔竹林的浮墈仔東側買地建茅頂木造屋，坐北朝南，供奉大眾爺、以及開拓本地功德主（潘）賢文、茅格暨諸先烈神位。[1]

　　昭和八年（1933），在當時地方仕紳倡議改建，隔年，改祀城隍爺，意圖將大眾爺改稱為城隍廟，但在日人反對下，便順應日人宗教政策鼓勵佛教，稱為「慈德寺」，並登記主祀神為觀音佛祖，但實際上其主神為城隍爺。寺廟完成後，成為瓦頂磚造的廟宇並改向坐東朝西，導致其原先面貌已不存。[2]本廟所奉祀的主神多次改變，基本上其沿革為因械鬥後所奉祀的大眾爺、爾後躲避日方查緝改祀觀音佛祖、到了民國時期才以城隍由為主神。另外，在偏殿部分，奉祀平埔族蕃（潘）賢文、茅格等人，當地民眾又稱之為番仔廟。[3]

1　周木全：《慈德寺（城隍廟）》（宜蘭縣：慈德寺管理委員會，1991年）。
2　周木全：《慈德寺（城隍廟）》（宜蘭縣：慈德寺管理委員會，1991年）。
3　周木全：《慈德寺（城隍廟）》（宜蘭縣：慈德寺管理委員會，1991年）。

圖5-1-1　慈德寺舊照圖[4]　　　　　　　圖5-1-2　慈德寺今照圖
資料來源：宜蘭縣史館　　　　　　　資料來源：筆者拍攝

（二）主祀神祇

主殿奉祀神祇為城隍爺，陪祀神為大眾爺、註生娘娘。偏殿奉祀功德主（潘）賢文與功德主茅格神位、羅東開拓者諸先烈之神位、先賢林烏全、廟祝太空、李德林、林真的神位。以下依照正殿、偏殿所奉祀的神祇分別敘述之。

4　宜蘭人文知識數位資料庫：http://ylhm.e-land.gov.tw/details.aspx?id=13392&type=old
　picture，閱讀時間：2016年3月23日。

1 正殿

城隍爺

註生娘娘

大眾爺

圖5-1-3　慈德寺正殿神像圖

資料來源：筆者拍攝

2 偏殿

圖5-1-4 慈德寺偏殿牌位圖

資料來源：筆者拍攝

（三）例祭與祭祀圈

例祭大抵上沿襲清代祭祀時間，至於慈德寺的祭祀時間，從年初到年尾，依序分別為，農曆二月十九日，觀音佛祖聖誕；農曆三月二十日，註生娘娘生日；農曆五月二日，大眾爺春秋；農曆六月十九日，觀音佛祖成道日；農曆八月十六日，城隍爺千秋。至於其祭祀圈，主要範圍為五結、冬山、蘇澳、羅東等地。[5]

---

5 游謙、施芳瓏：《宜蘭縣民間信仰》（宜蘭縣：宜蘭縣政府，2003年），頁344。

二 震安宮（媽祖廟）

（一）沿革

震安宮又稱媽祖廟，其創建年代，以目前研究指出，應於道光十七年（1837）為其創廟之始。[6]據傳，當時有一位行腳僧，自福建湄洲媽祖廟，背負媽祖聖靈金身渡海來臺，並輾轉抵達羅東落腳，當地士紳為求船貨平安，於該年倡議由當地東勢地區居民，募捐兩千銀元於渡頭附近建廟，安奉天上聖母媽祖，為震安宮建廟之始。[7]同治六年（1867），由五結庄仕紳黃永在發起修建，[8]向東勢居民募集資金四千銀元，將震安宮修建為前中後三殿之格局，中奉聖母，後祀觀音，樓上奉祀水仙尊王。[9]光緒十八年（1892）五月，由十六份士紳張能

---

6 關於震安宮的創建年代，目前有兩種說法，分別為嘉慶二十二年（1817）與道光十七年（1837）。會有這樣情況發生，和陳淑均《噶瑪蘭廳志》記載震安宮：「一在羅東街，居民合建」對於其創建時間隻字未提，此外，大正十三年〈寺廟臺帳〉進一步指出其創建年代：「不詳，大凡百年前」也讓震安宮的創建年代，歷來綜說紛紜。近年來，學者們通過有限的史料與碑文研究後，多採用道光十七年（1837）建廟之說。參見（清）陳淑均：《噶瑪蘭廳志》，頁197。中研院臺史所藏〈寺廟臺帳〉；震安宮後殿右壁之〈震安宮沿革碑〉，1925年；羅東震安宮管理委員會：《羅東震安宮修建落成鎮殿慶典手冊》，1982年；中華綜合發展研究院應用史學研究所編：《羅東鎮志》（宜蘭縣：羅東鎮公所，2002年），頁622、792。游謙、施芳瓏：《宜蘭縣民間信仰》，頁297。賴俊嘉、卓克華：〈羅東震安宮建置沿革小考〉，收入卓克華：《宜蘭古蹟揭密——古道‧寺廟與宜蘭人》，頁124-131。

7 羅東震安宮管理委員會：《羅東震安宮修建落成鎮殿慶典手冊》（宜蘭縣：羅東震安宮管理委員會，1982年）。

8 黃永在（1802-1870）：五結庄仕紳，同治元年（1862），黃氏等七十四人為發揚我國固有傳統道德、振興讀書風氣，捐資組織羅東文宗社。黃氏亦為五結福德祠、聖母會之創設者。同治六年（1867）發起震安宮第一次修建。光緒十六年（1890）於羅東街興建孔廟（該廟於民國五十五年[1966]遷至北成里現址）。參見黃純善公祭祀公業管理委員會編：《黃純善公家系譜附家誌》（編者，1986年），頁50-51。

9 〈羅東震安宮沿革碑〉，1925年。

旺與羅東街總理陳謙遜兩人發起修建。[10]光緒二十年（1894）被火災
所毀，明治三十七年（1904）重建。[11]大正十一年（1922），震安宮為
地震所毀，隔年竣工，這次修建不僅將建築外貌與內部結構修築為今
日之貌，廟名也正式定名為「震安宮」。[12]

圖5-1-5　震安宮今照圖

資料來源：筆者拍攝

---

10 溫國良編：《臺灣總督府公文類纂宗教史料彙編（明治二十八年十月至明治三十五年四月）》，（南投縣：臺灣省文獻委員會，1999年），頁277。

11 彭紹周：〈震安宮——羅東地區主母廟之沿革〉，《臺灣道廟誌第一輯·宜蘭縣》（臺北市：中華道教文化公司，1986年），頁218。

12 大正十二年（民國十二年，1923）之《臺灣日日新報》中的〈羅東特訊〉，亦用不小的篇幅報導震安宮修建之事。參見〈羅東特訊〉，《臺灣日日新報》，1923年9月25日，版4。

（二）奉祀神祇

主神為天上聖母，陪祀神有觀音佛祖、聖相比干祖、三官大帝、關聖帝君、開漳聖王、觀音佛祖、地藏王與「震安宮開山門下一派功德先賢神位」。

1　正殿

圖5-1-6　震安宮正殿神像圖

資料來源：筆者拍攝

2　後殿

觀音佛祖

地藏王與「功德先賢神位」[13]

聖相比干祖[14]

圖5-1-7　震安宮後殿神像圖

資料來源：筆者拍攝

---

13 比干為商朝丞相，因常勸諫紂王，爾後被紂王殺死並剖其心，西周建立後，姜子牙感念比干之德，追封其為「文曲星君」。在科舉時代，士人學子以求取功名為重，一切功名利祿皆求於科舉，而文曲星所掌管即是功名之事，因此文人就奉比干為財神，俗稱「文財神」。參見凌志四：《臺灣人民俗》第4冊（臺北市：橋宏書局，2000年），頁174-176。

14 先賢神位奉祀分別為，道光年間背負「開基媽」神像渡海來臺之行腳僧開山禪師、同治六年（1867）震安宮修建之主持的振樂禪師、光緒十八年（1892）震安宮修建之主持省勤禪師，以及大正十二年（1923）震安宮修建發起人胡慶森、民國六十八年（1979）震安宮修建委員會工程組長林莊旺。參見賴俊嘉：《羅東震安宮與地方發展》（宜蘭縣：佛光大學歷史系碩士論文，2011年），頁94。

3　後殿二樓

三官大帝[15]

關聖帝君

開漳聖王

圖5-1-8　震安宮後殿二樓神像圖

資料來源：筆者拍攝

---

15 三官大帝分為天、地、水三官，又稱「三元大帝」，臺灣俗稱為「三界公」，掌管人
　間禍福、鬼神遷轉。中為天官堯帝，右為地官舜帝，左為水官禹帝，當中禹由於其
　治水之功，因此被後人奉為水官，亦被奉為「水仙尊王」。參見仇德哉：《宗廟英
　烈》，臺灣寺廟文化第四輯（雲林縣：信通書局，1982年），頁322。

（三）例祭與祭祀圈

1　例祭

　　震安宮祭祀時間，沿襲清代的祭祀時間，一年當中，以農曆三月二十三日，天上聖母聖誕；農曆九月一日至九日，舉辦中元普渡祈安拜斗會，這兩場祭祀活動最具規模。其祭祀圈部分，清代羅東街因位於通往廳城三結街的陸路必經之地；水路部分，則可經由河運通往加禮遠港，加上天上聖母具有超越祖籍的神格，便成為鄰近的各庄的主要信仰中心。[16]

（四）廟中文物

　　由於震安宮經過多次整建，光緒二十年（1894）曾遭祝融之災，加上在大正年間為地震所毀，因而建築形式無法看出其清代原貌。至於廟中所存清代文物為正殿神龕上方懸掛一方光緒年間「與天同功」的御匾，但從字體行書來看，其風格異於御匾，加上工藝亦未具清代特徵，應為後世仿製而成。[17]

---

16 許淑娟：〈蘭陽平原祭祀圈的空間組織〉（臺北市：國立臺灣師範大學地理研究所碩士論文，1991年），頁51-52。

17 李建緯研究後指出，從該匾字體來看可以發現其結構歪斜者違反書法線條，如「與」字的中央和下方兩點，以及「功」字結構的失衡，整體呈現出一種摹倣生硬感。見氏著：〈臺灣媽祖廟現存「御匾」研究——兼論其所反映的集體記憶與政治神話〉，《民俗曲藝》第186期（2016年），頁134-135。

圖5-1-9　震安宮「與天同功」匾圖

資料來源：筆者拍攝

三　奠安宮（帝爺廟）

（一）沿革

　　奠安宮，又稱帝爺廟。相傳奠安宮本為創建於道光二年（1822）
的五穀王廟，祀奉初期，以神農大帝為主祀神，根據白長川《羅東歷
史地名尋根》載道：

> 神像初住鹿埔，建調訓宮供奉，後寄住創建於一八二二年（清
> 道光二年）五穀王公廟（神農氏）的奠安宮。[18]

　　至於今日於奠安宮所見玄天上帝為主祀神，相傳因玄天上帝所在
的鹿埔，正逢被番人所侵擾，無處容身，因而借居位於羅東街的五穀
王廟裡。就在當時，羅東正飽受瘟疫之苦，住民罹病而亡者，不計其
數，善信紛紛前往廟中求醫，這時，來五穀王廟作客的玄天上帝顯化
救世，賜住民丹三顆，解除了瘟疫之害，因此，羅東街民為了感謝神

18　白長川：《羅東歷史地名尋根》（宜蘭縣：羅東鎮公所，2003年），頁74-75。

恩，所以重建木造磚牆廟宇奉祀，經神農大帝同意下，將正殿位置讓給玄天上帝，自己退居二殿，自此，五穀王廟改名為奠安宮。[19]

　　到了大正十一年（1922）在鄉紳胡慶森、蔡永茂統籌下，奠安宮進行了整修，隔年，奠安宮修建完成。到了民國六十年（1971），寺廟再次改建，民國八十一年（1992）第三次重建。奠安宮就在這幾次的改建下，導致其清代原先面貌已不存，僅有保存大正十二年（1923）的修建樣貌。[20]

圖5-1-10　民國四十三年奠安宮
　　　　　照圖
資料來源：宜蘭縣史館

圖5-1-11　今日奠安宮照圖
資料來源：筆者拍攝

（一）主祀神祇

　　正殿主祀神為玄天上帝，玄天上帝手下三十六官將，分別安置於左、右龕。

───────────────

19 歷來對於廟中玄天上帝神像眾說紛紜，根據賴姿君考證後指出，廟中玄天上帝來自今冬山鄉鹿埔調訓宮。參見氏著：《羅東震安宮文化資產之研究》（宜蘭縣：佛光大學文化資產與創意學系碩士論文，2015年），頁62-73。

20 游謙、施芳瓏：《宜蘭縣民間信仰》，頁309。

第二殿為神農大帝，以及中壇元帥、保生大帝、福德正神等。

圖5-1-12　開基玄天上帝圖

資料來源：翻拍賴姿君，〈羅東震安宮文
化資產之研究〉（宜蘭縣：佛
光大學文化資產與創意學系碩
士論文，2015年），頁178。

圖5-1-13　開基玄天上帝圖

資料來源：翻拍賴姿君，〈羅東震安宮文
化資產之研究〉（宜蘭縣：佛
光大學文化資產與創意學系
碩士論文，2015年），頁176。

（二）例祭

農曆三月三日，玄天上帝聖誕。

此外，每三年的一月十五日玄天上帝會回到冬山鹿埔調訓宮出
巡。

（三）祭祀圈

因羅東街位於溪南地區通往廳城三結街的陸路必經之地，水路部
分，可經由河運通往加禮遠港，加上主神玄天上帝，具有海神性格，

因此奠安宮也與震安宮天上聖母，成為鄰近的各庄的主要信仰中心。[21]

四　勉民堂

（一）沿革[22]

據傳，道光七年（1827），勉民堂本為羅東藍振泰家族的私家神堂，嘉慶年間，噶瑪蘭收入大清版圖，曾一度借予噶瑪蘭廳羅東堡巡檢處問案辦公之用。咸豐六年（1856）巡檢處遷移他地，藍家將公廳收回，設立私塾，並奉祀三恩主聖位，一般視為其創廟之始。[23]清光緒十五年（1889），藍家後代，到宜蘭新民堂學習扶鸞，光緒二十一年（1895），藍家後人將原有私塾改為鸞堂，並開設堂號命名為勉民堂。勉民堂原為藍家資產，因此早年都是由藍氏家族私人經營管理，直到民國七十年（1981）成立管理委員會，正式宣告勉民堂成為公共性的廟宇。民國九十五年（2006）獲宜蘭縣政府指定為縣定古蹟。[24]

21 許淑娟：〈蘭陽平原祭祀圈的空間組織〉（臺北市：國立臺灣師範大學地理研究所碩士論文，1991年），頁51-52。

22 鸞友雜誌社：《臺灣寺廟全集》（臺中市：編者，1977年）。

23 游謙、施芳瓏：《宜蘭縣民間信仰》，頁104。

24 由於本廟曾經為清代官衙之處，即便後來被藍氏家族收回，但外觀仍保留其府衙形式。參見中華綜合發展研究院應用史學研究所編：《羅東鎮志》（宜蘭縣：羅東鎮公所，2002年），頁606-607。游謙、施芳瓏：《宜蘭縣民間信仰》，頁104。

圖5-1-14　勉民堂今照圖

資料來源：筆者拍攝

(二) 主祀神祇與祭祀時間

　　主祀神有關恩主（關聖帝君），陪祀神有孚佑帝君呂洞賓、張司命灶君、天王君、岳飛，合稱為「五恩主」；[25]另有太歲星君、觀音佛祖以及「武廟勉民堂效勞先賢神位」。農曆六月二十四日，為關恩主聖誕，寺廟會舉辦千秋祭典。[26]勉民堂為鸞堂信仰，其開堂時間為光緒年間，自建堂起，訓練鸞生，並製作善書《復初編全集》，民國六十年（1971）以降，每年歲首奉安禮斗法會。[27]

25 本以三恩主，關聖帝君、呂仙祖、司命灶君為主要祭祀對象，此三方聖號牌位至今仍為本堂供奉中，日後才漸漸增加供奉神像。參見游謙、施芳瓏：《宜蘭縣民間信仰》，頁104。

26 游謙、施芳瓏：《宜蘭縣民間信仰》，頁104。

27 游謙、施芳瓏：《宜蘭縣民間信仰》，頁104。

太歲星君　　　　　　　五恩主像　　　　　　　觀音佛祖

圖5-1-15　勉民堂神像一覽圖

資料來源：筆者拍攝

（三）廟中文物

勉民堂至今保留其清代建築風格，清光緒年間（1880前後），興建三窗九門廟堂。[28]

1　建築

因改制於官署衙門，相較一般寺廟來的還要小，座向為座北朝南，建築形式為三間起掀山式屋頂，正殿為三窗九門的對稱形式，其通梁棟架屬官衙式的三通五柱式，呈現出官府莊嚴的建築樣貌。[29]

2　木作雕刻

在勉民堂中，屬光緒八年（1882）所遺留下來正龕上花罩格扇的

---

28 國家文物庫資料：https://nchdb.boch.gov.tw/web/cultureassets/Building/fprint.aspx?p0=5961，閱讀時間：2017年8月2日。

29 中華綜合發展研究院應用史學研究所編：《羅東鎮志》，頁207。

木作雕刻年代最久遠,該雕作因長期受到香爐薰香影響,所以呈現出赤褐色,形式上以花鳥為主,象徵其吉祥之意。[30]

圖5-1-16　花鳥木作雕刻圖

資料來源:筆者拍攝

第二節　利澤簡街主要寺廟

清代利澤簡街的開發,與鄰近加禮遠港息息相關。利澤簡因位於水運交通貨物集散地,以永安宮、廣惠宮這二間寺廟為中心,帶動了利澤簡街的成形。因此,分別介紹永安宮與廣惠宮,並以這二間寺廟為論述中心。

一　永安宮

(一)沿革

根據《利澤簡永安宮紀念手冊》所載,永安宮本為民家所奉祀,道光六年(1826),民眾為了感載聖恩,邀集唐山工匠建廟,其方位為座東朝西的背海向山方位,咸豐三年(1853)改建為磚造,昭和三年(1928)重修,民國五十年(1961)改建屋頂、民國六十六年

---

30 中華綜合發展研究院應用史學研究所編:《羅東鎮志》,頁207。

（1977）整建廟地與地上鋪設石磚，其原來面貌已不在復存。[31]

圖5-2-1　永安宮舊照圖

資料來源：永安宮翻攝

圖5-2-2 永安宮今照圖

資料來源：筆者拍攝

（二）主祀神祇

　　主神為天上聖母，[32]陪祀神為關聖帝君、福德正神。[33]從奉祀神祇來看，可以想見，從一開始為聚落保護神的天上聖母，隨著市街的商業發展，便出現了具有商業性格的關聖帝君。

---

32 本為行船媽祖，相傳是康熙帝敕封十二尊媽祖之一，具有特別的鳳凰鑾座。參見利
　 澤簡文教促進會文宣三折頁。

33 今日已無法看到關帝與土地公的神像。

天上聖母像

福德正神座位　　　　　　　　　　協天大帝座位

圖5-2-3　永安宮神像圖

資料來源：筆者拍攝

（三）例祭與祭祀圈

例祭時間，從年初到年尾主要有兩場祭祀活動，依序分別為，農曆正月十五日，為本宮祭典；農曆五月五日，負責祭江。至於祭祀圈，由於永安宮所在的利澤簡街位於溪南地區的交通要道上，更是溪南地區各庄通往溪北的必經之路，以及天上聖母神格具有海上保護神的功能，便尊祂為最高信仰的對象，使得當時祭祀圈範圍除附近沿海地區，更擴及平原的八大庄，分別為五十二甲、利澤簡、下清水、隆恩、猴猴、新城、馬賽、功勞埔、隘丁、港口等地。[34]

（四）宗教活動

在大小船舶往來運貨、卸貨繁忙的利澤簡，做為海上行船最重要的保護神，永安宮的天上聖母，被當地八大庄共同信仰。[35]當農曆正月十五日媽祖繞境完後，便會以作東的方式，邀請八大庄神轎作客，於農曆二月十日舉行「走尪」的活動，[36]加強八大庄共同體的情感意識。[37]

---

34 許淑娟：《蘭陽平原祭祀圈的空間組織》（臺北市：臺灣師範大學地理研究所碩士論文，1991年），頁54、130。

35 游謙、施芳瓏：《宜蘭縣民間信仰》，頁45-46。

36 走尪，為各庄頭各自抬領神轎，在利澤簡街比賽，除了感謝天上聖母的厚愛，同時也預約來年更加平安富庶。參見徐惠隆，《蘭陽得歷史與風土》（臺北市：臺原出版社，1992年），頁221-222。

37 黃美英：〈媽祖香火與神威的建構〉，《歷史月刊》第63期（1993年），頁43-46。

二　廣惠宮

（一）沿革

　　據傳，廣惠宮的神像是由漳州漳浦（金浦）烏石村林姓家族所帶來，本來供奉於林家公廳，同治十年（1871），由於王公顯赫，乩童倡首建廟，形式是瓦茸磚造；到了光緒十年（1884），因廟破損不堪，而再度修繕。到了約民國四十年（1951）前後，由林木長發動重建，其原來面貌已不復再見。[38]

圖5-2-4　廣惠宮神像圖

資料來源：筆者翻攝於廣惠宮

---

38 游謙、施芳瓏：《宜蘭縣民間信仰》，頁523。

圖5-2-5　廣惠宮今照圖

資料來源：筆者拍攝

（二）主祀神祇

　　主祀神為廣惠尊王，陪祀神五顯大帝、灶王公、土地公、土地婆。

　　廣惠尊王，姓謝名安，字安石，東晉人，為當時名相，帶領東晉大破苻秦於淝水之戰，死後，民間尊奉為神祇，尊為「廣惠靈應顯濟尊王」，或稱為「謝千歲」、「謝聖王」、「謝王公」、「謝老元帥」、「謝府太傅」、「護國尊王」等。唐代陳元光將軍率領官兵入漳州時，攜帶謝安之香火，並尊奉謝安為「廣惠王」。[39]

---

39 參見仇德哉：《臺灣與寺廟之神明》（南投縣：臺灣省文獻委員會，1983年），頁46。

（三）例祭與祭祀圈

　　本廟祭典日有兩段時間，分別為農曆九月二十六日與農曆十一月二十六日，會有這樣情況發生，與本廟可能有兩個「王公」之故，廣惠尊王的聖誕為農曆十一月二十六日，另一位僅知其聖誕為農曆九月二十六日。[40]

（四）宗教活動

　　本廟在正月十五日會舉行「淨尪」儀式，[41]關於「淨尪」儀式及演變最早資料為明治三十九年（1906）二月十四日《臺灣日日新報》一則〈神弄新娘〉的報導，記載如下：

> 宜蘭廳下利澤簡有林姓烏石者，去年家娶新娘，至本年舊曆元宵前後，則設香案于門前使新婦艷粧麗服，端坐堂中。同族之人，各扶神輿，擡神像到其家，舞躍旋轉，稱之曰弄新娘。其家之人即以大小紙炮，擲擊神輿，名曰爆尪。如弄龍弄獅然，觀者如蟻眾，擁擠不開，新婦長夜危坐，任人觀覽，直待至神像之鬚眉，燒燼焦盡，始起而拜謝諸神，然後退入，是亦俗之奇也。及問其原于何時？本于何意？則當事者亦不自知，惟曰襲先代遺例耳。[42]

---

40 參見游謙、施芳瓏：《宜蘭縣民間信仰》，頁525。

41 據說，漳浦烏石村流傳著這樣一則傳說：相傳昔時烏石村中，住有一隻會化身成女子的狐狸，和村裡男子結婚同房。有一年元宵節農曆正月十五日那一天，廣惠尊王照例出巡所有烏石林居住的地方，正當王公挨家挨戶遶巡時，突然停下衝進某一家戶，原來王公發現該戶新娶的新娘為狐狸之化身，原新娘早已被吃掉，所以進去捉妖。因而每年正月十五日，王公出巡時，都要特別去巡視烏石林家族裡最近一年新娶新娘的家戶，以便鑑定所娶的新娘是否為狐狸之化身。這就是「淨尪」儀式的由來。參見游謙、施芳瓏：《宜蘭縣民間信仰》，頁44。

42 《臺灣日日新報》明治三十九年（1906）2月14日。

從早些年在值年爐主的陪同下，走訪烏石林家之外，更特別走訪新婚家庭。[43]近年來，廣惠宮的香火日益蕭條，淨尪儀式也因而中斷。改由新婚夫婦親自到廟裡膜拜廣惠尊王，祈求平安開運。[44]

第三節　冬瓜山街主要寺廟

清代的冬瓜山街的開發，與水運發達有關，可沿冬山河經珍珠里簡到達利澤簡港再到冬瓜山街上。由於水運的發達，帶動了周圍發展，凡稻穀運輸、民生物資補給，皆以老街為集散地。當中最重要的廟宇，為粵人林國寶家族所建立的定安宮，以下分別論述之。

一　沿革

定安宮的創建，與嘉慶十五年（1810）來自竹塹竹北六家粵籍潮州的林國寶與林秀春息息相關。當時，林國寶與林秀春響應臺灣知府楊廷理之「詣蘭諭」，率壯丁入墾噶瑪蘭東勢（溪南）地區之冬瓜山、中興庄（今冬山鄉安平村八甲一帶）等粵籍埔地，為祈求諸事平安，開墾順利，便從故鄉恭迎「天上聖母」至冬瓜山。到了道光十一年（1831），林國寶五子林秋華中武舉，便興建土角壁竹管梁之茅草屋廟安奉聖母，號名「聖母祠」，是為本宮奠基的開始。到了光緒十

---

43 其儀式為每年元宵節那一晚，廣惠尊王神轎出巡走訪新婚家庭，新婚夫婦必須待在新房內，等到王公的輦轎抵達時，立刻下跪求藥，王公隨即施方解救，消除新人身上的妖氣。之後，王公再轉往別家，繼續施法。新婚夫婦妖氣去除後，立即擺設酒宴，招待族人鄰居。參見游謙、施芳瓏：《宜蘭縣民間信仰》，頁44。

44 莊雅惠：〈廣惠宮（王公廟）淨尪〉《蘭博雜誌》第49期，蘭陽博物館2009年2月電子報：http://enews.lym.gov.tw/content.asp?pid=37&k=166，閱讀時間：2017年9月5日。

三年，仕紳林清池捐資號召修建。民國四十八年（1959），鑑於年代已久不堪修復，乃新建為鋼筋水泥磚壁、屋頂剪黏之宮廟。[45]

圖5-3-1　定安宮今照圖

資料來源：筆者拍攝

二　主祀神祇

主祀神為天上聖母，陪祀神有先賢公牌位、[46]觀音佛祖。

---

45 《定安宮沿革》刻在廟內。

46 為開闢冬瓜山的竹塹竹北六家粵籍潮州的林國寶與林秀春等人。

天上聖母

先賢公牌位

觀音佛祖

圖5-3-2　定安宮神像圖

資料來源：筆者拍攝

三　例祭與祭祀圈

　　例祭時間為農曆七月十五日。由於定安宮屬於客家系統的廟宇，其祭祀範圍，可以通過客家人的Khiam[15]輪祭組織了解。[47] Khiam[15]組織建立於每年農曆七月八日的中元普渡，主要有五個Khiam[15]，分別是正月Khiam[15]、三月Khiam[15]、七月Khiam[15]、八月Khiam[15]與十月Khiam[15]當中，每年七月八日的中元普渡為tio Khiam祭典日，其主要範圍為冬瓜山庄、南興庄、楓樹橋庄、香園宅庄。[48]

第四節　蘇澳街主要寺廟

一　晉安宮

（一）沿革

　　據廟內《晉安宮沿革史》碑記，道光七年（1827）經蘇士尾、張光銘等人從泉州原鄉請來張公聖君渡海來臺，在永春建祠祀之。[49]根據《晉安宮興建緣起》碑記載到：

> 道光七年（1827）經蘇士尾先賢籌建祠於永春祭祀，嗣因該祠
> 受颱洪之侵擾而傾斜，遂遷與海神廟合祀，同治壬申年（同治
> 十一年），徙建向東之廟於現址。

---

47 Khiam[15]屬於客家族群的宗教組織，同時包含涵蓋地域範圍的祭祀圈，參見簡英欣〈宜蘭廟群KHIAM（𥴊）祭祀圈之研究〉（臺北市：國立政治大學民族研究所碩士論文，2003年），頁14-16。

48 參見簡英欣：〈宜蘭廟群KHIAM（𥴊）祭祀圈之研究〉，頁71。

49 永春，舊名為內城，據載，道光年間有林永春等招募佃戶，闢地墾耕。參見《晉安宮沿革史》碑記。

由引文可以得知，當時受颱風、洪水影響，遷廟於現址。同治十三年
（1874），羅大春奉命開鑿後山北路，帶領軍隊駐紮蘇澳，並捐銀五
百兩在晉安宮前撥屋五間，設置學堂教化百姓。隔年，民眾感念其
德，故設碑紀念。大正十三年（1924），在地方仕紳運作下，晉安宮
重建，廟門也從原本的東向改為南向，並將名稱由張公聖君祠更名為
晉安宮。到了民國六十四年（1975），信徒捐資改建為今日面貌。[50]

圖5-4-1　晉安宮今照圖

資料來源：筆者拍攝

（二）祭祀神祇

　　主神為張公聖君，陪祀神有天上聖母、註生娘娘、永春晉安宮蘇
澳鎮開拓發起人先賢英靈牌位。[51]

---

50 晉安宮：《蘇澳鎮晉安宮慶成祈安手冊》（宜蘭縣：晉安宮管理委員會，1991年）。

51 永春晉安宮蘇澳鎮開拓發起人先賢英靈牌位，為民國以後開始供奉，牌位裡面藏有
　一幅舊布寫著二十六名創建晉安宮者的名單：「楊仕溜、黃仕塗、黃觀貴、王仕
　罕、高標談、蔡烏潤、黃仕涉、黃仕豆、李正和、林士寶、連靠山、吳松柏、蔡三
　源、劉士顏、白士合、許士廟、高養來、高標福、朱阿桂、王秀俊、黃士賞、李士
　興、古阿桂、鄭春水、林振亨、黃寶忠」。

張公聖君

蘇澳鎮開拓發起人先賢英
靈牌位

天上聖母、註生娘娘

圖5-4-2　晉安宮神像圖

資料來源：筆者拍攝

（三）例祭與祭祀圈

1　例祭

農曆三月初八日，為晉安宮祭典日。

2 祭祀圈

晉安宮的主神為泉州人的信仰，其祭祀圈僅限於泉人活動區域，當時蘇澳街主要居民為泉州人勢力範圍，因此，每年農曆三月初八的張公祭典，出巡的範圍也多在蘇澳街周圍。[52]

（四）廟中文物

晉安宮現存清代文物僅剩下與羅大春相關的碑文兩方，以及被拆下的舊楹柱。

圖5-4-3　羅提督興學碑圖

資料來源：筆者拍攝

---

52 從資助其修鼓樓的名冊中可以發現，在捐獻名冊上的一百二十九戶人家中，有一百戶是分布於聖湖里、蘇東里、蘇西里、蘇南里、蘇北里、長安里，這幾個里的位置皆是蘇澳街周圍地區；加上蘇澳街周圍是屬於泉州人活動的範圍，周圍隘丁、冀箕湖、嶺腳近山地區則屬於粵籍移民的勢力範圍，也讓晉安宮的祭祀圈範圍，因為地形與族群分布等因素，僅限於蘇澳街周圍一帶。參見游佳瑞：〈清領時期蘇澳地區漢人聚落的發展（1796-1895）〉（新竹縣：新竹教育大學樹會科教育研究所碩士論文，2002年），頁119。

圖5-4-4　羅大春開闢道路里程碑圖

資料來源：筆者拍攝

圖5-4-5　光緒丙子年楹柱圖

資料來源：筆者拍攝

二 寶山寺（清水祖師廟）

（一）沿革

創建於清同治元年（1862），寺內奉祀的是清水祖師，民國六十七年重建（1978），民國八十一年（1992），與寺外蘇澳先賢祠合併，改為三層樓式，易名稱為清水祖師廟。一樓為管理員所住，二樓供奉清水祖師，三樓供奉釋迦佛祖，其清代原貌已無法看見。[53]

圖5-4-6　寶山寺外觀照圖

資料來源：筆者拍攝

圖5-4-7　寶山寺二樓照圖

資料來源：筆者拍攝

（二）主祀神祇

主祀神為清水祖師，陪祀神福德正神以及「四結蘇澳先賢神位」。

---

53 游謙、施芳瓏：《宜蘭縣民間信仰》（宜蘭縣：宜蘭縣政府，2003年），頁422-423。

清水祖師

四結蘇澳先賢神位

福德正神

圖5-4-8　寶山寺神像圖

資料來源：筆者拍攝

（三）例祭與祭祀圈

寶山寺的例祭為農曆正月初五日，清水祖師聖誕。寶山寺的主神為具有明顯鄉土性格的泉州人信仰，其祭祀圈初期是以泉人活動區域為主，範圍大抵上與晉安宮相差不遠，主要以當時蘇澳街為主。[54]

小結

在官方刻意的干涉下，為了不讓漳籍勢力在蘭地坐大，官方主導了溪南的開墾。經由三籍分墾、加留餘埔制與力裁業戶等政策，來扶植泉、粵勢力並打擊占多數優勢的漳籍勢力。

雖然官方刻意扶植泉、粵籍民人，但是溪南的土地分配，並不是以平均來劃分。加上嘉慶十一年（1806）與嘉慶十四年（1809）的兩次械鬥中，漳人打敗了泉、粵、西部流蕃勢力，其勢力範圍已經深入了羅東堡與利澤簡堡一帶。即便如此，溪南地域在官方刻意的干涉下，尤其是冬瓜山交付給粵民開墾，蘇澳分予泉民開發，讓泉、粵籍得以在溪南各自占有一片天地。

從拓墾初期以三籍合墾的方式進行，在溪北地域多是出現共同信仰的廟宇。隨著械鬥與三籍分墾之後，便出現具有強烈祖籍的神祇與信仰方式；特別是在冬瓜山、蘇澳市街的寺廟信仰上，冬瓜山出現了屬於客家信仰Khiam[15]輪祭組織，以及在蘇澳出現具有原鄉性格的神祇清水祖師。因此，透過考察溪南地區市街的主要寺廟，可以佐證在當時官方主導下的溪南開墾政策，扶植泉、粵勢力並打擊占多數優勢的漳籍勢力的情況。

---

54 游家瑞：《清領時期蘇澳地區漢人聚落的發展（1796-1895）》（新竹縣：新竹師範學院社會科教育研究所碩士論文，2002年），頁119。

第六章
噶瑪蘭寺廟的年代分期、地域、主祀神祇分布

　　本章採取量性分析的方式，首先針對清代在蘭地出現的寺廟進行資料的統計與分類，其次從寺廟數量的設置與蘭地的開拓去分析蘭地開拓的情況，最後從主神性質下去分析，進而看待這些神祇出現的原因與其所代表的意義。

第一節　寺廟創建分期的樣貌

　　從嘉慶元年（1796）吳沙入墾到光緒二十一年（1895）臺灣割日為止的這段時間，剛好整整一百年，在這百年間，噶瑪蘭地區從原住民的世界，慢慢變成了漢人的街庄社會。

　　就在這一百年時間，隨著漢人的開拓步伐，噶瑪蘭地區共出現了一百二十四座寺廟，以每年建造平均一座以上寺廟的驚人數字增長著。（詳見附表二：清代噶瑪蘭寺廟一覽表）

　　為了有效得知清代在噶瑪蘭這一百二十四座寺廟的相關資訊，本節將從寺廟的數量與寺廟的神祇這兩部分進行，以下分別論述之。

一　寺廟的統計

　　依照附表二的數據統計，在清代噶瑪蘭地區所興建的寺廟共有一

百二十四座。當中,可考證建造年代的有一百一十三座,無法得知確切時間計的有十一座寺廟(參見附表二)。因此,為了可以準確得知清代寺廟的出現頻率,在統計中,僅將有明確興建時間的一百一十三座寺廟來進行時序與地域的統計。

(一)時序統計

依照附表二的數據,將有明確興建時間的一百一十三座寺廟,按年以時序排列並統計,得到從一七九六年到一八九五年這段時間寺廟的增長情況,如圖6-1-2。

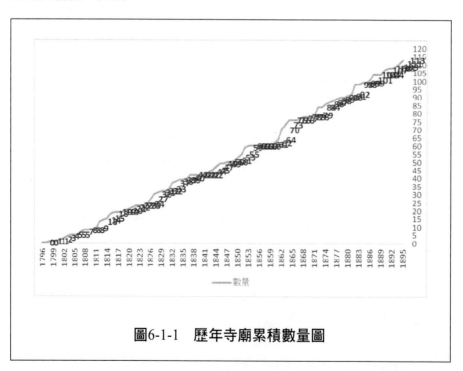

圖6-1-1　歷年寺廟累積數量圖

從圖6-1-1可以看到,隨著時間的進展,寺廟慢慢的增加。接著,為了知道歷年寺廟的出現頻率,接著將歷年寺廟所建造的數量,

以時序來統計，繪製出如圖6-1-2。

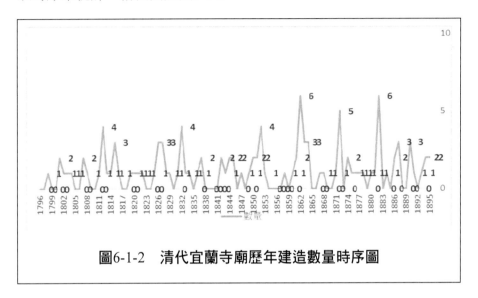

圖6-1-2　清代宜蘭寺廟歷年建造數量時序圖

　　從圖6-1-2可以發現，新廟產生的間隔所花費較長的時間為數甚少，基本上呈現出每年寺廟越蓋越多的情況。

　　此外，從寺廟建造時間所相隔的時段，可以區分成五個區塊，分別為一七九六年至一八○四年（嘉慶元年至嘉慶九年），一八○五年至一八一六年（嘉慶十年至嘉慶二十一年），一八一七年至一八三七年（嘉慶二十二年至道光十七年），一八三八年至一八六四年（道光十八年至同治三年），一八六五年至一八九五年（同治四年至光緒二十一年）。依照這五個時期以長短線段表示寺廟的數目，繪製成如圖6-1-3。

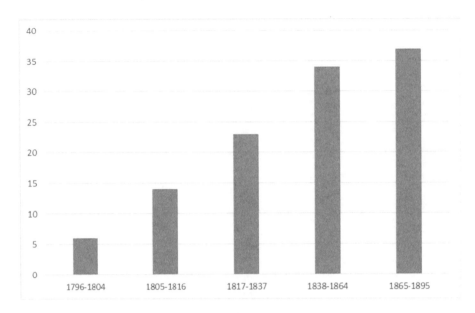

圖6-1-3　五期寺廟統計圖

　　上述五個時期，為清代噶瑪蘭全境寺廟的統計數量情況。但由於噶瑪蘭有著溪北與溪南的地域劃分情形，因此，依照溪北、溪南地域統計如下表。

表6-1-1　溪北、溪南地域五期寺廟統計表

時期\地域	一	二	三	四	五	合計
溪北	5	7	10	17	19	58
溪南	0	7	13	17	18	55
合計	5	14	23	34	37	113

資料來源：筆者整理[1]

1　資料來源：（清）陳淑均編：《噶瑪蘭廳志》（臺北市：「行政院文建會委員會」，

　　從表6-1-1來看，溪北與溪南的整體寺廟數目差距不大，為了進一步了解當時各堡在十個時期的寺廟數量情況，統計出表6-1-2

表6-1-2　各堡五期寺廟統計表

時期\堡	一	二	三	四	五	合計
頭圍堡	2	0	4	8	3	17
淇武蘭堡	3	1	1	6	1	12
五圍三結街	0	5	2	0	4	11
員山堡	0	1	2	2	6	11
民壯圍堡	0	0	1	1	5	7

2006年）；（清）柯培元撰：《噶瑪蘭志略》（臺北市：「行政院文建會委員會」，2006年）；宜蘭文獻委員會編：《宜蘭縣志》（宜蘭縣：宜蘭縣文獻委員會，1969-1970年）；宜蘭縣政府民政局文獻課：《宜蘭縣寺廟專輯》（宜蘭縣：宜蘭縣政府，1979年）；宜蘭縣政府：《民國72年臺灣省宜蘭縣寺廟調查書》（宜蘭縣：宜蘭縣政府民政局，1983年）；頭城鎮志編纂委員會編：《頭城鎮志》（宜蘭縣：頭城鎮公所，1985年）；宜蘭縣政府：《民國75年臺灣省宜蘭縣寺廟未辦登記寺廟補辦登記手冊》（宜蘭縣：宜蘭縣政府民政局，1986年）；張坤三、李東明：《宜蘭縣壯圍鄉寺廟沿革誌》（宜蘭縣：壯圍鄉公所，1988年）；陳登欽：《宜蘭縣頭城鎮文化史蹟勘察測繪報告》（宜蘭縣：宜蘭縣政府，1992年）；宜蘭縣政府：《民國82年臺灣省宜蘭縣寺廟未辦登記寺廟第三次補辦登記手冊》（宜蘭縣：宜蘭縣政府民政局，1993年）；陳進傳：《宜蘭縣傳統藝術資源調查報告書附冊一》（宜蘭縣：國立傳統藝術中心，1997年）；林錦賢編：《員山相褒歌》（宜蘭縣：員山鄉公所，2000年）；蘇美如：《宜蘭市志—歷史建築篇》（宜蘭縣：宜蘭市公所，2001年）；林正芳：《續修頭城鎮志》（宜蘭縣：頭城鎮公所，2002年）；中華綜合發展研究院應用史學研究所：《羅東鎮志》（宜蘭縣：羅東鎮公所，2002年）；游謙、施芳瓏：《宜蘭縣民間信仰》（宜蘭縣：宜蘭縣政府，2003年）；李心儀、陳世一：《礁溪鄉志（增新版）》（宜蘭縣：礁溪鄉公所，2010年）；彭瑞金：《蘇澳鎮志》（宜蘭縣：蘇澳鎮公所，2014年）；陳進傳：《宜蘭縣頭城鎮寺廟文物普查計畫成果報告書》（宜蘭縣：宜蘭縣立蘭陽博物館，2014年）；陳進傳：《宜蘭縣宜蘭市寺廟文物普查計畫成果報告書》（宜蘭縣：宜蘭縣立蘭陽博物館，2016年）；筆者田野調查。

時期＼堡	一	二	三	四	五	合計
羅東堡	0	1	3	3	2	9
頂二結堡	0	1	4	2	4	11
清水溝堡	0	0	0	1	2	3
溪州堡	0	0	0	0	1	1
茅仔寮堡	0	0	0	2	1	5
打那美堡	0	0	1	4	3	8
利澤簡堡	0	3	5	5	5	18
合計	5	14	23	32	37	113

資料來源：筆者整理

　　從表6-1-1與表6-1-2，可以清楚了解到，這五個時期溪北、溪南以及噶瑪蘭轄下十二堡的寺廟數量的情況，至於其出現的緣由與背景則在第二節寺廟數量分析會有詳加說明。

（二）五期寺廟統計

　　從圖6-1-3來看，這五個時期所建的寺廟數目顯然不同，分別如下：

　　第一時期：一七九六年至一八〇四年（嘉慶元年至嘉慶九年），共九年，建廟六座。詳細見下表6-1-3：第一時期所建寺廟。

表6-1-3　第一時期所建寺廟表

編號	廟名	堡	創建年代	主祀神祇	現今地址
1	威惠廟	頭圍堡	嘉慶三年（1798）	開漳聖王	頭城鎮青雲路一段二五七號
2	澤蘭宮	淇武蘭堡	嘉慶六年（1801）	天上聖母	礁溪鄉吳沙村開蘭路一六一號
3	三皇宮	淇武蘭堡	嘉慶六年（1801）	三官大帝	礁溪鄉三皇路二號
4	三興宮	淇武蘭堡	嘉慶七年（1802）	保生大帝	礁溪鄉三興巷四弄三號
5	福德廟	頭圍堡	嘉慶八年（1803）	福德正神	頭城鎮武營里一四五之一號
6	協天廟	淇武蘭堡	嘉慶九年（1804）	關聖帝君	礁溪鄉中山路一段五十一號

資料來源：筆者整理

　　第二時期：一八〇五年至一八一六年（嘉慶十年至嘉慶二十一年），共十二年，建廟十四座。詳細見下表6-1-4：第二時期所建寺廟。

表6-1-4　第二時期所建寺廟表

編號	廟名	堡	創建年代	主祀神祇	現今地址
1	昭應宮	五圍三結街	嘉慶十二年（1807）	天上聖母	宜蘭市新民里中山路三段一〇六號
2	德陽宮	淇武蘭堡	嘉慶十二年（1807）	中壇元帥	礁溪鄉中山路二段一三三號

編號	廟名	堡	創建年代	主祀神祇	現今地址
3	文昌廟	五圍三結街	嘉慶十三年（1808）	文昌帝君／關聖帝君	宜蘭市文昌路六十六號
4	孝威五福宮	茅仔寮堡	嘉慶十六年（1811）	神農大帝	五結鄉孝威路三四一巷六號
5	五穀廟	五圍三結街	嘉慶十七年（1812）	神農大帝	宜蘭市神農路二段七十二號
6	進安宮	利澤簡堡	嘉慶十七年（1812）	天上聖母	蘇澳鎮南正里江夏路八十一號
7	先帝廟	利澤簡堡	嘉慶十七年（1812）	神農大帝	蘇澳鎮隆恩路十七號
8	福德廟	頂二結堡	嘉慶十七年（1812）	福德正神	五結鄉光復路十四號
9	城隍廟	五圍三結街	嘉慶十八年（1813）	城隍爺	宜蘭市城隍街十二號
10	景德宮	茅仔寮堡	嘉慶十九年（1814）	神農大帝	五結鄉五結路二段一九七號
11	慶和廟	五圍三結街	嘉慶二十年（1815）	輔順將軍	宜蘭市慶和街慶和巷十六號
12	大三鬮慈惠寺	員山堡	嘉慶二十年（1815）	觀音佛祖	員山鄉賢德路二段二九九號
13	慈德寺	羅東堡	嘉慶二十年（1815）	大眾爺	羅東鎮中正路一二八號
14	慶元宮	利澤簡堡	嘉慶二十一年（1816）	香山祖師	五結鄉新店路十一號

資料來源：筆者整理

第三時期：一八一七年至一八三七年（嘉慶二十二年至道光十七年），共二十一年，建廟二十三座。詳細見下表6-1-5：第三時期所建寺廟。

表6-1-5　第三時期所建寺廟表

編號	廟名	堡	創建年代	主祀神祇	現今地址
1	善永堂	利澤簡堡	嘉慶二十四年（1819）	開漳聖王	五結鄉利澤路五十三號
2	光明寺	五圍三結街	嘉慶二十五年（1820）	清水祖師	宜蘭市西門路九十一號
3	蘭陽大興振安宮	打那美堡	道光元年（1821）	三山國王	冬山鄉大興路十六號
4	奠安宮	頂二結堡	道光二年（1822）	玄天上帝	五結鄉新生路二十號
5	善法寺	羅東堡	道光五年（1825）	佛祖	羅東鎮北成路一段六號
6	永安宮	利澤簡堡	道光六年（1826）	天上聖母	五結鄉利澤路二十六號
7	福德廟	利澤簡堡	道光六年（1826）	福德正神	五結鄉下福路
8	天農廟	淇武蘭堡	道光六年（1826）	神農大帝	礁溪鄉十六結路一〇〇號
9	晉安宮	利澤簡堡	道光七年（1827）	張公聖君	蘇澳鎮太平一巷十三號
10	慶元宮	頭圍堡	道光七年（1827）	天上聖母	頭城鎮城東里和平街一〇五號
11	勉民堂	羅東堡	道光七年	關聖帝君	羅東鎮中山路三段一

編號	廟名	堡	創建年代	主祀神祇	現今地址
			（1827）		九二號
12	補天宮	頭圍堡	道光八年（1828）	女媧娘娘	壯圍鄉壯濱路六段二七九號
13	慈雲寺	民壯圍堡	道光九年（1829）	觀音佛祖	宜蘭市七張路六十三號
14	靈惠廟	五圍三結街	道光十一年（1831）	開漳聖王	宜蘭市城隍街三十九號
15	珋埤城保安廟	員山堡	道光十二年（1832）	三山國王	員山鄉湖東村利埤路十九號
16	慶安廟	員山堡	道光十二年（1832）	三山國王	員山鄉枕山路六十一號
17	順安宮	頂二結堡	道光十二年（1832）	天上聖母	五結鄉大吉五路一八一巷十二號
18	池府王爺廟	頭圍堡	道光十二年（1832）	池府王爺	頭城鎮頂埔路一段二五〇號
19	靈惠廟	頂二結堡	道光十三年（1833）	開漳聖王	五結鄉三吉中路一七八之一號
20	福德廟	利澤簡堡	道光十四年（1834）	福德正神	蘇澳鎮成興路五十四號
21	慶雲宮	頭圍堡	道光十六年（1836）	玉皇大帝	頭城鎮石城里濱海路七段三十三號
22	省民堂	頂二結堡	道光十七年（1837）	灶君	五結鄉三結東路十四號
23	震安宮	羅東堡	道光十七年（1837）	天上聖母	羅東鎮中正路三十三號

資料來源：筆者整理

第四時期：一八三八年至一八六四年（道光十八年至同治三年），共二十七年，建廟三十四座。詳細見下表6-1-6：第四時期所建寺廟。

表6-1-6　第四時期所建寺廟表

編號	廟名	堡	創建年代	主祀神祇	現今地址
1	保安宮	員山堡	道光二十二年（1842）	三山國王	員山鄉洲子路二十七號
2	振興廟	羅東堡	道光二十二年（1842）	福德正神	冬山鄉富農路二段二九〇號
3	接天宮	頭圍堡	道光二十三年（1843）	玄天上帝	頭城鎮外澳里濱海路二段一巷二十一號
4	定安宮	利澤簡堡	道光二十四年（1844）	五顯大帝	蘇澳鎮存仁路一九九之一號
5	三鬮二慈惠寺	員山堡	道光二十四年（1844）	觀音佛祖	員山鄉三鬮路三十三號
6	鎮安宮	清水溝堡	道光二十五年（1845）	保生大帝	三星鄉清洲路三十八之一號
7	永和寺	羅東堡	道光二十五年（1845）	觀音佛祖	羅東鎮復興路三段三號
8	協天宮	頂二結堡	道光二十七年（1847）	關聖帝君	五結鄉大吉路二十五號
9	保安宮	利澤簡堡	道光二十九年（1849）	福德正神	五結鄉下清路十之六號
10	茅埔城振安宮	打那美堡	道光三十年（1850）	三山國王	冬山鄉得安村得安一路一號
11	孝威德義宮	頂二結堡	道光三十年（1850）	關聖帝君	五結鄉中正東路四十二號

編號	廟名	堡	創建年代	主祀神祇	現今地址
12	保安宮	打那美堡	咸豐元年（1851）	玄壇元帥	冬山鄉丸山路九十四號
13	奠安宮	羅東堡	咸豐元年（1851）	神農大帝	羅東鎮中山路三段一九五號
14	順安永安宮	打那美堡	咸豐二年（1852）	三山國王	冬山鄉義成路二段三七八巷十五號
15	新興庄三山國王廟	淇武蘭堡	咸豐二年（1852）	三山國王	礁溪鄉林尾路四十一號
16	協和廟	淇武蘭堡	咸豐二年（1852）	石頭公	礁溪鄉四結路八十一號
17	福德廟	頭圍堡	咸豐二年（1852）	福德正神	頭城鎮二城里十二鄰一七八號
18	福德廟	淇武蘭堡	咸豐三年（1853）	福德正神	礁溪鄉柴圍路十號
19	永惠廟	淇武蘭堡	咸豐八年（1858）	開漳聖王	壯圍鄉古亭路二十號
20	中興廟	頭圍堡	咸豐十年（1860）	三王公	頭城鎮三和路五九八號
21	東城內城仔振安宮	打那美堡	咸豐十一年（1861）	三山國王	冬山鄉和睦路二十五號
22	集惠廟	頭圍堡	咸豐十一年（1861）	開漳聖王	礁溪鄉白雲一路五十一號
23	寶山寺	利澤簡堡	同治元年（1862）	清水祖師	蘇澳鎮中原路二十五號
24	勝安宮	茅仔寮堡	同治元年（1862）	玄天上帝	五結鄉大眾路七十八號

編號	廟名	堡	創建年代	主祀神祇	現今地址
25	明德宮	茅仔寮堡	同治元年（1862）	開台聖王	五結鄉大眾路五十五號
26	新生帝王廟	淇武蘭堡	同治元年（1862）	保生大帝	宜蘭市北津路三十一號
27	東安廟	淇武蘭堡	同治元年（1862）	聖祖	壯圍鄉永美路三段八十一巷八十號
28	武營福德廟	頭圍堡	同治元年（1862）	福德正神	頭城鎮武營路十號
29	仙水寺	利澤簡堡	同治二年（1863）	觀音佛祖	五結鄉季水路七號
30	北門福德廟	頭圍堡	同治二年（1863）	福德正神	頭城鎮和平街一五四號
31	南門福德廟	頭圍堡	同治二年（1863）	福德正神	頭城鎮和平街四十四號
32	福德廟	民壯圍堡	同治三年（1864）	福德正神	壯圍鄉永鎮路七十六號
33	忠善堂	利澤簡堡	同治三年（1864）	大眾爺	五結鄉下福東路三十七號
34	開成寺	頭圍堡	同治三年（1864）	觀音佛祖／城隍爺	頭城鎮吉祥路一號

資料來源：筆者整理

　　第五時期：一八六五年至一八九五年（同治四年至光緒二十一年），共三十一年，建廟三十七座。詳細見下表6-1-7：第五時期所建寺廟。

表6-1-7　第五時期所建寺廟表

編號	廟名	堡	創建年代	主祀神祇	現今地址
1	萬善堂	茅仔寮堡	同治六年（1867）	有應公	五結鄉五結中路一段
2	永廣廟	員山堡	同治七年（1868）	三山國王	員山鄉永廣路二十二號
3	廣惠宮	利澤簡堡	同治十年（1871）	廣惠尊王	五結鄉下福東路十五號
4	定安宮	打那美堡	同治十一年（1872）	天上聖母	冬山鄉冬山路三〇五號
5	祈安宮	利澤簡堡	同治十一年（1872）	池府王爺	五結鄉季水路五十一號
6	永興廟	淇武蘭堡	同治十一年（1872）	三山國王	礁溪鄉三皇路一一二巷十四號
7	廣安牛寮仔廣安宮	清水溝堡	同治十一年（1872）	三山國王	冬山鄉廣安村廣安路十九號
8	二城福德廟	頭圍堡	同治十一年（1872）	福德正神	頭城鎮二城里九鄰二三〇號
9	福德祠	利澤簡堡	同治十三年（1874）	福德正神	五結鄉利澤西路
10	碧仙宮	員山堡	同治十三年（1874）	三山國王	員山鄉溫泉路六十五號
11	新福宮	民壯圍堡	光緒元年（1875）	福德正神／神農	宜蘭市凱旋路十四號
12	孔廟	五圍三結街	光緒二年（1876）	孔子	宜蘭市新興路一七〇號

編號	廟名	堡	創建年代	主祀神祇	現今地址
13	挽善堂	利澤簡堡	光緒三年（1877）	關聖帝君	蘇澳鎮成興路一○○號
14	東嶽廟	員山堡	光緒四年（1878）	東嶽大帝	宜蘭市中山路二段二九九號
15	福興廟	利澤簡堡	光緒六年（1880）	開漳聖王	五結鄉利澤西路三十四號
16	萬應廟	頂二結堡	光緒七年（1881）	有應公	五結鄉中正西路四十四號
17	開興廟	民壯圍堡	光緒八年（1882）	開台聖王	宜蘭市延平一路一四八巷六號
18	鎮安宮	民壯圍堡	光緒八年（1882）	開漳聖王	壯圍鄉廍後路八十四號
19	同興廟	民壯圍堡	光緒八年（1882）	廣澤尊王	宜蘭市中山路三段二四一號
20	萬善祠	員山堡	光緒八年（1882）	有應公	員山鄉大安路四十號
21	四結福德廟	頂二結堡	光緒八年（1882）	福德正神	五結鄉福德路六十八號
22	福德廟	頭圍堡	光緒八年（1882）	福德正神	頭城鎮拔雅里一一八之一號
23	大眾爺廟	民壯圍堡	光緒十年（1884）	大眾爺	壯圍鄉廍後路一號
24	鎮安廟（二結王公廟）	頂二結堡	光緒十二年（1886）	古公三王	五結鄉舊街一路八十號
25	福德廟	頂二結堡	光緒十二年（1886）	福德正神	五結鄉舊街路六十八號

編號	廟名	堡	創建年代	主祀神祇	現今地址
26	感應宮	五圍三結街	光緒十三年（1887）	孚佑帝君	宜蘭市城隍街十四號
27	覺善堂	打那美堡	光緒十三年（1887）	觀音佛祖	冬山鄉美和路二段二〇五號
28	鑑民堂	員山堡	光緒十三年（1887）	關聖帝君	宜蘭市進士路四十號
29	西關廟	五圍三結街	光緒十六年（1890）	關聖帝君	宜蘭市舊城西路二十九號
30	新民堂	五圍三結街	光緒十六年（1890）	濟世光耀大帝	宜蘭縣新民路一五三號
31	慈惠寺	羅東堡	光緒十六年（1890）	釋迦牟尼	羅東鎮清潭路二號
32	鎮安宮	溪州堡	光緒十七年（1891）	關聖帝君	三星鄉大埔路一六一號
33	勸世堂	羅東堡	光緒十九年（1893）	救世真人	羅東鎮愛國路一〇七號
34	城隍爺廟	打那美堡	光緒二十年（1894）	城隍爺	冬山鄉香中路五〇八巷三十六之一號
35	福德廟	員山堡	光緒二十年（1894）	福德正神	宜蘭市南橋路三十六號
36	境安宮	清水溝堡	光緒二十一年（1895）	玄天上帝	冬山鄉柯林路三十號
37	喚醒堂	頭圍堡	光緒二十一年（1895）	天王君	頭城鎮纘祥路三十九號

資料來源：筆者整理

二　寺廟主神統計

　　在臺灣的開拓發展過程中，來自閩、粵地區的移民，大多迎請原鄉的神祇分靈、分香來事奉。一方面得面對臺灣海峽的惡劣海象，即便順利到達臺灣後，也得面臨水土不服和瘟疫等問題，加上又受到原住民族的威脅，以及因為土地、水源、商業利益等等問題而發生械鬥。也讓這些來自原鄉的神祇，成了移民的精神寄託，其中，供奉同一類神祇也產生同鄉之間的意識形態認同。[2]從這一百二十四間寺廟，根據其主神的不同，進行分類並加以統計數量，繪製出下圖。

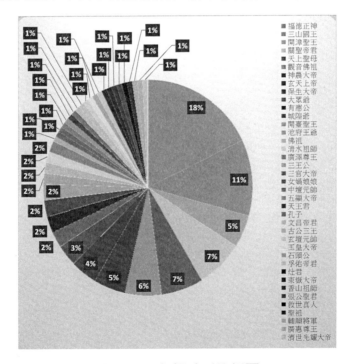

圖6-1-4　各類神祇比例圖

2　尹章義：〈閩粵移民的協和與對立——以客屬潮州人開發臺北以及新莊三山國王廟的興衰史為考察中心〉，《臺北文獻》直字74（1985年），頁1-28。

　　從圖6-1-4：各類神祇比例圖的數據，總計有清一代統治噶瑪蘭，共出現三十九種神祇，當中又以福德正神比例最高，其次三山國王、關聖帝君、天上聖母等。然而臺灣各類神祇都具有多重的功能，也因此關於分類上，有各種說法。[3]會有這樣情況出現，其最大原因為神祇具有多功能的性質，即便如此，臺灣民間信仰寺廟中的神祇不出「敬天」與「法祖」的範疇。因此，綜合各類學者說法，同時符合本文需求，將清代噶瑪蘭地區出現的三十九種神祇，分成共同型信仰、地緣型信仰、行業型信仰、官方祀典型信仰，這四種類型分別統計並敘述之。

3　劉枝萬從臺灣漢人移民、開發、定居的發展階段，將清代臺灣的寺廟分為四大類，分別為道教、民間信仰、佛教、儒教，見氏著：〈清代臺灣之寺廟（一）〉，《臺北文獻》第4期，頁102-103。林衡道從宜蘭地區寺廟主祀神劃分為自然崇拜神祇、靈魂崇拜神祇、道教神祇、通俗佛教神祇四大類，見氏著：〈宜蘭縣寺廟祀神之分析〉，《臺灣文獻》第22卷第2期，頁13。郭和烈綜合了人類學者E. B. Tylor, J. G. Frazer以及R. R. Marett等的宗教定義，認為臺灣民間所謂的宗教，有信仰、有信仰的對象，如自然、動植物等等，且有宗教儀式，故可稱謂「宗教」，所以將臺灣民間宗教信仰對象分為自然崇拜、動物崇拜、植物崇拜、物神崇拜、祖先崇拜、偉人崇拜、無緣鬼魂崇拜、神仙崇拜、想像神崇拜九種類型。見氏著《臺灣民間宗教》（臺北市：作者自印，1970年），頁29-30；董芳苑提出臺灣民間宗教雖屬古代原始精靈教，但其形式是儒道佛揉合的表現，同時具有：（1）原始精靈崇拜：如圖騰崇拜、巫術、禁忌、神話傳說；（2）進步精靈崇拜：如天神（自然崇拜）、地示（自然崇拜）、人鬼（亡靈崇拜）、物（庶物崇拜），另有儒教孝道（祖先崇拜）的影響，道教的現世實利主義，現世神秘主義的影響，佛教消極終末觀的影響，使得臺灣民間信仰的崇拜對象有其複雜而獨特的風格，見氏著：《臺灣民間宗教信仰》（臺北市：長青文化事業公司，1973年），頁140-144、163；潘朝陽以臺灣的地理區域獨特性將神祇分成聖賢、鬼靈、自然、鄉土、神仙、神話、雜類、技藝八種類型，見氏著：〈臺灣民俗宗教分布的意義〉，《師大地理研究報告》第12期，頁151-154；楊劍豐從民間信仰的內涵把神明的來源分為三類：（1）自然崇拜——如日月星辰、山川雷雨風火及動植物等；（2）亡靈崇拜——如人鬼或孤魂屬鬼；（3）庶物崇拜——如灶神、床母及門神等。見氏著：〈臺灣民間信仰中的環境意識〉，《應用倫理評論》第54期，頁64。蔡相煇、吳永猛：《臺灣民間信仰》（臺北市：空中大學，2001年），頁90。

（一）共同型信仰神祇統計

　　漢人移民遠渡來臺開墾，往往會豎立各族群能夠接受的信仰，以化解、替代標誌，具有和緩衝突、調和族群，至於噶瑪蘭的共同型信仰，根據林衡道分類，屬共同型信仰神祇分別為：玉皇大帝、玄天上帝、神農大帝、三官大帝、東嶽大帝、關聖帝君、文昌帝君、孚佑帝君、中壇元帥、城隍、福德正神、石頭公、觀音佛祖、孔子、天上聖母。[4]共十六種，分別如下表所示。

表6-1-8　共同型信仰神祇表

編號	廟名	堡	創建年代	主祀神祇	現今地址
1	澤蘭宮	淇武蘭堡	嘉慶六年（1801）	天上聖母	礁溪鄉吳沙村開蘭路一六一號
2	福德廟	頭圍堡	嘉慶八年（1803）	福德正神	頭城鎮武營里一四五之一號
3	協天廟	淇武蘭堡	嘉慶九年（1804）	關聖帝君	礁溪鄉中山路一段五十一號
4	昭應宮	五圍三結街	嘉慶十二年（1807）	天上聖母	宜蘭市新民里中山路三段一〇六號
5	德陽宮	淇武蘭堡	嘉慶十二年（1807）	中壇元帥	礁溪鄉中山路二段一三三號
6	文昌廟	五圍三結街	嘉慶十三年（1808）	文昌帝君／關聖帝君	宜蘭市文昌路六十六號
7	孝威五福宮	茅仔寮堡	嘉慶十六年（1811）	神農大帝	五結鄉孝威路三四一巷六號
8	五穀廟	五圍三結街	嘉慶十七年（1812）	神農大帝	宜蘭市神農路二段七十二號

4　林衡道：〈宜蘭縣寺廟祀神之分析〉，《臺灣文獻》第22卷第2期（1971年），頁13。

編號	廟名	堡	創建年代	主祀神祇	現今地址
9	進安宮	利澤簡堡	嘉慶十七年（1812）	天上聖母	蘇澳鎮南正里江夏路八十一號
10	先帝廟	利澤簡堡	嘉慶十七年（1812）	神農大帝	蘇澳鎮隆恩路十七號
11	福德廟	頂二結堡	嘉慶十七年（1812）	福德正神	五結鄉光復路十四號
12	景德宮	茅仔寮堡	嘉慶十九年（1814）	神農大帝	五結鄉五結路二段一九七號
13	大三鬮慈惠寺	員山堡	嘉慶二十年（1815）	觀音佛祖	員山鄉賢德路二段二九九號
14	奠安宮	頂二結堡	道光二年（1822）	玄天上帝	五結鄉新生路二十號
15	永安宮	利澤簡堡	道光六年（1826）	天上聖母	五結鄉利澤路二十六號
16	福德廟	利澤簡堡	道光六年（1826）	福德正神	五結鄉下福路
17	天農廟	淇武蘭堡	道光六年（1826）	神農大帝	礁溪鄉十六結路一〇〇號
18	慶元宮	頭圍堡	道光七年（1827）	天上聖母	頭城鎮城東里和平街一〇五號
19	勉民堂	羅東堡	道光七年（1827）	關聖帝君	羅東鎮中山路三段一九二號
20	慈雲寺	民壯圍堡	道光九年（1829）	觀音佛祖	宜蘭市七張路六十三號
21	順安宮	頂二結堡	道光十二年（1832）	天上聖母	五結鄉大吉五路一八一巷十二號
22	福德廟	利澤簡堡	道光十四年（1834）	福德正神	蘇澳鎮成興路五十四號

編號	廟名	堡	創建年代	主祀神祇	現今地址
23	震安宮	羅東堡	道光十七年（1837）	天上聖母	羅東鎮中正路三十三號
24	振興廟	羅東堡	道光二十二年（1842）	福德正神	冬山鄉富農路二段二九○號
25	接天宮	頭圍堡	道光二十三年（1843）	玄天上帝	頭城鎮外澳里濱海路二段一巷二十一號
26	三鬮二慈惠寺	員山堡	道光二十四年（1844）	觀音佛祖	員山鄉三鬮路三十三號
27	永和寺	羅東堡	道光二十五年（1845）	觀音佛祖	羅東鎮復興路三段三號
28	協天宮	頂二結堡	道光二十七年（1847）	關聖帝君	五結鄉大吉路二十五號
29	保安宮	利澤簡堡	道光二十九年（1849）	福德正神	五結鄉下清路十之六號
30	孝威德義宮	頂二結堡	道光三十年（1850）	關聖帝君	五結鄉中正東路四十二號
31	奠安宮	羅東堡	咸豐元年（1851）	神農大帝	羅東鎮中山路三段一九五號
32	協和廟	淇武蘭堡	咸豐二年（1852）	石頭公	礁溪鄉四結路八十一號
33	福德廟	頭圍堡	咸豐二年（1852）	福德正神	頭城鎮二城里十二鄰一七八號
34	福德廟	淇武蘭堡	咸豐三年（1853）	福德正神	礁溪鄉柴圍路十號
35	勝安宮	茅仔寮堡	同治元年（1862）	玄天上帝	五結鄉大眾路七十八號

編號	廟名	堡	創建年代	主祀神祇	現今地址
36	武營福德廟	頭圍堡	同治元年（1862）	福德正神	頭城鎮武營路十號
37	仙水寺	利澤簡堡	同治二年（1863）	觀音佛祖	五結鄉季水路七號
38	北門福德廟	頭圍堡	同治二年（1863）	福德正神	頭城鎮和平街一五四號
39	南門福德廟	頭圍堡	同治二年（1863）	福德正神	頭城鎮和平街四十四號
40	福德廟	民壯圍堡	同治三年（1864）	福德正神	壯圍鄉永鎮路七十六號
41	開成寺	頭圍堡	同治三年（1864）	觀音佛祖／城隍爺	頭城鎮吉祥路一號
42	定安宮	打那美堡	同治十一年（1872）	天上聖母	冬山鄉冬山路三〇五號
43	二城福德廟	頭圍堡	同治十一年（1872）	福德正神	頭城鎮二城里九鄰二三〇號
44	福德祠	利澤簡堡	同治十三年（1874）	福德正神	五結鄉利澤西路
45	新福宮	民壯圍堡	光緒元年（1875）	神農	宜蘭市凱旋路十四號
46	孔廟	五圍三結街	光緒二年（1876）	孔子	宜蘭市新興路一七〇號
47	挽善堂	利澤簡堡	光緒三年（1877）	關聖帝君	蘇澳鎮成興路一〇〇號
48	東嶽廟	員山堡	光緒四年（1878）	東嶽大帝	宜蘭市中山路二段二九九號
49	四結福德廟	頂二結堡	光緒八年（1882）	福德正神	五結鄉福德路六十八號

編號	廟名	堡	創建年代	主祀神祇	現今地址
50	福德廟	頭圍堡	光緒八年（1882）	福德正神	頭城鎮拔雅里一一八之一號
51	福德廟	頂二結堡	光緒十二年（1886）	福德正神	五結鄉舊街路六十八號
52	感應宮	五圍三結街	光緒十三年（1887）	孚佑帝君	宜蘭市城隍街十四號
53	覺善堂	打那美堡	光緒十三年（1887）	觀音佛祖	冬山鄉美和路二段二○五號
54	鑑民堂	員山堡	光緒十三年（1887）	關聖帝君	宜蘭市進士路四十號
55	西關廟	五圍三結街	光緒十六年（1890）	關聖帝君	宜蘭市舊城西路二十九號
56	鎮安宮	溪州堡	光緒十七年（1891）	關聖帝君	三星鄉大埔路一六一號
57	福德廟	員山堡	光緒二十年（1894）	福德正神	宜蘭市南橋路三十六號
58	境安宮	清水溝堡	光緒二十一年（1895）	玄天上帝	冬山鄉柯林路三十號
59	福德祠	頂二結堡	道光初年	福德正神	五結鄉三結東路十四號
60	福德廟	打那美堡	道光年間	福德正神	冬山鄉丸山路一○三號
61	福德廟	打那美堡	道光年間	福德正神	冬山鄉丸山路九十四號
62	三皇宮	淇武蘭堡	咸豐年間	三官大帝	礁溪鄉三皇路二號
63	慶昌廟	羅東堡	同治年間	玄天上帝	羅東鎮西寧路六十六號

資料來源：筆者整理

從表6-1-8：共同型信仰神祇，根據其地域劃分，製出表6-1-9：
各堡共同信仰神祇統計。

表6-1-9 各堡共同信仰神祇統計表

地域	堡	數量
溪北	頭圍堡	10
	淇武蘭堡	7
	五圍三結街	6
	民壯圍堡	3
	員山堡	5
	合計	**31**
溪南	羅東堡	6
	頂二結堡	5
	茅仔寮堡	3
	利澤簡堡	9
	清水溝堡	1
	打那美堡	4
	溪州堡	1
	合計	**29**
	總計	**60**

資料來源：筆者整理

（二）地緣型信仰神祇統計

噶瑪蘭的開拓是由漳、泉、粵三籍人士一同開發，陳淑均《噶瑪
蘭志略》載道：

> 吳沙係漳人，名為三籍合墾，其實漳人十居其九，泉、粵不過
> 合其一。[5]

從引文來看，號稱三籍合墾，實際上在拓墾初期，漳籍人士占絕對優勢。而這情況到了嘉慶十五年（1810）奉命辦理開蘭事宜的候補知府楊廷理以「三籍分墾」的方式，一方面引入了粵籍人士來溪南地區開墾，一方面將溪南地畫分給泉籍人士墾殖，避免漳籍勢力在噶瑪蘭地區一枝獨秀。因此，為了解當時候三籍人士的勢力範圍，從清代在噶瑪蘭出現的三十九種神祇中，通過其各籍人士信仰的神祇，可以了解漳、泉、客的勢力範圍。而三籍人士分別信仰如下：

1 漳州神祇

噶瑪蘭的開墾，以漳籍人士為主力，在噶瑪蘭出現的三十九種神祇中，屬於漳州信仰神祇，[6]分別為：開漳聖王（漳州系）、輔順將軍（漳州系）、廣惠尊王（漳浦系）、古公三王（漳浦系）、[7]。見表6-1-10：漳州神祇。

---

5 （清）柯培元：《噶瑪蘭志略》卷13〈藝文志〉，頁434。

6 蔡相煇、吳永猛：《臺灣民間信仰》（臺北市：空中大學，2001年），頁95。漳籍除閩人外，也包含屬客家群體的詔安客。因此，為求本文順暢，將漳籍詔安客與粵籍客家一併以客籍論述之。

7 李汪炳：《宜蘭縣古公三王信仰的田野調查與研究》（宜蘭縣：佛光大學歷史研究所碩士論文，2017年），頁32-39。

表6-1-10 漳州神祇表

編號	廟名	堡	創建年代	主祀神祇	現今地址
1	威惠廟	頭圍堡	嘉慶三年（1798）	開漳聖王	頭城鎮青雲路一段二五七號
2	慶和廟	五圍三結街	嘉慶二十年（1815）	輔順將軍	宜蘭市慶和街慶和巷十六號
3	善永堂	利澤簡堡	嘉慶二十四年（1819）	開漳聖王	五結鄉利澤路五十三號
4	靈惠廟	五圍三結街	道光十一年（1831）	開漳聖王	宜蘭市城隍街三十九號
5	靈惠廟	頂二結堡	道光十三年（1833）	開漳聖王	五結鄉三吉中路一七八之一號
6	永惠廟	淇武蘭堡	咸豐八年（1858）	開漳聖王	壯圍鄉古亭路二十號
7	集惠廟	頭圍堡	咸豐十一年（1861）	開漳聖王	礁溪鄉白雲一路五十一號
8	廣惠宮	利澤簡堡	同治十年（1871）	廣惠尊王	五結鄉下福東路十五號
9	福興廟	利澤簡堡	光緒六年（1880）	開漳聖王	五結鄉利澤西路三十四號
10	鎮安宮	民壯圍堡	光緒八年（1882）	開漳聖王	壯圍鄉廍後路八十四號
11	鎮安廟	頂二結堡	光緒十二年（1886）	古公三王	五結鄉舊街一路八十號
12	開漳聖王廟	員山堡	道光初年	開漳聖王	宜蘭市泰山路負郭一巷二十二號

資料來源：筆者整理

2　泉州神祇

　　在官方的主導下的「三籍分墾」，讓泉籍人士得以在噶瑪蘭地區有一片天地。在噶瑪蘭出現的三十九種神祇中，屬於泉州信仰神祇，[8]分別為：保生大帝（同安系或泉州系）、清水祖師（安溪系或永春系）、廣澤尊王（南安系或泉州系）、王爺（泉州系）、玄天上帝（泉州系）、張公聖君（泉州安溪系或南安系）。見表6-1-11泉州神祇。

表6-1-11　泉州神祇表

編號	廟名	堡	創建年代	主祀神祇	現今地址
1	三興宮	淇武蘭堡	嘉慶七年（1802）	保生大帝	礁溪鄉三興巷四弄三號
2	光明寺	五圍三結街	嘉慶二十五年（1820）	清水祖師	宜蘭市西門路九十一號
3	奠安宮	頂二結堡	道光二年（1822）	玄天上帝	五結鄉新生路二十號
4	晉安宮	利澤簡堡	道光七年（1827）	張公聖君	蘇澳鎮太平一巷十三號
5	池府王爺廟	頭圍堡	道光十二年（1832）	池府王爺	頭城鎮頂埔路一段二五○號
6	接天宮	頭圍堡	道光二十三年（1843）	玄天上帝	頭城鎮外澳里濱海路二段一巷二十一號
7	鎮安宮	清水溝堡	道光二十五年（1845）	保生大帝	三星鄉清洲路三十八之一號
8	寶山寺	利澤簡堡	同治元年（1862）	清水祖師	蘇澳鎮中原路二十五號

8　蔡相煇、吳永猛：《臺灣民間信仰》（臺北市：空中大學，2001年）。

編號	廟名	堡	創建年代	主祀神祇	現今地址
9	勝安宮	茅仔寮堡	同治元年（1862）	玄天上帝	五結鄉大眾路七十八號
10	新生帝王廟	淇武蘭堡	同治元年（1862）	保生大帝	宜蘭市北津路三十一號
11	祈安宮	利澤簡堡	同治十一年（1872）	池府王爺	五結鄉季水路五十一號
12	同興廟	民壯圍堡	光緒八年（1882）	廣澤尊王	宜蘭市中山路三段二四一號
13	境安宮	清水溝堡	光緒二十一年（1895）	玄天上帝	冬山鄉柯林路三十號
14	慶安寺	民壯圍堡	道光年間	廣澤尊王	壯圍鄉廍後路三十六號
15	保安宮	清水溝堡	道光年間	保生大帝	三星鄉尾塹路二十七號

資料來源：筆者整理

3 客家神祇

客家群體除了在官方的主導下的「三籍分墾」而來的粵籍人士之外，漳籍的詔安人士也屬於客家群體的範疇之內。在噶瑪蘭出現的三十九種神祇中，屬於客家群體的神祇分別為：[9]三山國王（嘉應州及潮州系）、三王公（汀州系）、三官大帝[10]。見表6-1-12：客家神祇。

---

9 邱榮裕：《臺灣客家民間信仰》（臺北市：翰蘆圖書公司，2014年），頁71。

10 臺灣地區三官大帝信仰廟宇的建立，往往分布於客民拓墾相關區域，且多建立於「漢番」關係較和緩的平埔族區域，論者認為此乃客家人欲豎立一位階崇高、各族群尤其是平埔族人能夠接受的信仰，以化解、替代標誌，具有和緩衝突、調和族群的功能性。參見范明煥：《新竹地區客家人媽祖信仰之研究》（桃園市：中央大學歷

表6-1-12　客家神祇表

編號	廟名	堡	創建年代	主祀神祇	現今地址
1	三皇宮	淇武蘭堡	嘉慶六年（1801）	三官大帝	礁溪鄉三皇路二號
2	蘭陽大興振安宮	打那美堡	道光元年（1821）	三山國王	冬山鄉大興路十六號
3	琍埤城保安廟	員山堡	道光十二年（1832）	三山國王	員山鄉湖東村利埤路十九號
4	慶安廟	員山堡	道光十二年（1832）	三山國王	員山鄉枕山路六十一號
5	保安宮	員山堡	道光二十二年（1842）	三山國王	員山鄉洲子路二十七號
6	茅埔城振安宮	打那美堡	道光三十年（1850）	三山國王	冬山鄉得安村得安一路一號
7	順安永安宮	打那美堡	咸豐二年（1852）	三山國王	冬山鄉義成路二段三七八巷十五號
8	新興庄三山國王廟	淇武蘭堡	咸豐二年（1852）	三山國王	礁溪鄉林尾路四十一號
9	中興廟	頭圍堡	咸豐十年（1860）	三王公	頭城鎮三和路五九八號

史研究所碩士論文，2002年），頁222-223；田金昌：《臺灣三官大帝信仰——以桃園地區為中心（1683-1945）》（桃園市：中央大學歷史研究所在職專班碩士論文，2004年），頁134-143；黃榮洛：〈臺灣客家人和三官大帝廟〉，收入尹章義：《臺灣客家史研究》（臺北市：臺北市政府客家事務委員會，2003年），頁316-317。而這樣情況同樣也可以反映出，屬於客家群體的漳籍詔安客隱身於在漳籍勢力之中。

編號	廟名	堡	創建年代	主祀神祇	現今地址
10	東城內城仔振安宮	打那美堡	咸豐十一年（1861）	三山國王	冬山鄉和睦路二十五號
11	永廣廟	員山堡	同治七年（1868）	三山國王	員山鄉永廣路二十二號
12	永興廟	淇武蘭堡	同治十一年（1872）	三山國王	礁溪鄉三皇路一一二巷十四號
13	廣安牛寮仔廣安宮	清水溝堡	同治十一年（1872）	三山國王	冬山鄉廣安村廣安路十九號
14	碧仙宮	員山堡	同治十三年（1874）	三山國王	員山鄉溫泉路六十五號
15	興安宮	清水溝堡	嘉慶中葉	三山國王	羅東鎮北成路二段三十八號
16	永福宮	打那美堡	道光初年	三山國王	冬山鄉太和路六十五號

資料來源：筆者整理

　　根據上述三籍神祇統計資料，為了進一步了解三籍神祇在各堡的數量，製出表6-1-13：各堡共同信仰神祇統計。

表6-1-13　各堡三籍神祇統計表

地域	堡	漳州神祇數量	泉州神祇數量	客家神祇數量
溪北	頭圍堡	2	2	1
	淇武蘭堡	2	2	3
	五圍三結街	2	1	0
	民壯圍堡	1	2	0

地域	堡	漳州神祇數量	泉州神祇數量	客家神祇數量
	員山堡	1	0	5
	合計	**8**	**7**	**9**
溪南	羅東堡	0	1	0
	頂二結堡	2	1	0
	茅仔寮堡	0	1	0
	利澤簡堡	0	3	0
	清水溝堡	0	3	2
	打那美堡	0	0	0
	溪州堡	0	0	5
	合計	2	9	7
總計		**12**	**16**	**16**

資料來源：筆者整理

（三）行業型信仰神祇統計

　　以往各行各業都會信奉該行業的頂尖之人或相關人物、神祇為行業主神。在歷史發展的過程中，農業始終是經濟的主要面貌，尤其清代宜蘭是屬於新闢之地，移民來到未知的地域，對於土地能否墾成與糧食是否足夠而感到惶恐，在加上當時科技落後的情況下，為祈求土地墾成與穀物豐收，便將希望寄託於農業神祇來保佑。伴隨著移墾的社會逐步穩定下來，人口跟著慢慢增加，城鎮市集陸續的出現，隨之而來的就是商業交易的頻繁，這時候，具有商業性格的神祇，便被人們所供奉。但是往往有些神具有多重的身分，諸如福德正神具有農

業、商業的性格；[11]由於本文為探討市街與寺廟關係，市街的發展，很大程度是必須依賴海上交通運輸與物品來源的穩定，因此以下就以水上交通神祇、農業神祇、商業神祇這三類神祇分別統計。

1 水上交通神祇統計

臺灣由於四面環海之故，讓海上活動相對頻繁，在眾多神祇中，能夠保佑海運及水運的平安，分別為多次在海上顯聖的天上聖母，[12]以及代表北極星辰的玄天上帝。在清代噶瑪蘭地區，以天上聖母與玄天上帝為主祀神祇見表6-1-14：海洋神祇。

表6-1-14 水上交通神祇表

編號	廟名	堡	創建年代	主祀神祇	現今地址
1	澤蘭宮	淇武蘭堡	嘉慶六年（1801）	天上聖母	礁溪鄉吳沙村開蘭路一六一號
2	昭應宮	五圍三結街	嘉慶十二年（1807）	天上聖母	宜蘭市新民里中山路三段一〇六號
3	進安宮	利澤簡堡	嘉慶十七年（1812）	天上聖母	蘇澳鎮南正里江夏路八十一號
4	永安宮	利澤簡堡	道光六年（1826）	天上聖母	五結鄉利澤路二十六號

---

11 臨時臺灣舊慣調查會編，《臺灣私法：臨時臺灣舊慣調查會第一部調查第三回報告書》第2卷上卷（臺北市：編者，明治43-44年〔1910-1911〕），頁246-250。

12 天上聖母，本為中國地區盛行於閩南地區的巫覡信仰，兩宋時期因中國航海業的發達，當時主要以閩南的泉州港為轉運站，讓泉州變成第一大港，因泉州港地位的提升與重要，當地的海商、水手將其帶上船作為航海守護神，此外，從宋代以降，朝廷的重視，將其神格逐步提升，讓天上聖母從原本地方性神祇成為全國性神祇。參見李慕如：〈媽祖信仰與海洋文化〉，《歷史博物館館刊》第9期（2005年），頁17。

編號	廟名	堡	創建年代	主祀神祇	現今地址
5	慶元宮	頭圍堡	道光七年（1827）	天上聖母	頭城鎮城東里和平街一〇五號
6	順安宮	頂二結堡	道光十二年（1832）	天上聖母	五結鄉大吉五路一八一巷十二號
7	震安宮	羅東堡	道光十七年（1837）	天上聖母	羅東鎮中正路三十三號
8	定安宮	打那美堡	同治十一年（1872）	天上聖母	冬山鄉冬山路三〇五號
9	奠安宮	頂二結堡	道光二年（1822）	玄天上帝	五結鄉新生路二十號
10	接天宮	頭圍堡	道光二十三年（1843）	玄天上帝	頭城鎮外澳里濱海路二段一巷二十一號
11	勝安宮	茅仔寮堡	同治元年（1862）	玄天上帝	五結鄉大眾路七十八號
12	境安宮	清水溝堡	光緒二十一年（1895）	玄天上帝	冬山鄉柯林路三十號
13	慶昌廟	羅東堡	同治年間	玄天上帝	羅東鎮西寧路六十六號

資料來源：筆者整理

2　農業神祇統計

在清代噶瑪蘭地區，具有明顯農業性格的主要有福德正神、神農大帝。[13]見表6-1-15：農業神祇。

---

13 臨時台湾旧慣調査会編：《台湾私法：臨時台湾旧慣調査会第一部調査第三回報告書》第2卷上卷，頁246-250。

表6-1-15　農業神祇表

編號	廟名	堡	創建年代	主祀神祇	現今地址
1	福德廟	頭圍堡	嘉慶八年（1803）	福德正神	頭城鎮武營里一四五之一號
2	孝威五福宮	茅仔寮堡	嘉慶十六年（1811）	神農大帝	五結鄉孝威路三四一巷六號
3	五穀廟	五圍三結街	嘉慶十七年（1812）	神農大帝	宜蘭市神農路二段七十二號
4	先帝廟	利澤簡堡	嘉慶十七年（1812）	神農大帝	蘇澳鎮隆恩路十七號
5	福德廟	頂二結堡	嘉慶十七年（1812）	福德正神	五結鄉光復路十四號
6	景德宮	茅仔寮堡	嘉慶十九年（1814）	神農大帝	五結鄉五結路二段一九七號
7	福德廟	利澤簡堡	道光六年（1826）	福德正神	五結鄉下福路
8	天農廟	淇武蘭堡	道光六年（1826）	神農大帝	礁溪鄉十六結路一〇〇號
9	福德廟	利澤簡堡	道光十四年（1834）	福德正神	蘇澳鎮成興路五十四號
10	振興廟	羅東堡	道光二十二年（1842）	福德正神	冬山鄉富農路二段二九〇號
11	保安宮	利澤簡堡	道光二十九年（1849）	福德正神	五結鄉下清路十之六號
12	奠安宮	羅東堡	咸豐元年（1851）	神農大帝	羅東鎮中山路三段一九五號
13	福德廟	頭圍堡	咸豐二年（1852）	福德正神	頭城鎮二城里十二鄰一七八號

編號	廟名	堡	創建年代	主祀神祇	現今地址
14	福德廟	淇武蘭堡	咸豐三年（1853）	福德正神	礁溪鄉柴圍路十號
15	武營福德廟	頭圍堡	同治元年（1862）	福德正神	頭城鎮武營路十號
16	北門福德廟	頭圍堡	同治二年（1863）	福德正神	頭城鎮和平街一五四號
17	南門福德廟	頭圍堡	同治二年（1863）	福德正神	頭城鎮和平街四十四號
18	福德廟	民壯圍堡	同治三年（1864）	福德正神	壯圍鄉永鎮路七十六號
19	二城福德廟	頭圍堡	同治十一年（1872）	福德正神	頭城鎮二城里九鄰二三〇號
20	福德祠	利澤簡堡	同治十三年（1874）	福德正神	五結鄉利澤西路
21	新福宮	民壯圍堡	光緒元年（1875）	神農	宜蘭市凱旋路十四號
22	四結福德廟	頂二結堡	光緒八年（1882）	福德正神	五結鄉福德路六十八號
23	福德廟	頭圍堡	光緒八年（1882）	福德正神	頭城鎮拔雅里一一八之一號
24	福德廟	頂二結堡	光緒十二年（1886）	福德正神	五結鄉舊街路六十八號
25	福德廟	員山堡	光緒二十年（1894）	福德正神	宜蘭市南橋路三十六號
26	福德祠	頂二結堡	道光初年	福德正神	五結鄉三結東路十四號
27	福德廟	打那美堡	道光年間	福德正神	冬山鄉丸山路一〇三號

編號	廟名	堡	創建年代	主祀神祇	現今地址
28	福德廟	打那美堡	道光年間	福德正神	冬山鄉丸山路九十四號

資料來源：筆者整理

3　商業神祇統計

　　清代噶瑪蘭地區，供奉具有商業性格的神祇分別為關聖帝君、福德正神。[14]見表6-1-16商業神祇。

表6-1-16　商業神祇表

編號	廟名	堡	創建年代	主祀神祇	現今地址
1	福德廟	頭圍堡	嘉慶八年（1803）	福德正神	頭城鎮武營里一四五之一號
2	協天廟	淇武蘭堡	嘉慶九年（1804）	關聖帝君	礁溪鄉中山路一段五十一號
3	福德廟	頂二結堡	嘉慶十七年（1812）	福德正神	五結鄉光復路十四號
4	福德廟	利澤簡堡	道光六年（1826）	福德正神	五結鄉下福路
5	勉民堂	羅東堡	道光七年（1827）	關聖帝君	羅東鎮中山路三段一九二號
6	福德廟	利澤簡堡	道光十四年（1834）	福德正神	蘇澳鎮成興路五十四號
7	振興廟	羅東堡	道光二十二年（1842）	福德正神	冬山鄉富農路二段二九〇號

---

14 臨時台湾旧慣調查会編：《臺灣私法：臨時台湾旧慣調查会第一部調查第三回報告書》第2卷上卷，頁250。

編號	廟名	堡	創建年代	主祀神祇	現今地址
8	協天宮	頂二結堡	道光二十七年（1847）	關聖帝君	五結鄉大吉路二十五號
9	保安宮	利澤簡堡	道光二十九年（1849）	福德正神	五結鄉下清路十之六號
10	孝威德義宮	頂二結堡	道光三十年（1850）	關聖帝君	五結鄉中正東路四十二號
11	福德廟	頭圍堡	咸豐二年（1852）	福德正神	頭城鎮二城里十二鄰一七八號
12	福德廟	淇武蘭堡	咸豐三年（1853）	福德正神	礁溪鄉柴圍路十號
13	武營福德廟	頭圍堡	同治元年（1862）	福德正神	頭城鎮武營路十號
14	北門福德廟	頭圍堡	同治二年（1863）	福德正神	頭城鎮和平街一五四號
15	南門福德廟	頭圍堡	同治二年（1863）	福德正神	頭城鎮和平街四十四號
16	福德廟	民壯圍堡	同治三年（1864）	福德正神	壯圍鄉永鎮路七十六號
17	二城福德廟	頭圍堡	同治十一年（1872）	福德正神	頭城鎮二城里九鄰二三〇號
18	福德祠	利澤簡堡	同治十三年（1874）	福德正神	五結鄉利澤西路
19	挽善堂	利澤簡堡	光緒三年（1877）	關聖帝君	蘇澳鎮成興路一〇〇號
20	四結福德廟	頂二結堡	光緒八年（1882）	福德正神	五結鄉福德路六十八號

編號	廟名	堡	創建年代	主祀神祇	現今地址
21	福德廟	頭圍堡	光緒八年（1882）	福德正神	頭城鎮拔雅里一一八之一號
22	福德廟	頂二結堡	光緒十二年（1886）	福德正神	五結鄉舊街路六十八號
23	鑑民堂	員山堡	光緒十三年（1887）	關聖帝君	宜蘭市進士路四十號
24	西關廟	五圍三結街	光緒十六年（1890）	關聖帝君	宜蘭市舊城西路二十九號
25	鎮安宮	溪州堡	光緒十七年（1891）	關聖帝君	三星鄉大埔路一六一號
26	福德廟	員山堡	光緒二十年（1894）	福德正神	宜蘭市南橋路三十六號
27	福德祠	頂二結堡	道光初年	福德正神	五結鄉三結東路十四號
28	福德廟	打那美堡	道光年間	福德正神	冬山鄉丸山路一〇三號
29	福德廟	打那美堡	道光年間	福德正神	冬山鄉丸山路九十四號

資料來源：筆者整理

　　根據上述各行業神祇統計資料，為了進一步了解三籍神祇在各堡的數量，製出表6-1-17：各堡行業型神祇統計。

表6-1-17　各堡行業型神祇統計表

地域	堡	水上交通神祇數量	農業神祇數量	商業神祇數量
溪北	頭圍堡	2	7	7
	淇武蘭堡	1	2	2
	五圍三結街	1	1	2

地域	堡	水上交通神祇數量	農業神祇數量	商業神祇數量
	民壯圍堡	0	2	1
	員山堡	0	1	2
	合計	**4**	**13**	**14**
溪南	羅東堡	2	2	2
	頂二結堡	2	4	6
	茅仔寮堡	1	2	0
	利澤簡堡	2	5	5
	清水溝堡	1	0	0
	打那美堡	1	2	2
	溪州堡	0	0	1
	合計	9	15	16
總計		**13**	**28**	**30**

資料來源：筆者整理

（四）官方祀典型信仰神祇統計

　　對於民間信仰，從官方的角度來看，是將其視為禮數的一種。一般官方的祀典主要分成上、中、群祀三個等級，上祀是象徵國家文化教育與武備的文、武廟，其餘則隨歷代的不同而有不一樣的祀典。在清代上祀基本上是一樣，主要祭祀對象為關聖帝君、神農大帝，中祀則是以媽祖信仰為主，群祀則是以城隍信仰為主。[15]在清代的噶瑪蘭地區，屬於官方祀典神祇如列表6-1-18。

15 蔡相煇、吳永猛：《臺灣民間信仰》（臺北市：空中大學，2001年），頁90。

表6-1-18　官方祀典神祇表

編號	廟名	堡	創建年代	主祀神祇	現今地址	備註
1	文昌廟	五圍三結街	嘉慶十三年（1808）	文昌帝君／關聖帝君	宜蘭市文昌路六十六號	嘉慶十三年，居民原祀在米市街，嘉慶二十三年，文昌廟落成，通判高大鏞移關聖帝君同廟祀奉。
2	五穀廟	五圍三結街	嘉慶十七年（1812）	神農大帝	宜蘭市神農路二段七十二號	嘉慶十七年通判翟淦奉建，道光五年陞倅呂志恆增修。同治七年，開蘭進士楊士芳，將先農社稷神祇壇，改名為五穀廟。
3	城隍廟	五圍三結街	嘉慶十八年（1813）	城隍爺	宜蘭市城隍街十二號	官民合建。
4	孔廟	五圍三結街	光緒二年（1876）	孔子	宜蘭市新興路一七〇號	光緒元年，噶瑪蘭廳改制為宜蘭縣，在孔子廟興設儒學。

資料來源：筆者整理

第二節　地域分布樣貌

　　在臺灣的拓墾史中，會隨著時間的變動、移民的進入與拓墾的程度，來呈現動態的變化。從清代噶瑪蘭地區寺廟共出現一百二十四座寺廟，將其界定為漢人拓墾成功的具體象徵據點，通過寺廟的建置與分布，才能確認漢人拓墾與開發的範圍，經由這些據點的分布與擴張，可以了解漢人的拓墾與發展的具體範圍。因此，將清代噶瑪蘭地區寺廟共出現一二四座寺廟，根據附表二數據，將其地理位置繪製出來，如圖6-2-1。

圖6-2-1　清代宜蘭寺廟分布示意圖

資料來源：中央研究院臺灣百年歷史地圖底圖，筆者繪製。

寺廟的建置與分布和漢人的拓墾與發展是一體的，對於漢人的拓墾與發展，不能忽略寺廟的建置與分布。因此，接下來的論述，將從漢人對蘭地拓墾開始談起，接著從寺廟分布來看待漢人發展情況。分別就寺廟出現的五個時期依序論述之。

一 第一時期：一七九六年至一八〇四年（嘉慶元年至嘉慶九年）

嘉慶元年（1796）是目前認為漢人進入噶瑪蘭地區開墾的起始時間。即使早在康熙年間必有漢人與噶瑪蘭地互相接觸與交流，如康熙五十六年（1717），陳夢林《諸羅縣志》載道：

> 蛤仔難、哆囉滿等社，遠在山後。崇爻社餉附阿里山，然地最遠。越蛤仔難以南，有猴猴社；云一、二日便至其地，多生番，漢人不敢入。各社於夏、秋時，划蟒甲，載土產，順流出近社之旁，與漢人互市。漢人亦用蟒甲載貨以入，灘流迅急，蟒甲多覆溺破碎；雖利可倍蓰，必通事熟於地理、稍通其語者，乃敢孤注一擲。[16]

康熙六十年（1721），藍廷珍《東征集》載道：

> 查大雞籠社夥長許略，干豆門媽祖宮廟祝林助、山後頭家劉裕、蛤仔難夥長許拔，四人皆能通番語，皆嘗躬親跋涉其地瞵

---

16 （清）陳夢林，《諸羅縣志》卷8〈風俗志・番俗〉（南投縣：臺灣省文獻委員會，1984年），頁172-173。

社和番，熟悉山後路徑情形。[17]

康熙六十一年（1722），黃叔璥《臺海使槎錄》載道：

> 康熙壬寅，五月十六至十八三日大風，漳州把總朱文炳帶卒更
> 戍船，在鹿耳門外為風飄至南路山後；歷三晝夜至蛤仔難，船
> 破登岸。番疑為寇，將殺之；社有何姓者，素與番交易，力為
> 諭止。[18]

除了上述的相互交流的記錄之外，漢人拓墾開始，必須等到乾隆
中葉以後才正式展開。

乾隆三十三年（1768）有林漢生，乾隆末年有淡水人柯有成、何
繪、趙隆盛、賴柯登等人前來開墾，但最後都以失敗告終。[19]直到嘉
慶元年（1796）吳沙率眾入墾，開啟噶瑪蘭拓墾的濫觴，至於當時的
開墾情況，姚瑩《東槎紀略》載道：

> 吳沙者，漳浦人……率鄉勇二百餘人、善番語者二十三人，嘉
> 慶元年九月十六日進至烏石港南，築土圍墾之，即頭圍
> 也。……二年，……漸開地至二圍、湯圍。……。四年…益進
> 墾至四圍。……。七年，三籍人至益眾。漳人吳表、楊牛、林
> 驛、簡東來、林瞻、陳一理、陳孟蘭，泉人劉鐘，粵人李

---

17 （清）藍鼎元：《東征集》卷2〈檄淡水謝守戎〉（臺北市：臺灣銀行經濟研究室，
　　1958年），頁25。

18 （清）黃叔璥：《臺海使槎錄》卷6〈番俗六考・北路諸羅番十〉（南投縣：臺灣省
　　文獻委員會，1996年），頁140。

19 （清）姚瑩：《東槎紀略》卷3〈噶瑪蘭原始〉（南投縣：臺灣省文獻委員會，1996
　　年），頁70。

先，乃率眾一千八百十六人進攻，得五圍地，謂之九旗
首，……。九年，有彰化社番首潘賢文、大乳汗毛格犯法，懼
捕，合岸裏、阿里史、阿束、東螺、北投、大甲、吞霄、馬賽
諸社番千餘人，越內山逃至五圍，欲爭地。[20]

從引文來看，嘉慶元年（1796）到嘉慶九年（1804）不到十年的時
間，漢人的墾殖範圍已經從頭圍（今頭城鎮）到達到五圍（今宜蘭
市）地區。從歷史的時間軸來看，這段時期剛好以吳沙為主的墾殖集
團，進入噶瑪蘭來進行拓墾。依據表6-1-1的寺廟出現時間來繪製出
如圖6-2-2。

---

20 （清）姚瑩：《東槎紀略》卷3〈噶瑪蘭原始〉，頁70-71。

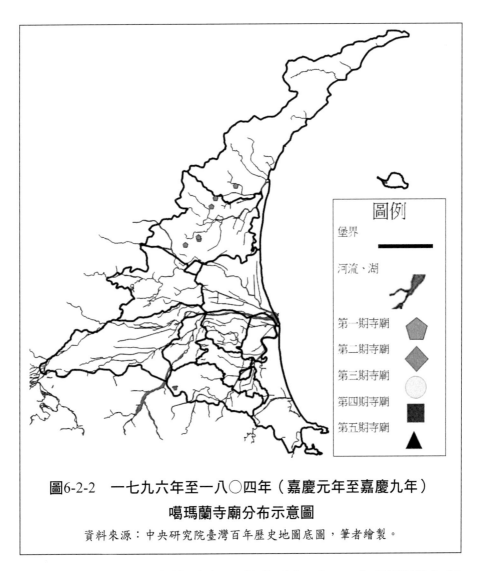

圖6-2-2　一七九六年至一八〇四年（嘉慶元年至嘉慶九年）
噶瑪蘭寺廟分布示意圖

資料來源：中央研究院臺灣百年歷史地圖底圖，筆者繪製。

　　從圖6-2-2可以清楚看出，嘉慶元年（1796）到嘉慶九年
（1801）這段時間中，當時的寺廟主要分布於頭圍堡與淇武蘭。顯見
寺廟的興建，與當時拓墾的進度大抵上相去不遠，從中也可證實隨著
聚落的成形，連帶寺廟也會慢慢出現。

二 第二時期：一八○五年至一八一六年（嘉慶十年至嘉慶二十一年）

自嘉慶七年（1802）開始，漢移民已經開始往南拓墾至五圍地區（今宜蘭市）。根據嘉慶十三年（1808）楊廷理的調查，當時的溪北，漢人已聚居形成五所土圍、二十三處民莊，男女丁口約二萬餘人，墾成田畝達八百餘甲。[21]

但就在移民對土地的強烈需求下，人群中的因不同祖籍、行業、水利組織等團體，一旦牽扯到利益問題，便很快就出現械鬥。[22]先是泉、粵兩股勢力已經在噶瑪蘭領有一席之地：

> 七年（1802），……。三籍人至益眾。……。進攻得五圍地。……。泉得四鬮一、四鬮二、四鬮三、渡船頭地，又自開溪洲一帶。粵得一結至七結地。[23]

嘉慶九年（1804），阿里史社土目潘賢文帶領彰化社番的遷徙來到了「蛤仔難」，姚瑩《東槎紀略》載道：

> 九年（1804），有彰化社番首潘賢文、大乳汗毛格犯法，懼捕，合岸裏、阿里史、阿束、東螺、北投、大甲、吞霄、馬賽

---

21 中央研究院歷史語言研究所（編），《明清史料戊編（第六本）》（臺北市：史語所員工福利委員會，1972年），頁548。

22 尹章義：〈閩粵移民的協和與對立——以客屬潮州人開發臺北以及新莊三山國王廟的興衰史〉，收錄於氏著：《臺灣開發史研究》（臺北市：聯經出版事業公司，1989年），頁361-362。

23 （清）姚瑩：《東槎紀略》卷3〈噶瑪蘭原始〉，頁71。

諸社番千餘人，越內山逃至五圍，欲爭地。……。[24]

從上述引文來看，嘉慶十年（1805）以前，噶瑪蘭地區出現了四股勢力，也讓此時噶瑪蘭地區群族關係造成新的衝擊，以往漳籍勢力在噶瑪蘭獨大的局面，便受到了威脅。因臺灣西部漳泉械鬥避走而來噶瑪蘭的泉籍民人，壯大了噶瑪蘭當地泉籍民人的聲勢，自此，噶瑪蘭地區形成以泉籍為首泉、粵、阿里史番、本地土番的聯盟勢力，以及原有的漳籍勢力。雙方紛爭一觸即發，在嘉慶十一年（1806）、嘉慶十四年（1809）便爆發了大規模的械鬥。姚瑩《東槎紀略》載道：

> 十一年（1806），山前漳、泉械鬥。有泉人走入蛤仔難者，泉人納之，亦與漳人鬥。阿里史諸番及粵人本地土番皆附之，合攻漳人不勝。泉所分地，盡為漳有，僅存溪洲。鬥幾一年始息。阿里史諸社乃自開羅東居之，潘賢文為之長。[25]
> 十四年（1809），漳、泉又鬥，漳人林標、黃添、李觀興各領壯丁百人，吳全、李佑前導之，夜由叭哩沙喃潛出羅東後逕攻之，阿里史眾驚潰，走入土番社內，漳人遂有羅東；已復和泉人，乃自溪洲沿海開地至大湖。粵人乃至東勢開冬瓜山一帶。[26]

上述兩次械鬥，漳人成為最大的贏家，除了占有羅東，泉人也成為漳人的附庸，粵人也因這場戰事避走冬瓜山（今冬山鄉）一帶來開墾，阿里史番更潰走躲入噶瑪蘭人勢力範圍去，漳人遂成為噶瑪蘭地區最大的勢力。

---

24 （清）姚瑩：《東槎紀略》卷3〈噶瑪蘭原始〉，頁71。
25 （清）姚瑩：《東槎紀略》卷3〈噶瑪蘭原始〉，頁71。
26 （清）姚瑩：《東槎紀略》卷3〈噶瑪蘭原始〉，頁71。

　　嘉慶十年（1805）到嘉慶十四年（1809）短短不到五年的時間，噶瑪蘭爆發兩起大規模的械鬥。這兩次械鬥，除了奠定漳籍勢力在噶瑪蘭一枝獨秀的局面，也因械鬥的關係，漢移民的墾殖範圍擴展到近山大湖（今三星鄉拱照村）、溪南羅東（今羅東鎮）、冬瓜山（今冬山鄉）等地區。在這段時間，海盜蔡牽、朱濆等人欲以漳籍身分結交蘭地漳民勢力，試圖在蘭地建立溪南地區建立據點。姚瑩《東槎紀略》載道：

> 十二年七月，海賊朱濆大載農具泊蘇澳，謀奪溪南地為賊巢。……。自羅東以南，至蘇澳數十里，朱濆謀奪之，以嗶嘰、紅布散給東、西勢各社番。有漳人李祐陰結黨與通。[27]

因為海盜朱濆謀有蘇澳的事件，才讓清廷逐漸正視將「蛤仔難」收入版圖的建議。加上自乾隆末年林爽文事件以來，各地官員均上書要求清廷應該將「蛤仔難」納入版圖中（見表6-2-1）。同時，也在民變、賊寇等不穩定因素下，基於治安的考量，清廷最終決定將「蛤仔難」納入版圖中。[28]嘉慶十五年（1810）四月，清廷將蘭地納入版圖之中，嘉慶十七年（1812）八月，譯「蛤仔難」為「噶瑪蘭」，並將淡水廳三貂角溪南之地，新設噶瑪蘭廳，設廳治於五圍三結街（今宜蘭市）。[29]

27　（清）姚瑩：《東槎紀略》卷3〈噶瑪蘭原始〉，頁71。
28　（清）柯培元：《噶瑪蘭志略》卷1〈建置志〉，頁245。
29　（清）柯培元：《噶瑪蘭志略》卷1〈建置志〉，頁245。

表6-2-1 噶瑪蘭設置相關議論表

姓名	身分	時間	提案背景	理由
古吉龍	廣東義民監生	乾隆五十三年（1788）	林爽文事件	足衣食、禦盜匪。
徐夢麟	淡防同知	乾隆五十四年（1789）	林爽文事件	地方廣袤，土地膏腴。
楊廷理	臺灣理蕃同知噶瑪蘭廳通判	乾隆五十四年（1789）嘉慶十一年（1806）嘉慶十二年（1807）嘉慶十三年（1808）	林爽文事件與盜逆入侵	若再不及時收入版圖，設官制理，萬一水陸奸宄，互相勾結，負嵎拒險，勢必全臺驚擾。
謝金鑾	嘉義縣教諭	嘉慶九年（1804）	盜逆入侵	治安、租稅、人道。
鄭兼才	臺灣縣教諭	嘉慶九年（1804）	盜逆入侵	惟上流噶瑪蘭，官所不轄、賊所必爭，萬一民番失守，棄以與賊，臺灣之患，由是方滋。
梁上國	少詹事	嘉慶十二年（1807）	盜逆入侵	蛤仔難地方，田土平曠豐饒，每為盜所覬覦，……，若收入版圖，不特絕洋盜窺伺之端，且可獲海疆之利。
賽沖阿	福州將軍	嘉慶十三年（1808）	盜逆入侵	因思該處（噶瑪蘭）民番久已相安，且經為官出力，自應歸入版圖，以廣聲教。

姓名	身分	時間	提案背景	理由
阿林保	閩浙總督	嘉慶十四年（1809）	盜逆入侵	蛤仔欄北境居民見已聚至六萬餘人，……，自應收入版圖，豈可置之化外？其地膏腴，素為賊匪覬覦。
方維甸	閩浙總督	嘉慶十五年（1810）	漳泉械鬥	若竟置之（噶瑪蘭）化外，恐臺灣日後或添肘腋之患。

資料來源：（清）姚瑩：《東槎紀略》，南投縣：臺灣省文獻會，1996年；（清）柯培元，《噶瑪蘭志略》，臺北市：「行政院文建會委員會」，2006年；（清）陳淑均：《噶瑪蘭廳志》，臺北市：「行政院文建會委員會」，2006年；不著撰人：《臺案彙錄辛集》臺灣銀行叢刊第205種，臺北市：臺灣銀行經濟研究室，1964年；（清）陳壽祺：《福建通志臺灣府》，臺灣銀行叢刊第84種，臺北市：臺灣銀行經濟研究室，1960年。

　　自嘉慶十五年（1810）清廷將噶瑪蘭納入版圖，官方便積極的介入溪南地區的開發。官方一方面派員調查噶瑪蘭以開墾之土地，經由三籍分墾的方式，來緩解以往三籍爭地的情形。[30]並在尚未開墾的土地採取三年為限的「限期墾透」方式來招募墾民入墾。[31]另一方面，為了預防漢人欺負原住民的情況發生，對於噶瑪蘭人的土地，以「加留餘埔」方式來保障噶瑪蘭人的土地。[32]就在官方的介入下，不但緩

---

30 （清）姚瑩：《東槎紀略》卷3〈東勢番社〉載道：「嘉慶十五年（1810），噶瑪蘭既入版圖，西勢民墾已定，楊廷理乃遺三籍頭人，往丈濁水溪南十六社荒埔，分授漳、泉、粵民人開墾」，頁80。

31 張師誠：〈雙銜會奏〉，收錄於柯培元：《噶瑪蘭志略》卷13〈藝文志〉，頁390。

32 清代之前噶瑪蘭人的生計自給自足，以農作為主漁獵為輔。漢人入墾後，噶瑪蘭人原有的土地逐漸流失，為保障噶瑪蘭人的土地權益、穩定其維生能力，並控制管理

和族群間的矛盾，也加速了溪南地區的拓墾。

　　從歷史的時間軸來看，一八〇五年至一八一六年（嘉慶十年至嘉慶二十一年）這段時期，正好是漢人墾殖集團開始將勢力進入溪南地區開拓，溪北地區也逐漸成為穩定的發展聚落。依據表6-1-2的寺廟出現時間來繪製出如圖6-2-3。

　　從圖6-2-3看出這時期的寺廟建置，座落於員山堡（今員山鄉）、五圍三結街（今宜蘭市）、茅仔寮堡（今五結鄉北部）、羅東堡（今羅東鎮）、利澤簡堡（今五結鄉南部、蘇澳鎮）等地。基本上嘉慶十年（1805）以降，無論是民人私墾的溪州大湖、羅東地，或是在官方介入下的三籍分墾掃笏、溪洲、葫蘆堵、掃笏尾大港、鹿埔等地，從中可以看出，大抵上隨著漢人拓墾腳步到哪，寺廟就出現在哪裡的情況。另外，在這時期寺廟多集中五圍三結街（今宜蘭市）之地，顯見作為政治中心的五圍三結街的寺廟與當時是廳治治所的關係是密不可分。

漢人的拓墾進度，首任通判楊廷理在溪南行「加留餘埔制」及於溪北行「加留沙埔制」。前者是將村社土地劃分為界內自耕地與餘埔之地，由政府命令漳泉粵三籍頭人當佃首，替不擅處理招佃事務的噶瑪蘭人招募漢佃耕作餘埔土地；後者因漢人墾勢大致已定，故僅畫出保留給噶瑪蘭人的沙埔地，土地為族人所有，但可依照「加留餘埔制」的方式來招佃。參見詹素娟，〈有加有留（ū ke ū lâu）──清代噶瑪蘭的族群土地政策〉，收入於詹素娟、潘英海主編《平補族群與臺灣歷史文化論文集》（臺北市：中央研究院臺灣史研究所，2001年），頁125。

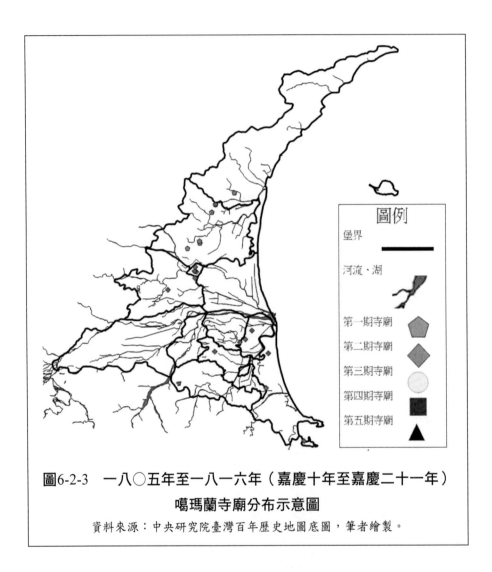

圖6-2-3　一八〇五年至一八一六年（嘉慶十年至嘉慶二十一年）
噶瑪蘭寺廟分布示意圖

資料來源：中央研究院臺灣百年歷史地圖底圖，筆者繪製。

三　第三時期：一八一七年至一八三七年（嘉慶二十二年至道光十七年）

　　嘉慶二十二年（1817）以前，漢人的拓墾範圍已經從溪北擴展至

溪南地區。由於漢人的墾殖範圍擴大，勢必引起原住民的反撲，特別是當時在近山地區便飽受番害的影響。柯培元《噶瑪蘭志略》載道：

> 蘭屬沿山隘口，原設隘寮十有一處，募丁一、二十名至五、六十名不等。……。未設官以前，民人自設有牡丹坑、遠望坑、三貂社、大里簡、頭圍共五處隘丁，護送出入行人，每名送隘丁辛勞錢四十文。緣當時硬枋、烏石港口時有生番出沒，不得不多為防備。[33]

到了道光三年（1823），隨著移民的增加，隘寮也從十二隘增至到二十隘。[34]經由這些隘寮所構成的防衛線，讓漢移民免受於生番的騷擾得以加速的開發。

　　另一方面，隨著開拓到一個段落，移民逐漸在當地發展起來。特別是將稻米當成主要產業的漢人而言，土地的水田化，是必要的措施。因此，水利建設的開發讓漢人的田業免於受到「水沖沙壓」的影響，並提供區內農田穩定的水源。[35]這段時間，先後興建共有三十條圳道。[36]水利建設的開發使得土地的集約程度升高，農作物的產量也就相對的提高，水稻的產量提高後，除了可以養活住民外，剩餘的水稻更成為了商品外銷到各地。加上這時期，安定的社會，也讓日常生活必需品的需求逐漸大增。為了獲得這些物資，最直接的方法就是與大陸進行貿易。[37]因此，柯培元《噶瑪蘭志略》載道：

---

33 （清）柯培元：《噶瑪蘭志略》卷12〈番市志〉，頁379-380。

34 （清）柯培元：《噶瑪蘭志略》卷3〈關隘志〉，頁260-262。

35 參閱施添福：《蘭陽平原的傳統聚落——理論架構與基本資料》，頁46-47。

36 黃雯娟：《宜蘭縣水利發展史》（宜蘭縣：宜蘭縣政府，1997年），頁46-69。

37 林玉茹：〈由私口到小口：晚清臺灣地域性港口對外貿易的開放〉，收入林玉茹主編：《比較視野下的臺灣商業傳統》（臺北市：中央研究臺灣史研究所，2012年），頁19。

蘭中惟出稻穀，次則白苧，其餘食貨百物，多取於漳、泉。絲
羅綾緞則取資於江浙。每春夏間南風盛發，兩畫夜舟可抵四明、
鎮海、乍浦、松江，惟售番鹻，不裝回貨。至末幫近冬，北風
將起，始到蘇州裝載綱疋、羊皮諸貨，率以為常。一年只一、
二次到漳、泉，亦必先探望價值，兼運白苧，方肯西渡。其漳、
泉來貨，飲食則乾果、麥、豆，雜具則磁器、金楮，名「輕船
貨」。有洋銀來赴糶者，名「現封」，蓋內地小漁船南風不可以
打網，雖載價無多，亦樂赴蘭以圖北上耳。其南洋，惟冬天至
廣東澳門，則裝運樟腦，販歸雜色，一年亦只一度也。[38]

顯見當時噶瑪蘭地區利用當地的農產品來與大陸進行商業貿易。到了
道光三年（1823），呂志恆出任噶瑪蘭廳通判時，更觀察到廳內有烏石
港（今頭城鎮）和加禮遠兩個港口，常有大陸漁船來此貿易的情況：

噶瑪蘭西勢烏石港、東勢加禮遠港，二處小口，向於春末夏初
南風當令之時，有臺屬之鹿港、大按、八里岔、雞籠等處小
船，載民間日用貨物，進港貿易，併有內地之祥芝、獺窟、永
寧、深滬等澳採捕漁舟入口，售賣鹽魚、魚脯，換載食米回
內。……稽自蘭疆收入版圖十餘年，未有堪以配載官穀之船入
港者。蘭地僻處全臺山後，生齒日繁，人烟輻湊，一切日用所
需，全賴各處小船，於春夏之間，入口貿易，倘累以官差，或
小加裁禁，舟商一經裹足，地方立見衰頹。惟是每年進口商漁
船隻，或一百餘號至二百餘號不等，若不官為稽察掛驗，難保
無夾帶違禁貨物，甚或附搭匪人偷渡，實不可不防其漸。[39]

---

38 （清）柯培元：《噶瑪蘭志略》卷11〈風俗志〉，頁375。
39 （清）姚瑩：《東槎紀略》卷2〈籌議噶瑪蘭定制〉，頁60。

除了呂志恆的發現外，道光四年（1824），閩浙總督孫爾準在其奏則中也提及此一情況：

> 又查噶瑪蘭處全臺之背，但產米穀，一切器用皆取資於外販。其地有三貂、鯊壟二嶺，山逕險峻，陸路貨物不能疏通，惟西勢之烏石港、東勢之加禮遠港，每於春末夏初南風司令之時，可通四、五百石小船。內地福州、泉州等處商民，裝載日用貨物，前往易米而歸。福、泉民食，藉資接濟，兩有裨益。若加裁禁，則商販不通，於民間殊多未便。亦應如其所請，開設正口，以利民生。……其餘各小口仍嚴行封禁，如有商船私越偷渡，照例究辦。[40]

無論呂志恆與孫爾準都發現，當時的噶瑪蘭地區已經發展到「人烟輻湊」的地步，對於日用貨品需求大增，不難想像當時偷渡貿易之興盛，連帶當時鄰近的頭圍街，[41]都成為了蘭地的商業重心。[42]因此，道光六年（1826），清廷正式將烏石港設為「正口」。[43]

除了烏石港外，位於溪南地區的加禮遠港也逐漸受到重視。柯培元《噶瑪蘭志略》載道：

---

40 〈戶部為內閣抄出閩浙總督孫爾準奏移會〉，收於臺灣銀行經濟研究室編：《臺案彙錄丙集》（臺北市：臺灣銀行經濟研究室，1963年），頁286。

41 卓克華：〈頭城陳家新長興店鋪的歷史研究——兼及和平老街的發展〉，收入氏著：《宜蘭古蹟揭密——古道、寺廟與宜蘭人》（臺北市：蘭臺出版社，2016年），頁151-172。

42 林正芳：《續修頭城鎮誌》（宜蘭縣：頭城鎮公所，2003年），頁376-381。

43 林玉茹認為「正口」是清廷鑒於日益繁盛的兩岸貿易所開放的一些與大陸直接往來的港口，在此設立文武職官負責稽查出入船隻。參見氏著：《清代臺灣港口的空間結構》（臺北市：知書房，1996年），頁64-66。

加禮遠港，離城東二十八里。其水從虎頭山發源。六里，由紹
興莊、八寶、十三份、太和莊過冬山。五里，轉珍珠美簡、奇
武荖。八里，出奇澤簡、婆羅、辛仔宛，至港入海。港口左右
即係大洋。港口之水較烏石港口計深三尺，並無暗礁，三、四
百石之貨船可直收入沙岸，土人謂之東港。以販粟從東南流而
出者，皆聚於此，其由西北流而出者，則囤寄於頭圍，因以烏
石港為西港。其實加禮口右則內通於蘇澳，左則外達於頭圍，
最為蘭中扼要門戶，不獨羅東一小聚落之咽喉也。[44]

加禮遠港位於蘭陽溪的盡頭，其地理位置位於蘇澳、頭圍兩地的之
間，以其所涵蓋的腹地為溪南地區的大部，讓其港口地位也隨著溪南
地區開發，變得逐漸重要。因市場、位置以及人口條件興起的加禮遠
港，於道光三年（1823），清廷將位於溪北地區的烏石港設為「正
口」，溪南地區的加禮遠港被設為烏石港的「附口」，往來噶瑪蘭貿易
的船隻被要求在此掛驗入港，成為當時官方認可的主要出入港口。商
業活動的熱絡，也加速鄰近城市的發展，特別是靠近加禮遠港的羅東
在這時期已經漸漸成為商業中心，稱之為「羅東街」。

　　此外，位於利澤簡堡南端的蘇澳也有與大陸進行貿易往來，柯培
元《噶瑪蘭志略》載道：

船載之利，春夏宜於烏石港、蘇澳，秋風八、九月，則皆西渡
矣，……，近港舟人以販載來往為作活，春夏由北門外載出烏
石港，或由港載入蘇澳，工價尚廉，至冬月，更由港而載出雞
籠，則非鞍邊船不濟，即春夏駁入蘇澳，亦非北門外小艇所能

44　（清）柯培元：《噶瑪蘭志略》卷4〈海防志‧港〉，頁271-272。

勝，故鞍邊船之入水較深，獲利亦自不淺。[45]

陳淑均《噶瑪蘭廳志》亦載道：

> 蘭地郊商船戶，年遇五、六月南風盛發之時，欲往江、浙販賣
> 米石，名曰上北，其船來自內地，由烏石港、蘇澳或雞籠頭，
> 搬運聚載，必仍回內地各澳。[46]

由此上述史料可知，在道光中葉以後，蘇澳已經有來自大陸沿海的船
隻往來從事米糧貿易，而這各類的貿易活動帶動了港區周圍的商業逐
漸興起。陳淑均《噶瑪蘭廳志》中已有「蘇澳街」形成於利澤簡堡的
記載。[47]從道光年間柯培元的一首〈蘇澳連舶〉曾描寫出蘇澳港區港
熱鬧的景象：

> 爛賤魚蝦市，喧闐估客船，晴明占海熟，豐稔看檣連，帆影驚
> 濤外，潮聲落照邊，黃昏燈火盛，水面聚人煙。[48]

從歷史的時間軸來看，從嘉慶二十二年（1817）到道光十七年（1837）
這段時間，正好為溪北、溪南的土地拓墾告一段落，也標示噶瑪蘭地
區從已農業為主的活動轉變成商業貿易發展的情況。至於這時期的寺
廟分布，依據表6-1-3的寺廟出現時間來繪製出如圖6-2-4。

---

45 （清）柯培元：《噶瑪蘭志略》卷11〈風俗志・工役〉，頁374。
46 （清）陳淑均：《噶瑪蘭廳志》卷5上〈風俗上・海船〉，頁297。
47 （清）陳淑均：《噶瑪蘭廳志》卷2上〈規制・海防〉，頁121-122。
48 （清）柯培元：《噶瑪蘭志略》卷13〈藝文志〉，頁455。

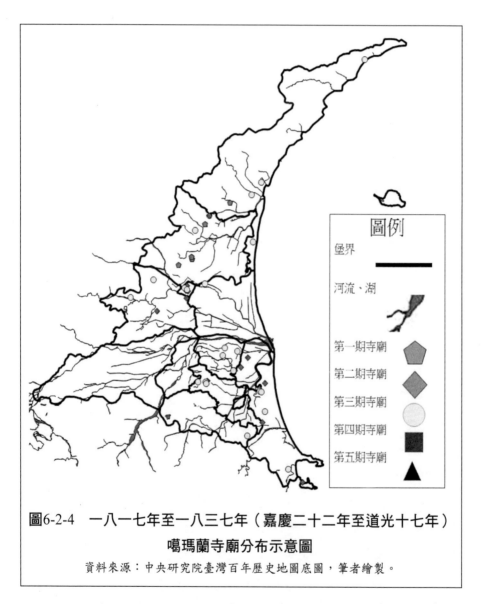

圖6-2-4　一八一七年至一八三七年（嘉慶二十二年至道光十七年）噶瑪蘭寺廟分布示意圖

資料來源：中央研究院臺灣百年歷史地圖底圖，筆者繪製。

　　圖6-2-4的寺廟建置，第三時期的寺廟分布，呈現出當時頭圍街、五圍三結街、羅東街為寺廟的建造中心，反映出在這個時期，噶瑪蘭商業貿易之興盛以及聚落的發展已達到穩定的狀態。

四 第四時期：一八三八年至一八六四年（道光十八年至同治三年）

　　隨著漢人移墾的腳步，噶瑪蘭地區的精華地帶逐漸被開墾完成。到了道光朝以後，漢人的墾拓工作逐漸轉向不適合水稻耕作的土地進行開墾，特別是蘭陽平原扇頂部分的叭哩沙地區。當中，最著名的屬於陳輝煌的開墾。

　　清代叭哩沙地區屬於溪州堡所管轄的地區，這個地區在陳輝煌率領下的墾殖集團到來前，目前所知最早開墾為阿里史流番和泉籍移民，陳淑均《噶瑪蘭廳志》載道：

> （嘉慶）七年（1802），三籍人至益眾。……。泉得四鬮、一四鬮、二四鬮、三渡船頭地，又自開溪洲一帶。……十一年（1806），山前漳、泉械鬥，有泉人走入蛤仔難者，泉人納之，亦與漳人鬥，阿里史諸番及粵人本地土番皆附之，合攻漳人，不勝，泉所分地盡為漳有，僅存溪洲。……。十四年（1809），漳、泉又鬥，漳人林標、黃添、李觀興各領壯丁百人，吳全、李佑前導之，夜由叭哩沙喃潛出羅東後逕攻之，阿里史眾驚潰，走入土番社內，漳人遂有羅東；已復和泉人，乃自溪洲沿海開地至大湖。[49]

引文中所載嘉慶七年（1802）泉人所開的溪洲之地，即位於叭哩沙的東側地區，嘉慶十四年（1809）更開墾至大湖一帶（今阿里史大湖），隨著開發的成功，連帶水圳的興修也逐步進行，根據當時開圳合約顯示，嘉慶十二年（1807）就有開圳的記錄：

---

49 （清）姚瑩：《東槎紀略》卷3〈噶瑪蘭原始〉，頁71。

> 緣嘉慶十二年冬（1807）有噶瑪蘭溪洲庄義首高培助、林永福
> 暨眾結首等公立約請仁等（許守仁）為水圳主，還同鄭聰選、
> 高鍾祖、張閣觀等，合夥長短，各出工本，就叭哩沙喃溪頭開
> 築埤頭、圳路引水灌溉葫蘆堵暨上下溪洲等處田畝。[50]

隨著水圳的興修，顯見當時溪洲地區的墾殖已告一段落。到了嘉慶十
六年（1811）噶瑪蘭設廳後，官方致力於溪南開墾，除了劃定加留餘
埔外，將剩餘埔地二千五百三十八甲地，分給三籍限三年墾畢。[51]當
中，溪洲三百零六甲、葫蘆堵地一百三十六甲、掃笏尾大港地一百甲
由泉籍民人所負責。

　　根據道光六年（1826）當時泉籍移民於溪州堡大湖庄（後來的阿
里史庄）的開圳合約載道：

> 大湖等庄佃人葉果然、魏寅、黃友全……等，因前年我大湖等
> 庄眾佃人明給過荒埔草地開鑿，今當眾等要開築成田，缺源灌
> 溉，眾佃人公議鳩集眾，築開圳道，淡水遙遠屢次兇蕃出沒、
> 歷年以來圳頭被洪水橫流，坡岸沖崩數處，眾佃人到處填作水
> 源，被兇蕃斃命，以此水源不足，通流灌溉甚亦艱難，今當眾
> 佃戶相議欲要開鑿就近新圳，佃人缺欠工本，乏力不能創置，
> 眾等相議托中引招出張閣觀出首自備工本，前來開築圳道，水
> 源通流灌溉付足其開圳費用之本。[52]

---

50 臨時臺灣土地調查局：《宜蘭廳管內埤圳調查書》（上）影印本，現存宜蘭縣史館，
　　頁89。
51 （清）陳淑均：《噶瑪蘭廳志》卷2中〈職官・政績〉，頁142。
52 臨時臺灣土地調查局：《宜蘭廳管內埤圳調查書》上，頁72-74。

從當時合約書來看，此一地區的自然環境、族群關係，對開墾事務而言，是一大難題。儘管地勢險惡開墾困難，讓當時的開墾範圍止於葫蘆堵（今三星鄉尚武村）、大洲（今三星鄉大義、大洲兩村）、尾塹（今三星鄉尾塹村）、柯仔林（今冬山鄉柯林村）以東的區域。[53]

　　從上述可以得知，道光年間叭哩沙地區的拓墾，主要仍侷限於泉大湖溪東側一帶。以西之地則是缺乏文獻資料，加上當時生番時常在該山腳出草或沿溪在平原一帶出沒，所以合理推斷漢人還沒有開墾該地。而該地的開墾，則必須等到同治年間陳輝煌的入墾，才有較大規模的開墾。

　　陳輝煌，原名陳輝，字耀廷，號東興。祖籍福建漳州府漳浦縣赤湖社人，生於清道光十八年（1838）。咸豐十一年（1861），因通緝在案，渡海逃至噶瑪蘭投靠親友，但因有案在身，族人便鼓勵其到溪洲泉大湖當隘丁，[54]開啟陳輝煌崛起的先聲。另一方面，受到嘉慶十四年（1809）漳泉械鬥影響的阿里史流番，輾轉流離於西南沿山一帶開墾。[55]由於阿里史流番有著屯務的經歷，加上對於防禦生蕃之事頗為熟悉，陳輝乃與其結合，形成一隻有組織的武裝拓墾部隊，同治初年，陳輝煌募集各社熟番和阿束、東螺、北投、淡水、大甲、吞霄流番，以及彰化來歸者，共二百多戶，編成十九個結，選舉十九結首，率眾往近山叭哩沙地區（今三星鄉）開墾。[56]至於道光十八年（1838）到同治三年（1864），這段時間的寺廟分布，根據表表6-1-4繪製出圖6-2-5。

53　根岸勉治：〈噶瑪蘭熟番移動與漢族之殖民〉，《臺灣風物》第14卷第4期（1962年），頁10。

54　陳進傳：〈為什麼要研究陳輝煌〉，頁5；轉引自白長川：〈宜蘭先賢陳輝煌協臺評傳〉，《臺灣文獻》第42卷第3-4期（1991年），頁216。

55　（清）姚瑩：《東槎紀略》卷3〈噶瑪蘭原始〉，頁71-72。

56　白長川：〈宜蘭先賢陳輝煌協臺評傳〉，《臺灣文獻》第42卷第3-4期（1991年），頁217。

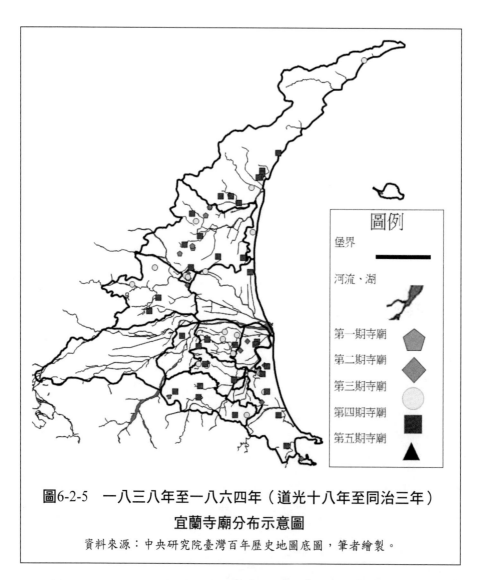

圖6-2-5　一八三八年至一八六四年（道光十八年至同治三年）
宜蘭寺廟分布示意圖
資料來源：中央研究院臺灣百年歷史地圖底圖，筆者繪製。

　　從圖6-2-5來看，不難看出這時期的寺廟均勻分布於各地，反映
出漢人已經將溪北與溪南墾殖完畢。此外，寺廟也開始往近山生番
（泰雅族）地區擴張，可以看出這時期拓墾範圍已經深入到生番（泰
雅族）的生活空間。另一方面，這時期的寺廟以每年一間以上的數量

快速成長，從寺廟的快速增長的情況來看，除了聚落穩定的發展外，勢必當時的商業具有相當的規模，才有辦法供養這些寺廟，此外，道光二十年（1840）蘭人黃纘緒中舉，文教風氣蔚為成形，可見當時噶瑪蘭地區不再是蠻荒化外之地。[57]

五　第五時期：一八六四年至一八九五年（同治三年至光緒二十一年）

同治年間，以陳輝煌為首的墾殖集團主要針對近山叭哩沙地區地區拓墾（今三星鄉），最終將十九結、張公圍、瓦瑤、阿里史等地開拓完畢。[58]陳輝煌之所以能夠成功，除了自身隘丁的經驗以及阿里史流番的協助外，主要原因，為陳輝煌迎娶生番（泰雅族）叭哩沙酋長潘那目女潘氏為妻，讓開墾得以免受番害的影響，而順利進行。[59]

到了同治十三年（1874），開墾的地區，從原有的十九結、張公圍、瓦瑤、阿里史等地拓展至內外抵瑤陴、頂下破布烏、紅柴林、二萬五一帶，所墾殖的面積幾乎為今日的三星鄉全境。[60]至此，噶瑪蘭地區的拓墾行動到一段落。至於同治三年（1864）一直到光緒二十一年（1895）臺灣割日這段時間的寺廟分布情形，根據表6-1-5繪製如下。

57　（清）陳淑均：《噶瑪蘭廳志》卷4上〈學校・選舉〉，頁241。

58　黃雯娟：《日治時代宜蘭三星地區的區域發展》（臺北市：臺灣師範大學地理所碩士論文，2004年），頁40。

59　白長川：〈宜蘭先賢陳輝煌協臺評傳〉，《臺灣文獻》第42卷第3-4期（1991年），頁217。

60　黃雯娟：〈日治時代宜蘭三星地區的區域發展〉，頁40。

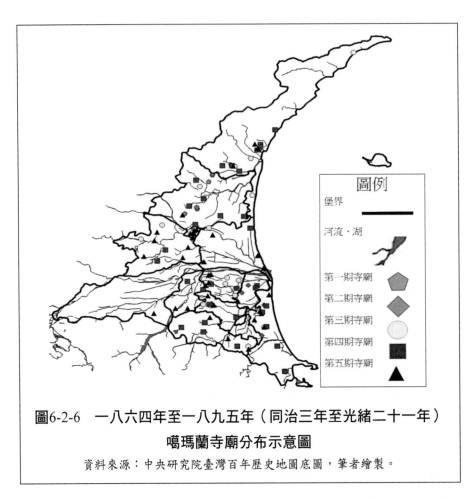

圖6-2-6　一八六四年至一八九五年（同治三年至光緒二十一年）
噶瑪蘭寺廟分布示意圖

資料來源：中央研究院臺灣百年歷史地圖底圖，筆者繪製。

從圖6-2-5來看，這時期的寺廟大抵上與第四期寺廟分布相差無
幾，除了近山溪州堡地區有出現寺廟，顯示出這時期的漢人勢力已經
深入山生番（泰雅族）的地區，而漢人聚落也已經發展得相當穩固，
也代表著宜蘭地區的開拓已經完成。另外，同治七年（1868）蘭人楊
士芳中進士，[61]以及這時期噶瑪蘭地區出現了孔廟，顯示出中國傳統

61　（清）陳培桂：《淡水廳志》卷8下〈選舉表・文・進士〉（臺北市：臺灣銀行經濟
　　研究室，1963年），頁243。

儒學文化已經深根在噶瑪蘭，可見當時宜蘭地區文風鼎盛的情況。

第三節　主神分布樣貌

　　三籍民人協同開發噶瑪蘭，同時也帶來各類的神祇，本節擬從共信型信仰、地緣型信仰、行業型神祇、官祀型神祇，去分析這些神祇為何出現於噶瑪蘭以及這些神祇所代表的意義。

一　共同型信仰

　　共同型信仰，也就是沒有任何隔離與區別的信仰，而這類信仰，往往是能整合、消弭當地社會族群分離與對立的情況，也讓不同社群間來取得統一與和諧的局面。在清代噶瑪蘭，共出現三十九種神祇，當中屬於共同型信仰的神祇有十六種，根據表6-1-8共同型信仰神祇，繪製出圖6-3-1共同型信仰神祇分布圖：

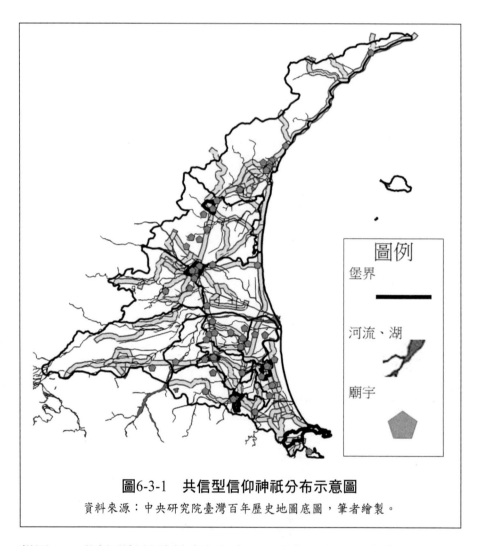

圖6-3-1　共信型信仰神祇分布示意圖

資料來源：中央研究院臺灣百年歷史地圖底圖，筆者繪製。

從圖6-3-1共信型信仰神祇分布與表6-1-9各堡共同信仰神祇統計以及
圖6-3-1共信型信仰神祇分布圖來看，共同信仰型神祇分布於溪北與
溪南地域相去不遠。反映出噶瑪蘭在漳籍勢力獨大情況下，即使官方
「三籍分墾」劃分出泉、粵的地域勢力，從共同型信仰神祇來看，顯
然成效不大。

二　地緣型信仰

　　地緣型信仰乃為臺灣居民祖先渡海來臺時，攜帶香火、神像，於拓墾有成後，建廟所祭祀的神祇。這類神祇都具有濃厚的地方色彩，非當地居民或後裔大多不去祭祀。因此，將祖籍信仰視為某群人的活動痕跡，從中不但可以看出各籍移民勢力範圍的分布情況，更可了解其勢力成長與消退的情況。

　　至於宜蘭的地緣型信仰，亦是隨著漢移民的開墾而深根於此，嘉慶初年，以漳人為首，與泉、粵人所組成的墾殖集團入墾蘭地，號稱三籍合墾。但事實上，在這個墾殖集團，漳籍民人一直占有絕對的優勢。柯培元《噶瑪蘭志略》載道：

> 吳沙係漳人，名為三籍合墾，其實漳人十居其九，泉、粵不過合其一。[62]

然而，漳、泉、粵三籍民人攜手並進的情況，最終因分類械鬥而破滅，姚瑩《東槎紀略》載道：

> （嘉慶）四、五年間，粵與泉人鬥，泉人殺傷重，將棄地走；漳人留之，更分以柴圍之三十九結、奇立冊二處，人四分三厘。化及三人者戒約其眾，毋更進，亦相安矣。[63]

（嘉慶）十一年（1806），山前漳、泉械鬥，有泉人走入蛤仔難者，泉人納之，亦與漳人鬥，阿里史諸番及粵人本地土番皆附之，合攻漳

62　（清）柯培元：《噶瑪蘭志略》卷13〈藝文志〉，頁434。
63　（清）姚瑩：《東槎紀略》卷3〈噶瑪蘭原始〉，頁71。

人，不勝，泉所分地盡為漳有，僅存溪洲。[64]

> （嘉慶）十四年，漳、泉又鬥，漳人林標、黃添、李觀興各領
> 壯丁百人，吳全、李佑前導之，夜由叭哩沙喃潛出羅東後逕攻
> 之，阿里史眾驚潰，走入土番社內，漳人遂有羅東。[65]

史料告訴我們，漳人不但可以調停泉、粵械鬥，更可以三番兩次在
漳、泉械鬥中取得勝利，形成漳人占有溪北、羅東，泉人自溪洲到泉
州大湖，粵人於冬瓜山的情勢。

嘉慶十五年（1810）奉命辦理開蘭事宜的候補知府楊廷理，為了
避免三籍漢人爭墾土地出現械鬥，便將溪南未開墾埔地與分為三籍漢
人可以開墾的埔地，稱之為「三籍分墾」。就在官方的主導下「三籍
分墾」的情況下，東勢地區（溪南）三籍漢人的空間分布愈趨明顯，
漳籍勢力範圍主要分布於後來劃分的清水溝堡、頂二結堡和羅東堡一
帶，泉籍勢力範圍主要分布於沿海的茅仔寮堡和利澤簡堡地區，粵籍
勢力範圍則是分布於打那美堡之地。[66]

雖然在嘉慶朝以後，蘭地民變事件頻傳，但這些民變事件絕大多
數都限縮在某一特定行業、階級人群，無關大部分住民的分類意識。[67]
民變之中，僅有道光六年（1826）因受到西部閩、粵分類械鬥的波及，
出現冬瓜山粵庄吳鄭成、吳集光、吳烏毛為首，組織千人隊伍，配備

64　（清）姚瑩：《東槎紀略》卷3〈噶瑪蘭原始〉，頁73。

65　（清）姚瑩：《東槎紀略》卷3〈噶瑪蘭原始〉，頁73。

66　施添福，《蘭陽平原的傳統聚落：理論架構與基本資料》（宜蘭縣：宜蘭縣立文化中
　　心，1996年），頁39。

67　道光三年（1823）林泳春抗官、道光六年（1826）粵庄殘閩、道光十年（1830）夫
　　行械鬥、咸豐三年（1853）吳磋抗官、同治四年（1865）西皮福祿械鬥、同治十三
　　年（1874）西皮福祿械鬥、光緒十二年（1886）西皮福祿械鬥、光緒十二年
　　（1886）西皮福祿械鬥。

火槍攻擊、劫掠閩庄的事件。在官方強力的鎮壓下，雖然是祖籍間的械鬥，但該事件對於宜蘭地區各籍的勢力沒有造成多大影響。[68]

　　基本上各籍的勢力範圍，大抵上在「三籍分墾」後已經確定。漳籍民人的勢力範圍主要為溪北大部分地區以及溪南的清水溝堡、頂二結堡和羅東堡一帶；泉籍勢力範圍主要為溪北的溪洲地區，以及溪南沿海的茅仔寮和利澤簡堡地區；粵籍勢力範圍冬瓜山、打那美堡之地。

　　因此，將清代各籍移民所信奉寺廟根據表6-1-10漳籍神祇、表6-1-11泉籍神祇、表6-1-12客家神祇，繪製出圖6-3-2。

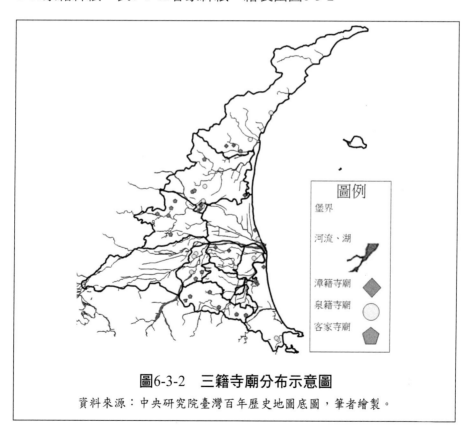

圖6-3-2　三籍寺廟分布示意圖

資料來源：中央研究院臺灣百年歷史地圖底圖，筆者繪製。

68　（清）陳淑均：《噶瑪蘭廳志》卷8〈雜識下‧紀事〉，頁506。

　　從圖6-3-2中祖籍寺廟來看，屬於菱形的漳籍寺廟，其寺廟大抵上分布於蘭陽溪以北的地區，在溪南地區部分，僅分布於頂二結堡與利澤簡堡北部一帶；圓形的泉籍寺廟，其寺廟主要分布宜蘭地區的中部地帶淇武蘭堡南部與五圍三結街一帶，以及清水溝堡和利澤簡堡南部地區；漳、泉兩籍寺廟的分布情況基本上與史籍記載相差不遠，但是客家的祖籍寺廟卻出現不小的落差。

　　根據圖6-3-2分布情況可以知道，屬於五角形的客家祖籍寺廟主要分布在淇武蘭堡近山地區、員山堡、打那美堡等地。當中，打那美堡正是史籍記載中三籍分墾後，粵籍客家的所分地。

　　事實上，當時噶瑪蘭地區的客家族群，除了粵籍客家，也包含了「閩籍客家」。[69]根據近年來學者從語言學、家譜的研究與調查中得知，「閩籍客家」零散的分散於整個宜蘭地區，[70]而「閩籍客家」又都以漳籍詔安客為最大宗。[71]這情況，同樣反應於圖6-3-2客家祖籍廟的分布情況，也可以解釋，在當時漳籍勢力一枝獨秀的情況下，加上沒有出現大規模的械鬥，溪北地域出現為數不少的客家廟，其最主要因素是同為閩南客家人，都是屬於漳洲籍貫。

---

69 清代臺灣官方以移民的省籍做為劃分的依據，以閩、粵二分法來的分類區分，在這情況下，閩籍客家往往會被歸納成福佬人，參見邱彥貴主編：《發現客家：宜蘭地區客家移民研究2-1》（臺北市、南投縣：「行政院客家委員會」、「國史館臺灣文獻館」，2006年），頁63。

70 如頭城的武營，礁溪的柴圍、新興庄、三民、番割田、十六結、四城，圓山的大湖底、吧咾鬱、結頭份、外員山，狀圍的壯六、羅東的北成，東山的群英、打那美、泰河、珍珠里簡、補城，蘇澳的聖湖。參見邱彥貴主編：《發現客家：宜蘭地區客家移民研究2-1》，頁64。

71 參見邱彥貴主編：《發現客家：宜蘭地區客家移民研究2-1》，頁65-91。

三　行業型信仰

（一）水上交通神祇

　　自嘉慶元年（1796）吳沙入墾噶瑪蘭開始，漢人除了從陸路前來噶瑪蘭，也從海上來到噶瑪蘭，而水上活動更是墾民從事漁業捕撈獲得糧食的途經，以及藉由海上貿易，來換取更多民生物資所需，柯培元在《噶瑪蘭志略》便描述到此一情況：

> 蘭中惟出稻穀，次則白苧，其餘食貨百物，多取於漳、泉。絲羅綾緞則取資於江浙。每春夏間南風盛發，兩晝夜舟可抵四明、鎮海、乍浦、松江，惟售番鏹，不裝回貨。[72]

因此，水上交通是噶瑪蘭對外聯繫的重要途經。水上交通除了帶來人潮，也帶來錢潮，就在這樣情況下，作為保佑民人海上一路順風的水上交通神祇，便成為噶瑪蘭做主要的信仰，因此，根據表6-1-14海洋神祇，繪製出下圖6-3-3海洋神祇。

　　從圖6-3-3水上交通神祇位置來看，這些水上交通神祇多位於河道甚至港口附近，顯示出當時水上交通對於噶瑪蘭的重要性。

72　（清）柯培元：《噶瑪蘭志略》卷11〈風俗志・商賈〉，頁375。

圖6-3-3　海洋神祇分布示意圖

資料來源：中央研究院臺灣百年歷史地圖底圖，筆者繪製。

（二）農業神祇

　　自嘉慶元年（1796）吳沙入墾噶瑪蘭開始，噶瑪蘭地區大抵上分成三階段開發，主要為溪北、溪南、近山地區，隨著土地的開發完成，聚落也次遞出現，奉祀農業神祇的寺廟也在這時候慢慢的建立。

　　「民以食為天」反映了中國自古以來的民生需求，對於新拓墾之地，農業發展的好壞，更是攸關當地住民的生命存續的關鍵，尤其當時科學不發達的情況下，便將希望寄託於上天。而農產品除了作為糧食作物之外，更是蘭地人民用來換取民生物資的重要物品

　　因此，透過具有農業性格的寺廟，可以反映出來噶瑪蘭地區的農業發展情況，對此，根據表6-1-14農業神祇表繪製出圖6-3-4農業神祇分布圖：

圖6-3-4　農業神祇分布示意圖

資料來源：中央研究院臺灣百年歷史地圖底圖，筆者繪製。

透過圖6-3-4農業神祇分布圖，可以看出，農業神祇多集中於平原地帶；至於西部叭哩沙地區為空白，反映出叭哩沙地區為番害嚴重之地，以及叭哩沙地區為後墾之地。另外，農業神祇多位於市街以外的地域，顯示清代噶瑪蘭農商分離的情況明顯。

（三）商業神祇

待拓墾行動告一段落後，聚落發展也達到初步穩定的情況，為了取得除糧食作物以外的東西，便出現了商業貿易的行為。因此，根據表6-1-16商業神祇繪製出下圖6-3-5商業神祇分布圖。

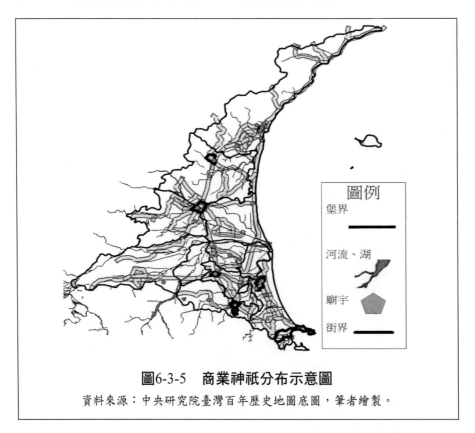

圖6-3-5　商業神祇分布示意圖

資料來源：中央研究院臺灣百年歷史地圖底圖，筆者繪製。

從圖6-3-5商業神祇分布圖來看，商業神祇多分布於道路與市街之中，顯示市街的商人，為了保佑其發大財賺大錢而多奉祀之。

四　官方祀典神

祀典顧名思義就是官方廟宇的意思，廟名追加「祀典」，表示在祭祀時必須由「官方」主持，至於為何會出現祀典神，周璽《彰化縣志》載道：

> 「國之大事，在祀與戎」。而祀事尤先乎戎事。宗伯所以先司馬而列為春官也。臺雖僻處海外，其祀典豈或殊哉？設學官以祀先聖先師，所以報教育人才之本，使四民知所矜式。設文祠以祀文昌帝君，設武廟以祀關聖帝君，陸地則城隍有祀，海洋則天后有祀。功德在民，聲靈赫濯矣。社為后土之神，稷為百穀之長。先農、先嗇，始傳種植之書；風伯、雨師，實贊鴻鈞之化。名山、大川、龍神、火帝，皆能造福蒼生也。爰及能禦大災，能捍大患，以死靖難者，亦祀之。非藉以祈福，凡以隆美報也。若彼琳宮、寶剎，僧巖、佛觀，習俗相沿，遽難變革，亦姑聽愚民之自為。孔子云：「敬而遠之」以專務乎民義，可謂智矣。其斯為聖人之教乎。[73]

從引文可以看出，當時官方對於民間信仰是採取共生共榮的態度，只要是能夠協助政權長治久安的民間信仰，就會全力扶持，一方面可以

73　（清）周璽：《彰化縣志》卷5〈祀典志〉（臺北市：臺灣銀行經濟研究室，1962年），頁151。

緬懷先聖先賢，一方面可以強烈傳達神威顯赫，同時具有教化意義。[74]

噶瑪蘭地區自嘉慶十五年（1810）納入大清版圖中，官方也陸續在這新土地中建立寺廟來展示其統治性。柯培元《噶瑪蘭志略》載道：

> 關帝廟，歲以春秋仲月上戊及五月十三日誕辰守吏致祭，自嘉慶十四年奉行。
>
> 天后宮，歲以春秋仲月及三月二十三日誕辰致祭，自嘉慶十七年奉行。
>
> 文昌壇，歲以春秋仲月及三月二十三日誕辰致祭，自嘉慶十四年奉行。
>
> 社稷壇，歲以春秋仲月上戊致祭，為民祈穀，自嘉慶十七年奉行。
>
> 神祇壇，歲以春秋仲月致祭，自嘉慶十七年奉行。
>
> 風雲雷雨壇，歲以春秋仲月致祭，自嘉慶十八年奉行；左設本境山川牌，右設本境城隍神牌。
>
> 先農壇，歲以春秋仲月上丁守吏致祭，自嘉慶二十三年奉行。
>
> 城隍廟，歲以春秋仲月致祭，自嘉慶十七年奉行。[75]

至於孔子廟，在噶瑪蘭設廳之初並未興建。直至同治四年（1865），才由舉人黃纘緒等人發起創建孔廟之議；到了同治七年（1868），進士楊士芳新科及第後，為倡導文風，乃號召舉人李望洋及仕紳多人募

---

74 王曉朝談到：「統治者往往運用宗教來鞏固自己的統治秩序，實現其多層面的社會控制、利用宗教進行社會控制所達到的極至就是國教統治，宗教成為全民信仰，成為占統治地位的官方意識形態，成為維護統治秩序的最大精神支柱。」參見氏著：《宗教學基礎十五講》（北京市：北京大學出版社，2004年），頁206。

75 （清）柯培元：《噶瑪蘭志略》卷7〈祀典志〉，頁297-298。

資倡建。光緒元年（1875）完工，並在孔廟興設儒學。根據表6-1-6官方祀典神祇，繪製出圖6-3-1官方祀典神祇分布圖：

圖6-3-6　官方祀典神祇分布示意圖

資料來源：中央研究院臺灣百年歷史地圖底圖，筆者繪製。

從圖6-3-1官方祀典神祇分布圖來看，這些寺廟，多集中於五圍，顯示出作為廳治所在地的五圍，其政治性格非常強烈。

小結

本節將清代一百二十四座寺廟以時序、主神這兩類別給予統計出來。

從時序的統計得出寺廟出現的頻率有五個時期，從這五個時期，發現噶瑪蘭地區的寺廟興建與開墾時間的進展大抵上幾乎相同；從其位置分布來看，與漢人開墾方向人由北而南，從平原到近山的拓墾路徑符合。可以看出，事實上寺廟的分布與漢人的出現有著絕對的關係。

至於主神信仰分析部分，官方的祀典廟宇多集中在廳治所帶地，反映出五圍地區發展很大的程度是與政治力的操作有關。

從祖籍神祇分布來看，以噶瑪蘭拓墾主力的漳州人，其祖籍廟宇卻為最少，最少人數的客家群體，其祖籍寺廟卻是最多，寺廟多分布於溪北的漳人勢力範圍內，反映出當時噶瑪蘭地區的客家群體，以漳籍詔安客為最大宗，在這樣的祖籍認同情況下，漳籍勢力一枝獨秀，溪北地區並沒有出現大規模的漳、客械鬥，也解釋了為何客家廟宇在蘭地多的因素。

在清一代的宜蘭地區共出現有三十九種神祇，當中又以福德正神信仰為大宗，顯示出當時民眾多從事與農業相關工作，反映出拓墾時代對於土地的需求與需要；也反映出，中國傳統對於土地「有土斯有財」的觀念。從土地廟的分布位置來看，多集中於平原地區，對於近山地區分常稀少，可以從中看出聚落的發展與土地公信仰的直接關係以及與近山番害嚴重的情況。

第七章
結論

　　本文以寺廟為中心，探討清代噶瑪蘭市街形成與發展。考察了清代噶瑪蘭地的市街，由北而南，依序分別為頭圍街、礁溪街、三結街、羅東街、利澤簡街、冬瓜山街、蘇澳街這七個市街，看待其中寺廟與市街的關係；並對清代噶瑪蘭地有跡可循的一百二十四間寺廟，從寺廟數量與主神性質下去分析，進而看待這些神祇出現的原因與其所代表的意義。

一　寺廟數量與主神

　　從時序的統計得出寺廟出現的頻率有五個時期，由其位置分布來看，與漢人開墾方人由北而南，從平原到近山的拓墾路徑符合，可以看出，事實上寺廟的分布與漢人的出現有著絕對的關係。

　　從主神信仰分析部分來看，以福德正神信仰為大宗，顯示出當時民眾多從事與農業相關工作，反映出拓墾時代對於土地的需求與需要，也反映出，中國傳統對於土地「有土斯有財」的觀念。

　　從祖籍神祇來看，漳籍民人在蘭地優勢的地位，卻以客家群體的祖籍寺廟卻是最多，顯示了當時漳籍詔安客在蘭地的開發上扮演著重要的角色。此外，從五圍設廳治與溪南地域的三籍分墾情況來看，都顯示出清廷為了遠離與消弭漳籍勢力在蘭地的一枝獨秀的情形。

二 噶瑪蘭市街與寺廟關係

（一）頭圍街

作為漢移民最早的移入之地，以及鄰近烏石港為當時蘭地對外主要窗口。因此，從自然地理環境來看，烏石港易因河川帶來大量泥沙淤積而堵塞其港口，以內需的角度而言，港口市街之腹地機能，未擁有廣大的農業腹地，必須由噶瑪蘭境內其他地域的支援。不過頭圍街因其位居漢人入蘭的先到之地以及河流出海口烏石港的區位因素，成為地方社會發展的重要原因。

自清嘉、道以降，頭圍市街不僅作為腹地聚落之產品集貨圈，同時也是提供民眾各式生活所需的消費、服務型市街聚落；在政治上更是朝廷所重視的要地，尤其在嘉慶十七年（1812）八月設廳之際，便將「縣丞」、「倉廒」以及「舖遞」設置於此，都反映出這些設施是因應頭圍商業的發達所設置。此外，在民間信仰上，為凝聚祖籍群體，同時也要各移民族群所認可的神祇，便選擇了神格較高或是職能多元的神祇，諸如天上聖母（慶元宮）、城隍廟、開成寺，以及希望頭圍街商業永遠繁華所建的南北門福德祠等等。再加上道光二十八年（1848）縣丞王需敬贈一對木聯給慶元宮、同治六年（1866）頭圍縣丞敬匾給開成寺來表彰地方神祇，構成了「頭圍堡祭祀組織」。因此，頭圍市街的發展是因為其具有水陸交通的優勢，頭圍街的寺廟簡單來說是為了服務並保佑當地的商業發展，為一典型市街帶動寺廟發展的例子。

（二）礁溪街

自嘉慶初年，漢移民已經拓墾至此地並出現了聚落，並建立了協

天廟。然而，當時的礁溪主要以農為業，至於其商業模式也僅是對於日常用品、食品、建材、藥鋪的交易。從地理區位來看，礁溪更介於水陸要衝的頭圍街與政治中心的三結街之間，導致其一直無法成為市街。

一八六〇年代，自臺灣開港通商後，臺灣的茶與樟腦需求量大增，帶動了臺灣沿山地帶適合種茶地區的開發。當時四圍堡地區的林美山、柴圍山等地，都屬於適合種植茶葉的丘陵臺地，在市場的需求下，這些丘陵臺地被開闢成為茶園。加上鄰近淡蘭便道的打通，讓位於頭圍街和三結街之間礁溪，因具有市場原料貨品集散地的地理區位特徵，帶動了當地茶葉行業的發展，在這樣的情況下，礁溪逐漸發展成為市街。顯然，礁溪街的成形很大的因素是因為市場因素與其地理位置關係，讓本為聚落中心的協天廟，因市街的勃興與發展，加上同治六年（1867），鎮臺使劉明燈提督巡察噶瑪蘭廳，表請勅建「協天廟」。使得具有商業性格關聖帝君的協天廟自此香火鼎盛，協天廟一舉成為礁溪街最重要的寺廟，為一典型市街帶動寺廟發展的例子。

（三）三結街

從自然環境來看，三結鄰近宜蘭河（西勢大溪）之旁，而宜蘭河（西勢大溪）除了具有水量的穩定以及流域的廣闊條件外，加上三結位於噶瑪蘭內陸中央之地，南北往來必須經過三結。因宜蘭河（西勢大溪）的水量穩定，讓三結有著有良好的河港條件，加上流域廣闊，以及位於南北往來的必經要衝之地，更使其具備有廣大的農業腹地機能。三結具有上述的區位因素，便成為地方社會發展的重要原因。因此，也使三結變成清代的政治中心，諸如廳治衙署等行政機關都設駐在此。

從清代官方文獻記載可知，嘉慶年間三結的地方社會已出現漢人

的聚落，到了嘉慶十七年（1812）八月將廳治設置於此，聚落型態也漸由「莊」轉變為「街」。市街聚落順應地形濱河發展，以聚落中心的昭應宮為中心，先以南北走向來發展，當聚落逐漸飽和後，又再從昭應宮為中心以東西橫向的態勢來發展，形成十字形的市街型態。

自嘉慶年間三結拓墾開始，民間信仰一直與居民生活息息相關，特別是三結為三籍合墾之地，開闢之初，無寺廟出現，在當時知府楊廷理命令下，便信奉了神格較高、職能多元，為各移民族群認可的昭應宮（天上聖母）；設為廳治之後，為政治需求而興建的文昌廟（文昌帝君、關聖帝君）、先農壇、城隍廟；為保佑商業繁榮所興建的西關廟（關聖帝君）等等，再加上地方大員通判、總兵等人陸續敬匾、立碑給昭應宮、五穀廟以及孔廟，也讓三結街呈現以昭應宮為信仰中心，其他信仰多元並立的信仰模式。

因此，三結市街不僅以昭應宮為中心作為腹地聚落之產品集貨圈，同時也因廳治所在，成為當時噶瑪蘭的政治中心，為一典型政治推波助瀾下以寺廟帶動市街的發展的情況。

（四）羅東街

從地理區位來看，羅東位處於溪南通往溪北地區之交通必經之路，以及連接溪南地區各方的要地，也讓羅東成為移民最早來到的溪南之地。特別在嘉慶十七年（1812）八月噶瑪蘭設廳後，官方將管理監獄、兼理捕務的司巡檢署設置於此，都是凸顯其地理位置的重要。從自然環境來看，羅東處於適合耕作的蘭陽平原上，內部星羅分布的自然溝渠與人工鑿成的水圳，不只灌溉了羅東，也穩定了農業的生產，更讓羅東的聚落得以在此深根發展。另一方面，羅東鄰近又有蘭陽溪流域以及冬山河流域所構成的水運交通網，奠定羅東成為溪南地區重要的商業、貨運轉運中心。

　　至於民間信仰部分，羅東在開發之初，因飽受漳、泉械鬥的戰亂之害，便出現供奉孤魂野鬼的大眾廟。但由於羅東的地理位置優越，自嘉慶中葉以後，不僅帶來商機，也吸引了錢潮，讓原本以農業為主的聚落，成為溪南聚落的產品集貨中心，讓羅東的聚落型態也漸由「莊」轉變為「街」。這樣情況也同樣反映於寺廟主神信仰上，當時街內的奠安宮，從原先主祀農業性格的神農大帝轉變成水運性格的玄天上帝；震安宮主祀為具有水運性格的天上聖母，陪祀為招財、旺店的水仙尊王（大禹），再再顯示出羅東街商業繁盛的情形。因此，從上述來看，羅東街的形成，是因其具有優越的交通位置，進而帶動當地寺廟香火的鼎盛。

（五）利澤簡街

　　因鄰近冬山河河道與加禮遠港旁，讓利澤簡成為溪南腹地聚落的集貨地，構成利澤簡有了港口的地理區位優勢。雖然利澤簡早在嘉慶十七年（1812）八月噶瑪蘭設廳後，為漳籍的分墾之地，但是聚落演變成為市街最晚於光緒朝才形成。但由於其航運與商業的發達，連帶讓本為民家私奉天上聖母、廣惠尊王逐漸成為公共的廟宇，構成了以永安宮（天上聖母）、廣惠宮（廣惠尊王）為中心的市街。所以由上可以得知，利澤簡街為一個市街帶動寺廟發展的情勢。

（六）冬瓜山街

　　冬瓜山，在竹塹六家潮州府粵籍的林國寶、林秀春等人響應楊廷理「加留餘埔」及「三籍分墾」的政策，隨著墾地的開拓完畢，建立了聚落，人群逐漸增加。特別是在道光十一年（1831），墾首林國寶五子林秋華中武舉後，建廟奉祀「天上聖母」，逐漸形成以「聖母祠」（今定安宮）為中心「籤」（音khiam[15]）的祭祀圈輪祀組織，一方

面,由於位於冬山河流域旁,讓其水路交通便捷,進而讓冬瓜山形成了市街。因此,冬瓜山,是以「聖母祠」(今定安宮)為中心發展,加上具有便捷的水路交通,奠定其市街的形成。

(七)蘇澳街

位於噶瑪蘭南端的蘇澳,因漳泉械鬥之故,敗亡的泉、粵民人往南遷徙,才開始有漢人正式對蘇澳地區進行開拓。爾後,在楊廷理的三籍分墾的政策下,陸續有泉籍、粵籍民人來到蘇澳開墾。

在關隘設置後,保障了墾民免受番害的身家安全;水圳的完工,除確保糧食來源無虞,更可以對外販售。另一方面,由於位於中央山系旁,森林中的豐沛林材資源,成為可以販賣的商品,並藉由鄰近良好港口條件的蘇澳,奠定成為市街的基礎,因此,最晚於道光年間,已經從聚落發展成為蘇澳街。

從民間信仰上來看,蘇澳為泉人所闢之地,因此在信仰上,充斥著濃厚的泉人色彩。尤其在聚落發展成型之初,陸續建造奉祀泉籍原鄉信仰神祇的寺廟,如奉祀張公聖君的晉安宮,便是當時開拓此地的泉人蘇士尾由原鄉奉請過來的神祇。所以由上可以得知,蘇澳街為一個以寺廟形成的中心,加上所處的地理位置的優越,帶動了市街的發展與成型。

因此,本文以寺廟為中心,探討清代噶瑪蘭市街形成與發展。綜合上述,在之中有以下幾點認識:

第一點,從自然環境條件與傳世文獻中了解噶瑪蘭地域的開墾過程以及漢人社會的成形的過程,進而從中了解清代噶瑪蘭地區市街的成形因素。雖然市街的成形很大的程度是受到自然環境的影響,但是觀察了清代噶瑪蘭七個市街與其寺廟,發現每一個市街的發展模式不盡相同,有的是市街發展之後,進而帶動寺廟香火鼎盛;有的是以寺

廟為聚落中心，吸引人潮，進而帶動市街的繁華。顯見，當時處於同一個噶瑪蘭的地域中，各個市街也會因其自然環境與開發順序先後等因素，讓清代噶瑪蘭這七個市街呈現出不同的發展情況，呈現出多元並立的發展情況。

第二點，以市街的寺廟進行個案的研究，無論是主祀神祇的選擇與改變，或是廟中所流傳的文物、碑匾，都反映了寺廟與市街發展是息息相關。研究結果印證了寺廟興衰歷程正是地域社會變動過程。[1]另一方面，也從廟中所流傳的文物、碑匾中發現，往往寺廟為了彰顯自身寺廟歷史悠久，作為對信徒的號召，往往就會出現不少後世仿作之物，誤導學者與一般大眾。

第三點，從清代噶瑪蘭的寺廟創建年代以及對其主祀神祇，進行統計與分析。從中不難發現，隨著漢人的開墾到哪裡，寺廟便出現在哪處。顯見扮演精神的寄託、慰藉的寺廟，是拓墾初期漢移民的心靈寄託；從主祀神祇來看，待聚落穩定成型之後，特別是商業發展之後，主祀神祇也會出現不同的職能來服務信眾。

寺廟最大的功能是可以凝固時間，讓歷史的記錄可以忠實的呈現出來一地的歷史。[2]從清代噶瑪蘭市街與寺廟的相互關係來看，一方面可了解噶瑪蘭商貿活動的情景；另一方面，更可了解噶瑪蘭市街的發展不是單一性、同質性。因此，誠如學者卓克華所言：「臺灣的開發不是單一性、同質性，而是一種『不均衡發展』的形勢」[3]

本文主要針對清代噶瑪蘭作探討，並以市街與寺廟關係作為主要論述中心。在上述的討論中，對清代噶瑪蘭七個市街與寺廟關係，筆

1　卓克華：《從寺廟發現歷史──臺灣寺廟文獻解讀與意涵》（臺北市：揚智文化，2006年），頁10-12。

2　卓克華：《從寺廟發現歷史──臺灣寺廟文獻解讀與意涵》，頁21。

3　卓克華：《從寺廟發現歷史──臺灣寺廟文獻解讀與意涵》，頁23。

者已經提出自己的觀點。加上筆者的研究斷限在一八九五年，對於之後的日治時代、光復以後的市街與寺廟關係並未加以著墨。因礙於本文著重之主題與篇幅限制，對於清代噶瑪蘭寺廟與地方政治、寺廟與地方社會關係以及就待日後學者以及日治時代、光復以後的情況，假以時日再來深入探討。

附表一
噶瑪蘭大事紀

西元	清紀年	大事件
1683	康熙二十二年	六月，明鄭降清。臺灣正式納入清朝版圖。當時臺灣的最高行政長官為臺廈兵備道，其下有臺灣知府、臺防同知以及臺灣、鳳山、諸羅三知縣。諸羅縣所轄區域由新港到雞籠，南北橫亙千里，蛤仔難地區亦在其中。 上淡水通事李滄舟航至方浪石灣（疑為宜蘭武荖溪上游），取得金沙。
1684	康熙二十三年	四月，清廷決議將臺灣劃入版圖。並在施琅建議清廷頒佈三條禁令。（一）欲前往臺灣者，必須先在原籍向官府申請，由地方官轉知分巡台廈兵備道、臺灣海防同知，獲准後才能來臺；（二）不准攜帶家眷，來到臺灣以後也不准把家屬接來同居；（三）粵地向來為海盜淵藪，因此禁止粵民來臺。
1685	康熙二十四年	蔣毓英《臺灣府志》出現蛤仔難「三十六社」之說。
1695	康熙三十四年	雞籠大通事賴科招撫山後之崇爻九社，分別為：崇爻、直加宣、抽丹、薄薄、芝舞蘭、斗難、芝密、水輦、筠椰。由於這九個社中的直加宣、薄薄、斗難三社係分布於奇萊的鯉浪港南方，依據地理位置類推，賴科在當時既然都已經可以招撫今花蓮帶的社番，所以應該也已往來於蛤仔難之地。《噶瑪蘭廳志》上記載「蛤仔難迤北而東，僻在萬山之後，自康熙三十四年間，社番始輸餉於諸羅」。陳淑均

西元	清紀年	大事件
		《噶瑪蘭廳志》載道：「蛤仔難社土著輸餉於諸羅。」
1721	康熙六十年	漢人番割、通事以代理收稅與及課徵差役，通過贌社制度與蛤仔難當地的土番交易，淡水謝守備搜捕後山。
1722	康熙六十一年	漳州把總朱文炳更戍，為風漂舟破，至蛤仔難地登岸。
1724	雍正元年	附東螺以北二十二社原住民，撥入新設彰化縣屬。蛤仔難「三十六社」首次被完整記錄於黃淑璥《臺海使槎錄》裡。
1726	雍正三年	臺灣北路營參將何勉率眾入水沙連社鎮壓，蛤仔難諸社震攝就撫。
1731	雍正九年	蛤仔難轉撥雍正元年新設的淡水廳所轄。諸番社餉改照民丁例，每丁徵銀二錢。淡水金包裏等社番丁五百七十九口，蛤仔難諸社番附焉。
1741	乾隆六年	劉良璧《重修福建臺灣府志》首見「猴猴社」歸入蛤仔難「三十六社」中。
1768	乾隆三十三年	寄居淡水的漳州民人林漢生，嘗試率眾入墾蛤仔難，但遭生番殺害
1782	乾隆四十七年	舊設八里坌巡檢因搜捕至烏石港，游民雜弓壯手乘據頭圍而不果。臺灣知府楊廷理因為在籌防林爽文事件時，知道有餘黨越山逃遁到三貂、蛤仔難等地，便檄文淡防同知徐夢麟趕赴三貂堵緝。徐夢麟覆文有漳州人吳沙久住三貂，民番信服，可託付其堵禦林等逆黨，使楊廷理知道有吳沙此人。
1787	乾隆五十二年	吳沙者，久住三貂嶺，以採伐販私最悉社番情形，聚徒數百，並率其弟吳立占築頭圍土城；社番出死力拒之，立不利，沙亦旋棄走。

西元	清紀年	大事件
1788	乾隆五十三年	廣東嘉應州之義民成福康安〈陳臺灣事宜十二則〉請開甲子蘭。
1789	乾隆五十四年	徐夢麟屢次向楊廷理說明蛤仔難地方廣闊，土地肥沃，加上吳沙之可信，可以考慮招撫蛤仔難生番事。
1794	乾隆五十九年	何繪、柯有成、趙隆盛、柯登等人招集其昔日佃夥，於滬尾登船至烏石港上陸，對當地土番謊稱係奉官命特來堵賊護番以遂行進墾。不過由於疫氣太重，佃人病亡甚多，只好再回淡水招募佃人，購置所需器具、糧食，繼之在今頭城天后宮、十三行之地駐紮。漢人這些開墾農事、構築圍柵的舉動顯然與其當初對土番所言的防堵海盜目的頗有差距，引起附近番社的疑懼與攻擊，後來幸賴漢人與達瑪嫣社和好，才在社番的帶領下經由山路潛回淡水。兩次入墾失敗的經驗並未讓何繪等人放棄，當時他們聞知吳沙常往來於三貂舊社與石城、大里簡間，並小有資力，便商託以總股首之責，並合舊股，再次招佃前往蛤仔難開墾。
1796	嘉慶元年	吳沙在淡水人柯有成、何繪、趙隆盛等人的贊助下，與番割許天送、朱合、洪掌共謀，招募漳、泉、粵三籍流民，加上鄉勇二百餘人、善番語者二十三人，率領漳泉粵三籍流民入蛤仔難開拓，進烏石港，築土圍拓墾。
1797	嘉慶二年	蛤仔難地區番社流行「痘」，吳沙施以藥物治癒社番，與諸番社的關係稍有改善，加上眾番也已倦戰，兩方便休戰。吳沙立誓不侵擾番地，遂得以繼續開墾。海盜蔡牽靠攏蘇澳沙崙，上岸打掠；淡水同知何茹蓮准給吳沙文單照墾，並給諭戳。頭圍堡慶雲宮於此年創建。

西元	清紀年	大事件
		頭圍堡威惠廟於此年創建。 打那美堡忠孝祠於此年創建。
1798	嘉慶三年	吳沙歿，其姪吳化代理義首，繼續開墾。
1799	嘉慶四年	進墾至四圍，漳人分得頭圍至四圍、辛仔罕溪；泉籍人數未達二百人，分得二圍菜園地；粵人未分得地，不久後蛤仔難粵、泉械鬥、泉人慘敗。經吳化等人安撫戒約，並分以柴圍（今礁溪鄉白鵝村）的三十九結、奇立丹（今礁溪鄉德陽村）二處土地挽留而平息，當時泉人每人分得四分三厘地，三籍民人繼續開墾。淡防同知李明心否決了吳化等人以蘇長發之名申請墾照。
1800	嘉慶五年	蕭竹友遊蛤仔難，後成《甲子蘭記》。
1801	嘉慶六年	吳沙子吳光裔赴臺灣道愈昌呈邀何繪等請仍墾耕，不准。
1802	嘉慶七年	吳化拓墾至五圍，同年漳人吳表、楊牛、林石盾、簡東來、林膽、陳一理、陳孟蘭，泉人劉鐘，粵仁李先等人率領一千八百多人依附吳化，號稱九旗首。並且分配各籍勢力範圍，以杜糾紛。其土地分配情形為：漳得金包里股（今員山鄉金包里古）、員山仔（今員山鄉員山村）、大三圍（今員山鄉三圍）、深溝地；泉得四圍、四圍二、四圍三（均在今宜蘭市建業里）、渡船頭地（今宜蘭市南方建業里、南橋里帶），又自開溪洲帶（今員山鄉七賢村）；粵得結至七結地（今宜蘭市北方菱白里、北津里帶）。當時有林明盞據壯三結（今宜蘭市東村里），林彪築彪仔城於壯二結（今宜蘭市南津里、凱旋里）。 淇武蘭堡德陽宮於此年創建。 淇武蘭堡三興宮於此年創建。

西元	清紀年	大事件
1803	嘉慶八年	頭圍堡福德廟於此年創建。
1804	嘉慶九年	彰化平埔族潘賢文率眾遷至蛤仔難。漳人因畏懼流番的武力，所以安排至各莊寄食 淇武蘭堡協天廟於此年創建。
1805	嘉慶十年	無。
1806	嘉慶十一年	臺灣西部發生漳泉械鬥，有泉人逃至蛤仔難，被當地的泉人收容，並聯合以潘賢文為首的阿里史流番、粵人及土番合攻漳人，但還是失敗。械鬥結束後，西勢部分的泉、粵人便將其在溪北的土地頂賣給漳人，或是遭漳人占據，只剩在大三鬮、渡船頭、溪洲等處泉人的聚落。西部平埔族於羅東、冬山、蘇澳沿山一帶及馬賽海邊開墾。 春，海盜蔡牽入寇烏石港；蛤仔難泉、粵聯合平埔族攻漳人失敗。 四月，清仁宗下旨：「朕聞淡水、滬尾以北山內，有膏腴之地處，為蔡逆素所窺伺；年來屢次在彼游奕，希圖搶佔。著詢明此處係何地名，派令官兵前往籌備，相機辦理。」為籌備噶瑪蘭設治開始。
1807	嘉慶十二年	一月，鄉勇劉光疤等邀眾立約，自備工本開鑿大陂水圳通流即是金大成圳。 七月，海盜朱濆載農具至蘇澳，知府楊廷理募義勇退之；居民於三結街建天后宮於廳治南。 秋，知府楊廷理勘蛤仔難。
1808	嘉慶十三年	三月，福州將軍賽沖阿上奏〈查明臺灣內山蛤仔爛番埔開墾情形〉。 十月，民壯圍結首開金泰安圳。 居民祀關帝君於米市街。 閩浙總督方維甸到臺勘查，奏請收蛤仔難入版圖。

西元	清紀年	大事件
1809	嘉慶十四年	漳泉又鬥，漳人林標、黃添、李觀興各領壯丁百人，吳全、李佑前導之，夜由叭哩沙喃潛出羅東後逕攻之，阿里史眾驚潰走，入土番社內，漳人遂有羅東。己復合，泉人乃自溪洲沿海開至大湖，粵人乃至東勢開冬瓜山一帶。 三月，定文昌壇每年春秋仲月及三月二十三日誕辰致祭。 五月，定關帝廟每年以春秋仲月上戊及五月十三日誕辰守吏致祭。 六月，颶風作，濁水溪正溜北移與清水溪會流。
1810	嘉慶十五年	四月，閩浙總督方維甸委楊廷理辦理開蘭事宜。蛤仔難改稱噶瑪蘭，編查蘭屬三籍戶口，有戶14,452，口42,904丁。 六月，火災，燒毀五圍茅屋二千餘家。 六月，風災，濁水溪仍行故道。 噶瑪蘭族頭目包阿里等帶加里遠等社眾至艋舺送戶口清冊與總督方維甸，表示業已遵制，呈請收入版圖，設通事。 東西勢民墾仗陞報部，田二一四三甲八分五厘四毫八絲五忽，園三百甲一厘三毫五絲二忽，共英徵額租一萬四千六十三石一斗八升三合二勺四抄。
1811	嘉慶十六年	九月，水沖田園，由委辦知府楊廷理勘報，奉命減免並在廳治之西建常平倉所十間。 閩浙總督汪志伊奏〈勘查開蘭事宜狀〉請訪東勢之例，將自烏石港口起三十餘里沙崙於埔畫為西勢番業，不許漢人越界開墾。 茅仔寮堡五福宮於此年創建。
1812	嘉慶十七年	三月，「先農社稷神祇壇」竣工。 六月，水沖田園。

西元	清紀年	大事件
		七月，割淡水廳三貂角溪南與蛤仔難，新設噶瑪蘭廳。 八月，山東淄川人翟淦，借補為噶瑪蘭廳通判，歿於任。 九月，實行「加留餘埔」制。 楊廷理創仰山書院；通判翟淦建五穀廟（員山堡）在廳治南門外。 利澤簡堡先帝廟於此年創建。 利澤簡堡進安宮於此年創建。 頂二結堡福德廟於此年創建。
1813	嘉慶十八年	九月，蘭地水災，委員巡檢胡桂動支正供穀糧發給化番。 建廳署等行政單位、編查保甲、金泰安埤頭水圳改組為金結安埤、金同春圳修築完成。 官民合建城隍廟（五圍三結街），在廳治西。
1814	嘉慶十九年	報陞田園報陞西勢田園共四百九十一甲二分二厘二毫一忽。 茅仔寮堡景德宮於此年創建。 羅東堡福德廟於此年創建。
1815	嘉慶二十年	六月，蘭地數震，田畝低陷牆屋傾倒。 八月，水沖田園；居民建慶和廟；居民建觀音亭於廳治西九里大三鬮莊（員山堡慈惠寺於此年創建）。 翟淦請比照澎湖廳成例開考。 翟淦添建倉廒及倉王廟。 羅東堡慈德寺於此年創建。 五圍三結街慶和廟於此年創建。
1816	嘉慶二十一年	八月，蘭地地震，官署民居俱壞。 利澤簡堡慶元宮於此年創建。

西元	清紀年	大事件
1817	嘉慶二十二年	五月，浙江會稽人范邦幹護理噶瑪蘭通判。 七月，雲南彌勒人陳蒸署噶瑪蘭通判，蘭地大水，田園沖壓。
1818	嘉慶二十三年	七月，蘭地大水，田園沖壓。 八月，湖南舉人高大鏞借補噶瑪蘭通判。 文昌廟落成。
1819	嘉慶二十四年	通判高大鏞建四門城樓，並重修廳署。 守備王得鳳就舊守備署添建為噶瑪蘭營都司署。 利澤簡堡善永堂於此年創建。
1820	嘉慶二十五年	八月，范邦幹再護理噶瑪蘭通判 八月，蘭地大風雨，田園多陷沒。 居民合建署口右畔火神廟。 編審戶口，有戶6,617，口70,325丁，人口首度超過七萬。
1821	道光元年	一月，姚瑩署通判。 九月，安徽人羅道護理噶瑪蘭通判 通判姚瑩設厲壇 勘定西勢加留餘埔 打那美堡永福宮於此年創建。 五圍三結街靈惠廟於此年創建。 員山堡開漳聖王廟於此年創建。 民壯圍堡慶安宮於此年創建。
1822	道光二年	二月，湖北舉人吳秉綸署噶瑪蘭通判 七月，颶風陡起，瓦屋皆飛；羅東街林贊龍等於頂二結堡建奠安宮。 十一月，羅道再護理噶瑪蘭通判 噶瑪蘭伐木工頭林永春以剳寮為據地起事。 墾田陸續申報共應徵田園正供耗餘租三萬一千五百七十七石六升二合六勺六抄八撮。

西元	清紀年	大事件
		頭城到蘇澳沿山要地設隘。 編查保甲，有戶6,626名，口72,912丁。 頂二結堡福德祠於此年創建。
1823	道光三年	三月，山匠林永春滋事，七月由水師提督許松林， 蘭廳守備胡祖福、通判呂志恆平之。 七月，江蘇陽湖人呂志恆借補噶瑪蘭通判 林平侯開三貂嶺道路 打那美堡振安宮於此年創建。 編查保甲，有戶6,626名，口74,424丁。
1824	道光四年	編查保甲，有戶6,691名，口74,731丁。
1825	道光五年	七月，山東舉人烏竹芳署噶瑪蘭通判。 夏，通判烏竹芳選定蘭陽八景，分別為龜山朝日、 窰嶺夕煙、西峰爽氣、北關海潮、沙喃秋水、石港 春帆、蘇澳蜃市、湯圍溫泉。 編查保甲，有戶6,739名，口75,087丁。
1826	道光六年	五月，嘉義、彰化分類械鬥波及蘭境。 九月，水沖田園，由署通判烏竹芳勘報請豁 十二月，粵人搶閩莊，烏石港奉文開設為正口。 十二月八日，江蘇丹徒人史慶芬署通判。 利澤簡堡永安宮於此年創建。 淇武蘭堡天農廟於此年創建。 利澤簡堡福德廟於此年創建。 編查保甲，有戶6,830名，口75,478丁。
1827	道光七年	三月，浙江錢塘人洪煌署噶瑪蘭通判，歿於任上。 十二月，雲南舉人李廷璧署噶瑪蘭通判。 利澤簡堡晉安宮於此年創建。 羅東堡勉民堂於此年創建。 編查保甲，有戶6,830名，口76,350丁。

西元	清紀年	大事件
1828	道光八年	水沖田園,由署通判朱材哲續報請豁。 頭圍堡補天宮於此年創建。 編查保甲,有戶6,830名,口76,250丁。
1829	道光九年	春夏之交,青黃不接,米價驟昂;建木佛寺於廳治北門外下渡頭(民壯圍堡慈雲寺於此年創建)。 編查保甲,有戶6,830名,口78,082丁。
1830	道光十年	二月十五日,薩廉署通判,重修噶瑪蘭城的城門 八月,挑夫林瓶、林儱等糾夥鬥殺,總兵劉廷斌會同守備王衍慶、通判薩廉平之。 薩廉重建仰山書院,陳淑均任仰山書院院長。 編查保甲,有戶6,830名,口78,871丁。
1831	道光十一年	九月,陳淑均修《噶瑪蘭廳治》。 十二月七日,山西進士全卜年自惠安知縣陞任噶瑪蘭廳通判。
1832	道光十二年	春,地震,頭圍倉廒圮。 秋,《噶瑪蘭廳志》初稿成 員山堡保安宮於此年創建。 員山堡慶安廟於此年創建。 頂二結堡順安宮於此年創建。 頭圍堡池府王爺廟於此年創建。
1833	道光十三年	十一月,地震,田園傾倒;水沖田園。 頂二結堡靈惠廟於此年創建。 編審戶口,有戶7,370,口82,390丁。 通判全卜年頒立「禁止漢人侵削社番保留地碑」敘述楊廷理開蘭時議定番社加留餘埔事宜。
1834	道光十四年	利澤簡堡福德廟於此年創建。
1835	道光十五年	四月十二日,湖南舉人魏瀛署噶瑪蘭通判。 七月一日,江西舉人葉之筠署噶瑪蘭通判。

西元	清紀年	大事件
		十一月十七日，山東舉人柯培元署噶瑪蘭通判。 十二月六日，葉之筠再署噶瑪蘭通判。 清水溝堡保安宮於此年創建。 打那美堡福德廟於此年創建。 打那美堡福德廟於此年創建。
1836	道光十六年	無。
1837	道光十七年	五月二十九日，貴州舉人李若琳署噶瑪蘭通判 羅東堡鎮安宮於此年創建。 頂二結堡省民堂於此年創建。 柯培元《噶瑪蘭志略》成。 奈立丹社、辛仔罕社、淇武蘭社部分平埔族人遷往橋枋胡。
1838	道光十八年	一月二十四，河南進士閣炘署噶瑪蘭通判 猴猴社遷入具南方澳西北猴猴高地。
1839	道光十九年	四月二十五日，江蘇舉人徐廷掄任噶瑪蘭通判。
1840	道光二十年	黃纘緒，字紹芳，中舉人，為開蘭第一人。 陳淑均《噶瑪蘭廳志稿》成 編審戶口，有戶8,249，口91,766丁。
1841	道光二十一年	水沖田園，通判徐廷掄續報請豁正供穀。
1842	道光二十二年	九月，噶瑪蘭廳學額獨立於淡水廳。 水沖田園，通判徐廷掄造報請豁正供穀。 羅東堡振興廟於此年創建。 員山堡保安宮於此年創建。
1843	道光二十三年	十二月十一日，湖北進士朱材哲署噶瑪蘭通判 水沖田園，通判朱材哲造報請豁正供穀。 頭圍堡接天宮於此年創建。
1844	道光二十四年	水沖田園，通判朱材哲造報請豁正供穀。 利澤簡堡定安宮於此年創建。 員山堡慈惠寺於此年創建。

西元	清紀年	大事件
1845	道光二十五年	清水溝堡鎮安宮於此年創建。
1846	道光二十六年	報生鹿埔辛仔罕等庄田園一九九二甲三厘二毫五絲五忽。
1847	道光二十七年	頂二結堡福德廟於此年創建。
1848	道光二十八年	四月二十七日,貴州銅仁府人楊承澤任噶瑪蘭通判。 九月,西勢大風三日,西勢等地男女共六十餘人被壓斃,大里簡等地壓斃七十餘人,田園房屋損壞無數。 編審戶口,有戶8,357,口100,088丁。
1849	道光二十九年	五月十九日,正黃旗滿人卓津署噶瑪蘭通判。 利澤簡堡保安宮於此年創建。 仰山書院生員李棋生續輯《噶瑪蘭廳志》。
1850	道光三十年	六月,西勢大湖庄突起旋風降雹,打傷佃農田園稻蔬。 頂二結堡德義宮於此年創建。
1851	咸豐元年	六月,四結街巷失火,延燒草屋瓦房二百餘間,兵房六十八間。 李春華,字正芳,考中辛亥恩科,為蘭廳第二位舉人。 淇武蘭堡三皇宮於此年創建。 打那美堡保安宮於此年創建。
1852	咸豐二年	十一月,《噶瑪蘭廳志》付梓。 打那美堡永安宮於此年創建。 淇武蘭堡三山國王廟於此年創建。 淇武蘭堡協和廟於此年創建。 頭圍堡福德廟於此年創建。

西元	清紀年	大事件
1853	咸豐三年	八月十四日，噶瑪蘭農民吳磋聚眾起事，通判董正官率兵捕之遇害。 十二月，楊承澤再任通判。 宜蘭平埔族移居花蓮。 淇武蘭堡福德廟於此年創建。
1854	咸豐四年	無。
1855	咸豐五年	無。
1856	咸豐六年	一月，立「噶瑪蘭廳嚴禁差胥需索社番貼費碑」。 二月，四川人黃體元署噶瑪蘭通判。 十月，浙江人秋曰覲任噶瑪蘭通判。
1857	咸豐七年	英人米林計劃開墾噶瑪蘭。 在五圍建東嶽大帝廟。
1858	咸豐八年	林源記、林士應合夥承買朱興隆埤圳底一道。 淇武蘭堡永惠廟於此年創建。
1859	咸豐九年	李望洋、李春波中舉人。
1860	咸豐十年	十月，甘肅人王衢署噶瑪蘭通判。 頭圍堡中興廟於此年創建。
1861	咸豐十一年	李逢時拔貢生。 頭圍堡集惠廟於此年創建。
1862	同治元年	一月，湖南人喻盛瀛代理噶瑪蘭通判。 楊士芳、林步瀛中舉人。 打那美堡振安宮於此年創建。 茅仔寮堡勝安宮於此年創建。 淇武蘭堡新生帝王廟於此年創建。 利澤簡堡寶山寺於此年創建。 茅仔寮堡明德宮於此年創建。 淇武蘭堡東安廟於此年創建。 頭圍堡福德廟於此年創建。

西元	清紀年	大事件
1863	同治二年	四月，安徽人蕭澂署噶瑪蘭通判 頭圍堡福德廟於此年創建。 頭圍堡福德廟於此年創建。 利澤簡堡清水寺於此年創建。
1864	同治三年	六月，安徽人洪熙儔任噶瑪蘭通判 利澤簡堡忠善堂於此年創建。 民壯圍堡福德廟於此年創建。
1865	同治四年	羅東地方因林、李兩姓賭徒發生糾紛，爾後演變籌 為噶瑪蘭全境的西皮、福祿械鬥。
1866	同治五年	一月，江西人張國楷代理噶瑪蘭通判。 四月，四川人章覲文任噶瑪蘭通判。 十一月，羅東分類械鬥，平之。
1867	同治六年	掛印總兵劉明燈由淡北巡視噶瑪蘭。 茅仔寮堡萬善堂於此年創建。
1868	同治七年	閏四月，江蘇無錫人、監生丁承禧署蘭廳通判。 楊士芳中進士。 員山堡永廣廟於此年創建。
1869	同治八年	楊士芳倡建孔廟，宜蘭孔廟興建動工。
1870	同治九年	四月，山東海豐人、進士王文棨陞任噶瑪蘭廳通判 林師洙、陳望曾中舉人。
1871	同治十年	李望洋入都會試，考舉大挑一等。
1872	同治十一年	九月八日，日本陸軍少佐樺山資紀到臺灣調查。 噶瑪蘭廳增學額。 馬偕到蘭地，於沿途噶瑪蘭村莊醫病傳福音。 打那美堡定安宮於此年創建。 淇武蘭堡永興廟於此年創建。 利澤簡堡祈安宮於此年創建。 頭圍堡福德廟於此年創建。

西元	清紀年	大事件
1873	同治十二年	七月一日，樺山資紀赴基隆、蘇澳偵察。 李春潮中舉人。
1874	同治十三年	五月八日，日軍在屏東社寮地方登陸，爆發「牡丹社事件」。 解禁入番地之令。 樂師西皮、福祿兩派各集黨二千餘人爭鬥甚烈，提督羅大春命福祿首領陳輝煌率隊隨功，糾紛得以解決。 李逢時中舉人。 馬偕到猴猴族村中，僅剩十一戶。 員山堡碧仙宮於此年創建。 利澤簡堡福德祠於此年創建。
1875	光緒元年	一月十日，朝廷准沈葆楨奏，追諡鄭成功為「忠節」，建專祠（即延平郡王祠）於臺灣府城（今臺南市），以明季諸臣一一四人配祀。 九月十二日，噶瑪蘭廳改稱宜蘭縣，置臺北府，轄淡水、新竹、宜蘭三縣及基隆一廳。 孔廟明倫堂竣工。 民壯圍堡新福宮於此年創建。
1876	光緒二年	宜蘭縣設儒學。 李春瀾、連旭椿中舉。
1877	光緒三年	廢羅東巡檢，改置典史。 孔子廟落成。 烏石港河道壅塞。 利澤簡堡挽善堂於此年創建。
1878	光緒四年	馬偕來宜蘭傳教。 知縣馬桂芳於孔廟內立「臥碑」。 洪水為災，頭圍附近河水改從打馬煙出海，通烏石港之河道壅塞，船舶改由打馬煙出入。

西元	清紀年	大事件
		阿里史社的潘金盾等應漳人陳金合城招募,與漢人共七十餘人一起入墾三星地區。 五圍三結街孔廟竣工。 員山堡東嶽廟於此年創建。
1879	光緒五年	無。
1880	光緒六年	利澤簡堡福興廟於此年創建。
1881	光緒七年	馬偕到噶瑪蘭。 頂二結堡萬應廟於此年創建。
1882	光緒八年	員山堡萬善祠於此年創建。 民壯圍堡開興廟於此年創建。 民壯圍堡鎮安宮於此年創建。 頂二結堡福德廟於此年創建。 頭圍堡福德廟於此年創建。 民壯圍堡同興廟於此年創建。
1883	光緒九年	二月初,設番社頭、婆羅新仔宛、淇武蘭、武暖、打馬煙等五所禮拜堂。 八月中,設掃笏、南方澳、打那美、埤頭、奇立板、董門頭、奇立丹、奇武荖、大竹圍等九所禮拜堂 九月,在宜蘭建十一所教堂。
1884	光緒十年	中法戰爭波及臺灣,劉銘傳督辦臺灣防務。 民壯圍堡大眾爺廟於此年創建。 頭圍堡城隍廟於此年創建。
1885	光緒十一年	五月二十六日,宜蘭知縣王家駒,因中法戰爭「任性勒捐」宜蘭殷戶周家芳,遭到革職處分。 九月五日,改福建巡撫為「福建臺灣巡撫」,以劉銘傳為首任巡撫。 七十餘戶平埔社眾集體入墾三星地區。 李望洋請准開缺回宜蘭辦理團練。

西元	清紀年	大事件
1886	光緒十二年	於叭哩沙設撫墾局。 頭圍林本源租館管事黃聯球的兒子黃春生被毆一事，引發西皮、福祿在頭圍械鬥。 頂二結堡鎮安廟於此年創建。 頂二結堡福德廟於此年創建。
1887	光緒十三年	十一月，開淡蘭便道。 林廷儀中舉人。 五圍三結街感應宮於此年創建。 員山堡鑑民堂於此年創建。 打那美堡覺善堂於此年創建。
1888	光緒十四年	八月四日，知縣林鳳章任內「虧短銀兩」被革職。 宜蘭禮拜堂增至二十八所。
1889	光緒十五年	九月，劉朝帶討南澳番陣亡。
1890	光緒十六年	六月，「憲禁使用牛油碑」頒立，不可妄宰耕牛，並禁止用牛油作燭。 五圍三結街西關廟於此年創建。 五圍三結街新民堂於此年創建，宜蘭縣鸞堂之濫觴。 林家租館館事陳丹春、何國設宴款待西皮、福祿首領，勸息爭。
1891	光緒十七年	溪州堡鎮安宮於此年創建。
1892	光緒十八年	八月十日，全臺營務總巡胡傳奉委到宜蘭各處巡查防務。
1893	光緒十九年	羅東堡勸世堂於此年創建。
1894	光緒二十年	因六月朝鮮問題，八月一日，日本向中國宣戰，甲午戰爭爆。 汪應泰任宜蘭縣知縣 林以佃、戴宗林中舉人。

西元	清紀年	大事件
		打那美堡城隍爺廟於此年創建。 員山堡福德廟於此年創建。
1895	光緒二十一年	四月十七日，中日馬關條約成，割讓臺灣。 六月，宜蘭縣知縣汪應泰移交與日本宜蘭支廳廳長河野圭一郎。 頭圍堡喚醒堂於此年創建。 清水溝堡景安宮於此年創建。

資料來源：（清）陳淑均編：《噶瑪蘭廳志》（臺北市：「行政院文建會委員會」，2006年）；（清）柯培元撰：《噶瑪蘭志略》（臺北市：「行政院文建會委員會」，2006年）；宜蘭文獻委員會編：《宜蘭縣志》（宜蘭縣：宜蘭縣文獻委員會，1969-1970年）；宜蘭縣政府民政局文獻課：《宜蘭縣寺廟專輯》（宜蘭縣：宜蘭縣政府，1979年）；宜蘭縣政府：《民國72年臺灣省宜蘭縣寺廟調查書》（宜蘭縣：宜蘭縣政府民政局，1983年）；頭城鎮志編纂委員會編：《頭城鎮志》（宜蘭縣：頭城鎮公所，1985年）；宜蘭縣政府：《民國75年臺灣省宜蘭縣寺廟未辦登記寺廟補辦登記手冊》（宜蘭縣：宜蘭縣政府民政局，1986年）；張坤三、李東明：《宜蘭縣壯圍鄉寺廟沿革誌》（宜蘭縣：壯圍鄉，1988年）；陳登欽：《宜蘭縣頭城鎮文化史蹟勘察測繪報告》（宜蘭縣：宜蘭縣政府，1992年）；宜蘭縣政府：《民國82年臺灣省宜蘭縣寺廟未辦登記寺廟第三次補辦登記手冊》（宜蘭線：宜蘭縣政府民政局，1993年）；陳進傳：《宜蘭縣傳統藝術資源調查報告書附冊一》（宜蘭縣：國立傳統藝術中心，1997年）；林錦賢編：《員山相褒歌》（宜蘭縣：員山鄉公所，2000年）；蘇美如：《宜蘭市志——歷史建築篇》（宜蘭縣：宜蘭市公所，2001年）；林正芳：《續修頭城鎮志》（宜蘭縣：頭城鎮公所，2002年）；中華綜合發展研究院應用史學研究所：《羅東鎮志》（宜蘭縣：羅東鎮公所，2002年）；游謙、施芳瓏：《宜蘭縣民間信仰》（宜蘭縣：宜蘭縣政府，2003年）；李心儀、陳世一：《礁溪鄉志（增新版）》（宜蘭縣：礁溪鄉公所，2010年）；彭瑞金：《蘇澳鎮志》（宜蘭縣：蘇澳鎮公所，2014年）；陳進傳：《宜蘭縣頭城鎮寺廟文物普查計畫成果報告書》（宜蘭縣：宜蘭縣立

蘭陽博物館，2014年）；陳進傳：《宜蘭縣宜蘭市寺廟文物普查計畫
成果報告書》（宜蘭縣：宜蘭縣立蘭陽博物館，2016年）；筆者田野
調查。

附表二
清代噶瑪蘭寺廟綜覽表

　　從吳沙入墾到臺灣割日為止這一百年間（1796-1895），噶瑪蘭地區出現有記錄的寺廟有一百二十四座，當中寺廟有明確建造年代則有一百一十三座，但有九座僅能約略知道其出現的年代。而本表將這百年間的一百二十四座寺廟，按創建年代順序編號，將其名稱、所在區域、主神神祇、現今地址分別列出，對於約略知道其出現的年代的九間寺廟放置於編號113之後。

編號	廟名	堡	創建年代	主祀神祇	現今地址
1	威惠廟	頭圍堡	嘉慶三年（1798）	開漳聖王	頭城鎮青雲路一段二五七號
2	澤蘭宮	淇武蘭堡	嘉慶六年（1801）	天上聖母	礁溪鄉吳沙村開蘭路一六一號
3	三興宮	淇武蘭堡	嘉慶七年（1802）	保生大帝	礁溪鄉三興巷四弄三號
4	福德廟	頭圍堡	嘉慶八年（1803）	福德正神	頭城鎮武營里一四五之一號
5	協天廟	淇武蘭堡	嘉慶九年（1804）	關聖帝君	礁溪鄉中山路一段五十一號
6	昭應宮	五圍三結街	嘉慶十二年（1807）	天上聖母	宜蘭市新民里中山路三段一〇六號
7	德陽宮	淇武蘭堡	嘉慶十二年（1807）	中壇元帥	礁溪鄉中山路二段一三三號

編號	廟名	堡	創建年代	主祀神祇	現今地址
8	文昌廟	五圍三結街	嘉慶十三年（1808）	文昌帝君／關聖帝君	宜蘭市文昌路六十六號
9	孝威五福宮	茅仔寮堡	嘉慶十六年（1811）	神農大帝	五結鄉孝威路三四一巷六號
10	五穀廟	五圍三結街	嘉慶十七年（1812）	神農大帝	宜蘭市神農路二段七十二號
11	進安宮	利澤簡堡	嘉慶十七年（1812）	天上聖母	蘇澳鎮南正里江夏路八十一號
12	先帝廟	利澤簡堡	嘉慶十七年（1812）	神農大帝	蘇澳鎮隆恩路十七號
13	福德廟	頂二結堡	嘉慶十七年（1812）	福德正神	五結鄉光復路十四號
14	城隍廟	五圍三結街	嘉慶十八年（1813）	城隍爺	宜蘭市城隍街十二號
15	景德宮	茅仔寮堡	嘉慶十九年（1814）	神農大帝	五結鄉五結路二段一九七號
16	慶和廟	五圍三結街	嘉慶二十年（1815）	輔順將軍	宜蘭市慶和街慶和巷十六號
17	大三鬮慈惠寺	員山堡	嘉慶二十年（1815）	觀音佛祖	員山鄉賢德路二段二九九號
18	慈德寺	羅東堡	嘉慶二十年（1815）	大眾爺	羅東鎮中正路一二八號
19	慶元宮	利澤簡堡	嘉慶二十一年（1816）	香山祖師	五結鄉新店路十一號
20	善永堂	利澤簡堡	嘉慶二十四年（1819）	開漳聖王	五結鄉利澤路五十三號

編號	廟名	堡	創建年代	主祀神祇	現今地址
21	光明寺	五圍三結街	嘉慶二十五年（1820）	清水祖師	宜蘭市西門路九十一號
22	蘭陽大興振安宮	打那美堡	道光元年（1821）	三山國王	冬山鄉大興路十六號
23	奠安宮	頂二結堡	道光二年（1822）	玄天上帝	五結鄉新生路二十號
24	善法寺	羅東堡	道光五年（1825）	佛祖	羅東鎮北成路一段六號
25	永安宮	利澤簡堡	道光六年（1826）	天上聖母	五結鄉利澤路二十六號
26	福德廟	利澤簡堡	道光六年（1826）	福德正神	五結鄉下福路
27	天農廟	淇武蘭堡	道光六年（1826）	神農大帝	礁溪鄉十六結路一〇〇號
28	晉安宮	利澤簡堡	道光七年（1827）	張公聖君	蘇澳鎮太平一巷十三號
29	慶元宮	頭圍堡	道光七年（1827）	天上聖母	頭城鎮城東里和平街一〇五號
30	勉民堂	羅東堡	道光七年（1827）	關聖帝君	羅東鎮中山路三段一九二號
31	補天宮	頭圍堡	道光八年（1828）	女媧娘娘	壯圍鄉壯濱路六段二七九號
32	慈雲寺	民壯圍堡	道光九年（1829）	觀音佛祖	宜蘭市七張路六十三號
33	靈惠廟	五圍三結街	道光十一年（1831）	開漳聖王	宜蘭市城隍街三十九號

編號	廟名	堡	創建年代	主祀神祇	現今地址
34	珓埤城保安廟	員山堡	道光十二年（1832）	三山國王	員山鄉湖東村利埤路十九號
35	慶安廟	員山堡	道光十二年（1832）	三山國王	員山鄉枕山路六十一號
36	順安宮	頂二結堡	道光十二年（1832）	天上聖母	五結鄉大吉五路一八一巷十二號
37	池府王爺廟	頭圍堡	道光十二年（1832）	池府王爺	頭城鎮頂埔路一段二五〇號
38	靈惠廟	頂二結堡	道光十三年（1833）	開漳聖王	五結鄉三吉中路一七八之一號
39	福德廟	利澤簡堡	道光十四年（1834）	福德正神	蘇澳鎮成興路五十四號
40	慶雲宮	頭圍堡	道光十六年（1836）	玉皇大帝	頭城鎮石城里濱海路七段三十三號
41	省民堂	頂二結堡	道光十七年（1837）	灶君	五結鄉三結東路十四號
42	震安宮	羅東堡	道光十七年（1837）	天上聖母	羅東鎮中正路三十三號
43	保安宮	員山堡	道光二十二年（1842）	三山國王	員山鄉洲子路二十七號
44	振興廟	羅東堡	道光二十二年（1842）	福德正神	冬山鄉富農路二段二九〇號
45	接天宮	頭圍堡	道光二十三年（1843）	玄天上帝	頭城鎮外澳里濱海路二段1巷二十一號
46	定安宮	利澤簡堡	道光二十四年（1844）	五顯大帝	蘇澳鎮存仁路一九九之一號

編號	廟名	堡	創建年代	主祀神祇	現今地址
47	三鬮二慈惠寺	員山堡	道光二十四年（1844）	觀音佛祖	員山鄉三鬮路三十三號
48	鎮安宮	清水溝堡	道光二十五年（1845）	保生大帝	三星鄉清洲路三十八之一號
49	永和寺	羅東堡	道光二十五年（1845）	觀音佛祖	羅東鎮復興路三段三號
50	協天宮	頂二結堡	道光二十七年（1847）	關聖帝君	五結鄉大吉路二十五號
51	保安宮	利澤簡堡	道光二十九年（1849）	福德正神	五結鄉下清路十之六號
52	茅埔城振安宮	打那美堡	道光三十年（1850）	三山國王	冬山鄉得安村得安一路一號
53	孝威德義宮	頂二結堡	道光三十年（1850）	關聖帝君	五結鄉中正東路四十二號
54	保安宮	打那美堡	咸豐元年（1851）	玄壇元帥	冬山鄉丸山路九十四號
55	奠安宮	羅東堡	咸豐元年（1851）	神農大帝	羅東鎮中山路三段一九五號
56	順安永安宮	打那美堡	咸豐二年（1852）	三山國王	冬山鄉義成路二段三七八巷十五號
57	新興庄三山國王廟	淇武蘭堡	咸豐二年（1852）	三山國王	礁溪鄉林尾路四十一號
58	協和廟	淇武蘭堡	咸豐二年（1852）	石頭公	礁溪鄉四結路八十一號
59	福德廟	頭圍堡	咸豐二年（1852）	福德正神	頭城鎮二城里十二鄰一七八號

編號	廟名	堡	創建年代	主祀神祇	現今地址
60	福德廟	淇武蘭堡	咸豐三年（1853）	福德正神	礁溪鄉柴圍路十號
61	永惠廟	淇武蘭堡	咸豐八年（1858）	開漳聖王	壯圍鄉古亭路二十號
62	中興廟	頭圍堡	咸豐十年（1860）	三王公	頭城鎮三和路五九八號
63	東城內城仔振安宮	打那美堡	咸豐十一年（1861）	三山國王	冬山鄉和睦路二十五號
64	集惠廟	頭圍堡	咸豐十一年（1861）	開漳聖王	礁溪鄉白雲一路五十一號
65	寶山寺	利澤簡堡	同治元年（1862）	清水祖師	蘇澳鎮中原路二十五號
66	勝安宮	茅仔寮堡	同治元年（1862）	玄天上帝	五結鄉大眾路七十八號
67	明德宮	茅仔寮堡	同治元年（1862）	開台聖王	五結鄉大眾路五十五號
68	新生帝王廟	淇武蘭堡	同治元年（1862）	保生大帝	宜蘭市北津路三十一號
69	東安廟	淇武蘭堡	同治元年（1862）	聖祖	壯圍鄉永美路三段八十一巷八十號
70	武營福德廟	頭圍堡	同治元年（1862）	福德正神	頭城鎮武營路十號
71	仙水寺	利澤簡堡	同治二年（1863）	觀音佛祖	五結鄉季水路七號
72	北門福德廟	頭圍堡	同治二年（1863）	福德正神	頭城鎮和平街一五四號

編號	廟名	堡	創建年代	主祀神祇	現今地址
73	南門福德廟	頭圍堡	同治二年（1863）	福德正神	頭城鎮和平街四十四號
74	福德廟	民壯圍堡	同治三年（1864）	福德正神	壯圍鄉永鎮路七十六號
75	忠善堂	利澤簡堡	同治三年（1864）	大眾爺	五結鄉下福東路三十七號
76	開成寺	頭圍堡	同治三年（1864）	觀音佛祖／城隍爺	頭城鎮吉祥路一號
77	萬善堂	茅仔寮堡	同治六年（1867）	有應公	五結鄉五結中路一段
78	永廣廟	員山堡	同治七年（1868）	三山國王	員山鄉永廣路二十二號
79	廣惠宮	利澤簡堡	同治十年（1871）	廣惠尊王	五結鄉下福東路十五號
80	定安宮	打那美堡	同治十一年（1872）	天上聖母	冬山鄉冬山路三〇五號
81	祈安宮	利澤簡堡	同治十一年（1872）	池府王爺	五結鄉季水路五十一號
82	永興廟	淇武蘭堡	同治十一年（1872）	三山國王	礁溪鄉三皇路一一二巷十四號
83	廣安牛寮仔廣安宮	清水溝堡	同治十一年（1872）	三山國王	冬山鄉廣安村廣安路十九號
84	二城福德廟	頭圍堡	同治十一年（1872）	福德正神	頭城鎮二城里九鄰二三〇號
85	福德祠	利澤簡堡	同治十三年（1874）	福德正神	五結鄉利澤西路

編號	廟名	堡	創建年代	主祀神祇	現今地址
86	碧仙宮	員山堡	同治十三年（1874）	三山國王	員山鄉溫泉路六十五號
87	新福宮	民壯圍堡	光緒元年（1875）	福德正神／神農	宜蘭市凱旋路十四號
88	孔廟	五圍三結街	光緒二年（1876）	孔子	宜蘭市新興路一七〇號
89	挽善堂	利澤簡堡	光緒三年（1877）	關聖帝君	蘇澳鎮成興路一〇〇號
90	東嶽廟	員山堡	光緒四年（1878）	東嶽大帝	宜蘭市中山路二段二九九號
91	福興廟	利澤簡堡	光緒六年（1880）	開漳聖王	五結鄉利澤西路三十四號
92	萬應廟	頂二結堡	光緒七年（1881）	有應公	五結鄉中正西路四十四號
93	開興廟	民壯圍堡	光緒八年（1882）	開台聖王	宜蘭市延平一路一四八巷六號
94	鎮安宮	民壯圍堡	光緒八年（1882）	開漳聖王	壯圍鄉廍後路八十四號
95	同興廟	民壯圍堡	光緒八年（1882）	廣澤尊王	宜蘭市中山路三段二四一號
96	萬善祠	員山堡	光緒八年（1882）	有應公	員山鄉大安路四十號
97	四結福德廟	頂二結堡	光緒八年（1882）	福德正神	五結鄉福德路六十八號
98	福德廟	頭圍堡	光緒八年（1882）	福德正神	頭城鎮拔雅里一一八之一號

編號	廟名	堡	創建年代	主祀神祇	現今地址
99	大眾爺廟	民壯圍堡	光緒十年（1884）	大眾爺	壯圍鄉廍後路一號
100	鎮安廟（二結王公廟）	頂二結堡	光緒十二年（1886）	古公三王	五結鄉舊街一路八十號
101	福德廟	頂二結堡	光緒十二年（1886）	福德正神	五結鄉舊街路六十八號
102	感應宮	五圍三結街	光緒十三年（1887）	孚佑帝君	宜蘭市城隍街十四號
103	覺善堂	打那美堡	光緒十三年（1887）	觀音佛祖	冬山鄉美和路二段二〇五號
104	鑑民堂	員山堡	光緒十三年（1887）	關聖帝君	宜蘭市進士路四十號
105	西關廟	五圍三結街	光緒十六年（1890）	關聖帝君	宜蘭市舊城西路二十九號
106	新民堂	五圍三結街	光緒十六年（1890）	濟世光耀大帝	宜蘭縣新民路一五三號
107	慈惠寺	羅東堡	光緒十六年（1890）	釋迦牟尼	羅東鎮清潭路二號
108	鎮安宮	溪州堡	光緒十七年（1891）	關聖帝君	三星鄉大埔路一六一號
109	勸世堂	羅東堡	光緒十九年（1893）	救世真人	羅東鎮愛國路一〇七號
110	城隍爺廟	打那美堡	光緒二十年（1894）	城隍爺	冬山鄉香中路五〇八巷三十六之一號
111	福德廟	員山堡	光緒二十年（1894）	福德正神	宜蘭市南橋路三十六號

編號	廟名	堡	創建年代	主祀神祇	現今地址
112	境安宮	清水溝堡	光緒二十一年（1895）	玄天上帝	冬山鄉柯林路三十號
113	喚醒堂	頭圍堡	光緒二十一年（1895）	天王君	頭城鎮纘祥路三十九號
114	興安宮	清水溝堡	嘉慶中葉	三山國王	羅東鎮北成路二段三十八號
115	福德祠	頂二結堡	道光初年	福德正神	五結鄉三結東路十四號
116	開漳聖王廟	員山堡	道光初年	開漳聖王	宜蘭市泰山路負郭一巷二十二號
117	永福宮	打那美堡	道光初年	三山國王	冬山鄉太和路六十五號
118	福德廟	打那美堡	道光年間	福德正神	冬山鄉丸山路一〇三號
119	福德廟	打那美堡	道光年間	福德正神	冬山鄉丸山路九十四號
120	慶安寺	民壯圍堡	道光年間	廣澤尊王	壯圍鄉廍後路三十六號
121	保安宮	清水溝堡	道光年間	保生大帝	三星鄉尾塹路二十七號
122	三皇宮	淇武蘭堡	咸豐年間	三官大帝	礁溪鄉三皇路二號
123	慶安宮	羅東堡	咸豐年間	開臺聖王	羅東鎮中正南路一七五號
124	慶昌廟	羅東堡	同治年間	玄天上帝	羅東鎮西寧路六十六號

資料來源：（清）陳淑均編：《噶瑪蘭廳志》（臺北市：「行政院文建會委員會」，2006年）；（清）柯培元撰：《噶瑪蘭志略》（臺北市：「行政院文建會委員會」，2006年）；宜蘭文獻委員會編：《宜蘭縣志》（宜蘭縣：宜蘭縣文獻委員會，1969-1970年）；宜蘭縣政府民政局文獻課：《宜蘭縣寺廟專輯》（宜蘭縣：宜蘭縣政府，1979年）；宜蘭縣政府：《民國72年臺灣省宜蘭縣寺廟調查書》（宜蘭縣：宜蘭縣政府民政局，1983年）；頭城鎮志編纂委員會編：《頭城鎮志》（宜蘭縣：頭城鎮公所，1985年）；宜蘭縣政府：《民國75年臺灣省宜蘭縣寺廟未

辦登記寺廟補辦登記手冊》（宜蘭縣：宜蘭縣政府民政局，1986
年）；張坤三、李東明：《宜蘭縣壯圍鄉寺廟沿革誌》（宜蘭縣：壯圍
鄉，1988年）；陳登欽：《宜蘭縣頭城鎮文化史蹟勘察測繪報告》（宜
蘭縣：宜蘭縣政府，1992年）；宜蘭縣政府：《民國82年臺灣省宜蘭
縣寺廟未辦登記寺廟第三次補辦登記手冊》（宜蘭縣：宜蘭縣政府民
政局，1993年）；陳進傳：《宜蘭縣傳統藝術資源調查報告書附冊一》
（宜蘭縣：國立傳統藝術中心，1997年）；林錦賢編：《員山相褒歌》
（宜蘭縣：員山鄉公所，2000年）；蘇美如：《宜蘭市志──歷史建
築篇》（宜蘭縣：宜蘭市公所，2001年）；林正芳：《續修頭城鎮志》
（宜蘭縣：頭城鎮公所，2002年）；中華綜合發展研究院應用史學研
究所：《羅東鎮志》（宜蘭縣：羅東鎮公所，2002年）；游謙、施芳
瓏：《宜蘭縣民間信仰》（宜蘭縣：宜蘭縣政府，2003年）；李心儀、
陳世一：《礁溪鄉志（增新版）》（宜蘭縣：礁溪鄉公所，2010年）；
彭瑞金：《蘇澳鎮志》（宜蘭縣：蘇澳鎮公所，2014年）；陳進傳：
《宜蘭縣頭城鎮寺廟文物普查計畫成果報告書》（宜蘭縣：宜蘭縣立
蘭陽博物館，2014年）；陳進傳：《宜蘭縣宜蘭市寺廟文物普查計畫
成果報告書》（宜蘭縣：宜蘭縣立蘭陽博物館，2016年）；筆者田野
調查。

參考書目

一 史料

（一）奏摺、官方檔案

1 清代

中央研究院歷史語言研究所編　《明清史料戊編》（第六本）　臺北市　中央研究院歷史語言研究所　1972年

洪安全、沈景鴻等編輯

　　《清宮月摺檔臺灣史料》（八冊）　臺北市　國立故宮博物院　1994年

　　《清宮諭旨檔臺灣史料》（六冊）　臺北市　國立故宮博物院　1996年

　　《清宮廷寄檔臺灣史料》（三冊）　臺北市　國立故宮博物院　1998年

洪安全主編　《清宮宮中檔奏摺臺灣史料》（四冊）　臺北市　國立故宮博物院　2001年

不著撰人　《魚鱗圖冊》　第1-2冊：臺北府宜蘭縣丈量冊　第3冊：紅水溝保魚鱗花戶冊　宜蘭縣史館藏

臺灣銀行經濟研究室編

　　《淡水廳築城案卷》　臺灣文獻叢刊第171種　臺北市　臺灣銀行經濟研究室　1963年

《臺案彙錄丙集》　臺灣文獻叢刊第176種　臺北市　臺灣銀行經濟研究室　1963年

《臺灣私法物權編》　臺灣歷史文獻叢刊第150種　臺北市　臺灣銀行經濟研究室　1963年

《臺案彙錄辛集》　臺灣文獻叢刊第205種　臺北市　臺灣銀行經濟研究室　1964年

《劉銘傳撫臺前後檔案》　臺灣文獻叢刊第276種　臺北市　臺灣銀行經濟研究室　1969年

《道咸同光四朝奏議選輯》　臺銀叢刊第288種　臺北市　臺灣銀行經濟研究室　1971年

《福建臺灣奏摺》　南投縣　臺灣省文獻委員會　1997年

劉銘傳　《劉壯肅公奏議》　臺灣文獻叢刊第27種　臺北市　臺灣銀行經濟研究室　1960年

2　日治

臺灣總督府
〈三十年戶口調查表〉　《臺灣總督府公文類纂》　明治31年（1898）　乙種永久保存類　第32卷第8門

〈宜蘭廳街庄社名查定の件認可〉　《臺灣總督府公文類纂》　明治33年（1900）　乙種永久保存類　第15卷第7門

《宜蘭縣祭祀公業土地稅總歸戶冊》　藏於宜蘭縣史館

《羅東寺廟臺帳》　藏於宜蘭縣史館

《羅東鎮神明會臺帳》　藏於宜蘭縣史館

五結庄役場編　《五結庄寺廟臺帳》　宜蘭縣　五結庄役場　1936年

臨時臺灣土地調查局著　《臺灣舊慣制度調查一斑》　臺北市　臨時臺灣土地調查局　1901年

宜蘭郡役所編

  《宜蘭郡勢一覽》 宜蘭縣 宜蘭郡役所 1930年

  《宜蘭郡要覽》 宜蘭縣 編者 1933年

宜蘭廳庶務課 《宜蘭廳統計書》 影印本 現存宜蘭縣縣史館

宜蘭廳編

  《宜蘭廳治一斑》 宜蘭縣 宜蘭廳 1916年

  《宜蘭廳第八統計書》 宜蘭縣 宜蘭廳 1917年

  《宜蘭廳治一斑》 宜蘭縣 宜蘭廳 1985年

  《宜蘭廳第五統計書》 宜蘭縣 宜蘭廳 1911年

  《宜蘭廳第六統計書》 宜蘭縣 宜蘭廳 1914年

  《宜蘭廳報》 宜蘭縣 宜蘭廳 1900-1920年

溫國良編 《臺灣總督府公文類纂宗教史料彙編明治二十八年十月至明治三十五年四月》 南投縣 臺灣省文獻委員會 1999年

臺北州警務部編臺灣總督府官房調查課 《臺灣在籍漢民族鄉貫別調查》 臺北市 臺北州警務部編臺灣總督府官房調查課 1928年

臺灣總督府臨時土地調查局

  《宜蘭廳管內埤圳調查書》 影印本 現存宜蘭縣縣史館

  《大租取調書附屬參考書》 臺北市 臨時臺灣土地調查局 1904年

  《臺灣土地慣行一斑》 臺北市 臺灣日日新報社 1905年

  《宜蘭廳管內埤圳調查書》 宜蘭縣 宜蘭縣史館藏 1905年

  《清賦一斑》 臺北市 南天出版社 1998年

礁溪庄役場編 《礁溪庄勢一覽》 宜蘭縣 礁溪庄役場 1933年

臺灣總督府內務局 《宜蘭濁水溪治水事業概要》 臺北市 臺灣總督府內務局 1938年

臺灣總督府臨時臺湾旧慣調查会編　《臺湾私法：臨時臺湾旧慣調查
　　　会第一部調查第三回報告書》　第2卷　上卷　臺北市　臨
　　　時臺湾旧慣調查会　明治43-44年
臺灣總督府臨時臺灣戶口調查部
　　　《明治三十八年十二月三十一日臺灣現住人口統計》　臺北
　　市　臨時臺灣戶口調查部　1907年
　　　《明治三十八年臨時臺灣戶口調查要計表》街庄社別住居及
　　戶口等　臺北市　臨時臺灣戶口調查部　1907年
　　　《明治三十八年臨時臺灣戶口調查集計原表》地方之部　臺
　　北市　臨時臺灣戶口調查部　1907年
　　　《明治三十八年臨時臺灣戶口調查結果表》　臺北市　臨時
　　臺灣戶口調查部　1908年
臺灣總督府臨時臺灣舊慣調查會編
　　　《臺灣慣習記事》　臺北市　臨時臺灣舊慣調查會　1903年
　　　《臺灣舊慣調查報告書》　臺北市　臨時臺灣舊慣調查會
　　1904年
　　　《調查經濟資料報告》上卷　臺北市　臨時臺灣舊慣調查會
　　1905年
羅東街役場編　《羅東街勢一覽》　宜蘭縣　羅東街役場　1934年
蘇澳郡役所編　《蘇澳郡勢一覽》　宜蘭縣　蘇澳郡役所　1931年

（二）方志、日記與文集

1　方志

王必昌　《重修臺灣縣志》　臺灣文獻叢刊113種　臺北市　臺灣銀
　　行經濟研究室　1752年

孫爾準等修，陳壽祺等纂　《重纂福建通志》　臺北市　華文書局
　　　　1968年

周　璽　《彰化縣志》　臺北市　「行政院文化建設委員會」　2006年

柯培元　《噶瑪蘭志略》　臺北市　「行政院文建會委員會」　2006年

陳培桂　《淡水廳志》　臺灣文獻叢刊第172種　臺北市　臺灣銀行
　　　　經濟研究室　1963年

陳淑均　《噶瑪蘭廳志》　臺北市　「行政院文建會委員會」　2006年

陳壽祺　《福建通志臺灣府》　臺灣銀行叢刊第84種　臺北市　臺灣
　　　　銀行經濟研究室　1960年

陳夢林　《諸羅縣志》　南投縣　臺灣省文獻委員會　1984年

臺灣省文獻委員會編

　　　　《臺灣省通志稿》臺中市　編者　1972年

　　　　《重修臺灣省通志》臺中市　編者　1992年

蔣毓英　1993年《臺灣府志》　臺北市　「行政院文化建設委員會」
　　　　2004年

薛紹元　《臺灣通志》　臺灣文獻叢刊第130種　臺北市　臺灣銀行
　　　　經濟研究室　1962年

2　文集與日記

（日）村上直次郎著、郭輝譯　《巴達維亞城日記》第二冊　臺中市
　　　　臺灣省文獻會　1970年

姚　瑩

　　　　《中復堂選集》　臺灣銀行叢刊第83種　臺北市　臺灣銀行
　　　　經濟研究室　1960年

　　　　《東槎紀略》　南投縣　臺灣省文獻委員會　1996年

偕叡理原著、王榮昌等翻譯　《馬偕日記1871-1901》　臺北市　玉
　　　　山社出版事業公司　2012年

偕叡理原著、林晚生翻譯　《福爾摩沙紀事：馬偕臺灣回憶錄》　臺
　　　北市　前衛出版社　2007年
黃叔璥　《臺海使槎錄》　南投縣　臺灣省文獻委員會　1996年
臺灣經濟研究室編　《吳光祿使閩奏稿選錄》　臺灣文獻叢刊第231
　　　種　臺北市　臺灣銀行經濟研究室　1966年
臺灣經濟研究室編　《劉壯肅公奏議》　臺灣文獻叢刊第27種　臺北
　　　市　臺灣銀行經濟研究室　1958年
劉　璈　《巡臺退思錄》　南投縣　臺灣省文獻委員會　1996年
蔣師轍　《臺游日記》　南投縣　臺灣省文獻委員會　1997年
藍鼎元　《東征集》　臺北市　臺灣銀行經濟研究室　1958年
羅大春　《臺灣海防並開山日記》　南投縣　臺灣省文獻委員會
　　　1997年

（三）契約文書、碑刻

石阪莊作　《北臺灣之古碑》　臺北市　臺灣日日新報社　1923年
何培夫
　　　　　《臺灣地區現存碑碣圖誌──宜蘭縣、基隆篇》　臺北市
　　　中央圖書館臺灣分館　1999年
　　　　　《臺灣地區現存碑碣圖誌補遺篇》　臺北市　中央圖書館臺
　　　灣分館　1999年
邱水金主編
　　　　　《宜蘭古文書》第壹輯　宜蘭縣　宜蘭縣立文化中心　1994年
　　　　　《宜蘭古文書》第貳輯　宜蘭縣　宜蘭縣立文化中心　1995年
　　　　　《宜蘭古文書：五結張氏家藏之一》第參輯　宜蘭縣　宜蘭
　　　縣立文化中心　1996年
　　　　　《宜蘭古文書：五結張氏家藏之二》第肆輯　宜蘭縣　宜蘭
　　　縣立文化中心　1996年

《宜蘭古文書》　第伍輯　宜蘭縣　宜蘭縣立文化中心　1998年

陳金奇主編

《宜蘭古文書：二結簡氏家藏》第陸輯　宜蘭縣　宜蘭縣立文化中心　2004年

陳長城等　《宜蘭縣古碑拾遺》　藏於宜蘭縣史館　1986年

陳朝龍　《新竹縣采訪冊》　臺銀叢刊第145種　臺北市　臺灣銀行經濟研究室　1960年

童元昭、曾振名主編　《噶瑪蘭西拉雅古文書》　臺北市　臺灣大學人類學系　1999年

王世慶主編　1999年　《臺灣公私藏古文書彙編》　第8輯　出版地不詳　美國亞洲學會臺灣研究小組出版　藏於中研院史語所傅斯年圖書館　1977年

廖正雄主編

《宜蘭古文書：擺厘陳氏家藏之一》第柒輯　宜蘭縣　宜蘭縣立文化中心　2010年

《宜蘭古文書：擺厘陳氏家藏之二》第捌輯　宜蘭縣　宜蘭縣立文化中心　2011年

《宜蘭古文書：擺厘陳氏家藏之三》第玖輯　宜蘭縣　宜蘭縣立文化中心　2012年

《宜蘭古文書》　第拾輯　宜蘭縣　宜蘭縣立文化中心　2013年

（四）報紙

《臺灣新報》　明治29年6月至明治31年4月

《臺灣日日新報》　明治31年4月至大正11年12月

《漢文臺灣日日新報》　明治38年7月至明治44年11月

（五）其他

不著撰人　《臺灣府輿圖纂要》　臺灣銀行叢刊第181種　臺北市　臺灣銀行經濟研究室　1963年

宜蘭廳原編，朱素存翻譯，廖英傑主編　《宜蘭廳治一斑》　宜蘭縣　宜蘭縣縣史館　2015年

臺北州警務部原編，李素月等著　《臺北州理蕃誌舊宜蘭廳》　宜蘭縣　宜蘭縣縣史　2014年

臺灣總督府警務局編　《理蕃誌稿》　臺北市　臺灣總督府警務局　1918-1935年

臺灣銀行經濟研究室編　《臺灣府輿圖纂要》　臺灣文獻叢刊第181種　臺北市　臺灣銀行經濟研究室　1963年

臨時臺灣土地調查局著　《臺灣堡圖》　明治三十七年調製　臺灣日日新報　大正四年出版　臺北市　遠流出版社　1996年

臺北州編　《臺北州報》臺北市　臺北州　1920-1945年

臺北州警務部　《臺北州理蕃誌──舊宜蘭廳上、下編》　臺北市　臺北州警務部　1924年

臺灣慣習研究會　《臺灣慣習記事》　第3卷第1期　臺北市　臺灣慣習研究會　1903年

二　專書

（日）藤島亥治郎　《臺灣原味建築》　臺北市　常民文化出版社　2000年

中華綜合發展研究院應用史學研究所　《羅東鎮志》　宜蘭縣　羅東鎮公所　2002年

仇德哉

  《宗廟英烈》 臺灣寺廟文化第4輯 雲林縣 信通書局
  1982年

  《臺灣之寺廟與神明四》 臺中市 臺灣省文獻委員會
  1983年

  《臺灣之寺廟與神明二》 臺中市 臺灣省文獻委員會
  1984年

內政部 《全國寺廟名冊》 臺北市 內政部民政司編印 2001年

尹章義

  《臺灣開發史研究》 臺北市 聯經出版公司 1989年

  《臺灣客家史研究》 臺北市 臺北市政府客家事務委員會
  2003年

王志宇 《寺廟與村落——臺灣漢人社會的歷史文化觀察》 臺北市
  文津出版社 2008年

王學新譯著 《日據時期宜蘭地區原住民史料彙編與研究》 南投縣
  臺灣省文獻委員會 2001年

王業鍵

  《清代經濟史論文集》第一冊 臺北市 稻鄉出版社 2003年

  《清代經濟史論文集》第二冊 臺北市 稻鄉出版社 2003年

王曉朝 《宗教學基礎十五講》 北京市 北京大學出版社 2004年

白長川 《羅東歷史地名尋根》 宜蘭縣 羅東鎮公所 2003年

朱元壽 《神誕譜》 臺北市 中午出版社 1975年

何政廣 《臺灣神像藝術》 臺北市 藝術家出版社 1993年

吳文星 《頭城鎮志》 宜蘭縣 頭城鎮公所 1985年

呂宗力、欒保群著 《中國民間諸神》 石家莊市 河北教育出版社
  2001年

宋光宇　《宗教與社會》　臺北市　東大書局　1995年

李壬癸　《宜蘭縣南島民族與語言》　宜蘭縣　宜蘭縣政府　1996年

李心儀、陳世一　《礁溪鄉誌》　宜蘭縣　礁溪鄉公所　2010年

李亦園　《文化與圖像下》　臺北市　允晨文化實業公司　1992年

李奕興　《臺灣傳統彩繪》　臺北市　藝術家出版社　1993年

李乾朗

　　　　《宜蘭昭應宮調查研究》　臺北市　「行政院文化建設委員會」　1988年

　　　　《臺灣建築閱覽》　臺北市　玉山社出版公司　1996年

　　　　《臺灣傳統建築》　臺北市　東華書局　1998年

　　　　《臺灣建築史》　臺北市　雄獅圖書公司　2007年

卓克華

　　　　《從寺廟發現歷史──臺灣寺廟文獻之解讀與意涵》　臺北市　揚智文化事業公司　2003年

　　　　《從古蹟發現歷史》　臺北市　揚智文化事業公司　2004年

　　　　《寺廟與臺灣開發史》　臺北市　揚智文化事業公司　2006年

　　　　《竹塹媽祖與寺廟》　臺北市　揚智文化事業公司　2006年

　　　　《清代臺灣行郊之研究》　臺北市　揚智文化事業公司　2007年

　　　　《民間文書與媽祖廟之研究》　臺北市　揚智文化事業公司　2010年

　　　　《宜蘭古蹟揭密──古道、寺廟與宜蘭人》　臺北市　蘭臺出版社　2016年

協天廟　《敕建礁溪協天廟簡介》　宜蘭縣　協天廟管理委員會　1969年

周木全　《慈德寺城隍廟》　宜蘭縣　慈德寺管理委員會　1991年

宜蘭文獻委員會編

　　　　《宜蘭縣志》　宜蘭縣　宜蘭縣文獻委員會　1969-1970年

　　　　《宜蘭縣志》　宜蘭縣　宜蘭縣文獻委員會　1954年

宜蘭市志編纂小組　《宜蘭市耆老座談會實錄》　宜蘭市　宜蘭市公
　　　所　2000年

宜蘭縣政府

　　　　《民國72年臺灣省宜蘭縣寺廟調查書》　宜蘭縣　宜蘭縣政
　　　府民政局　1983年

　　　　《民國75年臺灣省宜蘭縣寺廟未辦登記寺廟補辦登記手冊》
　　　宜蘭縣　宜蘭縣政府民政局　1986年

　　　　《民國82年臺灣省宜蘭縣寺廟未辦登記寺廟第三次補辦登記
　　　手冊》　宜蘭縣　宜蘭縣政府民政局　1993年

宜蘭縣政府民政局文獻課　《宜蘭縣寺廟專輯》　宜蘭縣　宜蘭縣政
　　　府　1979年

東嶽廟　《東嶽廟沿革史》　宜蘭縣　東嶽廟管理委員會　1984年

林正芳

　　　　《宜蘭市志》　宜蘭縣　宜蘭市公所　2003年

　　　　《續修頭城鎮志》　宜蘭縣　頭城鎮公所　2003年

　　　　《宜蘭城與宜蘭人的生活》　宜蘭縣　宜蘭縣政府　2004年

林玉茹

　　　　《清代臺灣港口的空間結構》　臺北市　知書房　1996年

　　　　《比較視野下的臺灣商業傳統》　臺北市　中央研究院臺灣
　　　史研究所　2012年

林玲玲　《宜蘭縣文職機關之變革》　宜蘭縣　宜蘭縣政府　1997年

林美容

　　　　《臺灣民間信仰研究書目》　臺北市　中央研究院民族學研
　　　究所　1991年

《鄉土史與村莊史—人類學者看地方》 臺北市 臺原出版社 2000年

《信仰、儀式與社會》 臺北市 中央研究院民族學研究所 2002年

林偉盛 《羅漢腳：清代臺灣社會與分類械鬥》 臺北市 自立晚報 1993年

林萬榮 《宜蘭史畧》 宜蘭縣 宜蘭縣立文化中心 1973年

林衡道

《臺灣的歷史與民俗》 臺北市 青文出版社 1966年

《臺灣勝蹟採訪冊》 臺中市 臺灣省文獻委員會 1977年

《臺灣寺廟概覽》 臺中市 臺灣省文獻委員會 1978年

林錦賢編 《員山相褒歌》 宜蘭縣 員山鄉公所 2000年

邱坤良

《舊劇與新劇——日治時期臺灣戲劇之研究（1895-1945）》 臺北市 自立晚報文化出版社 1991年

《宜蘭縣口傳文學》 宜蘭縣 宜蘭縣政府 2002年

邱彥貴計畫主持、林怡靚等撰述 《發現客家：宜蘭地區客家移民的研究》 臺北市、南投縣 「行政院客家委員會」、「國史館臺灣文獻館」 2006年

邱榮裕 《臺灣客家民間信仰》 臺北市 翰蘆圖書出版有限公司 2014年

施添福 《蘭陽平原的傳統聚落——理論架構與基本資料》 宜蘭縣 宜蘭縣立文化中心 1997年

施添福總編纂、黃雯娟撰述 《臺灣地名辭書 卷一 宜蘭縣》 南投縣 臺灣省文獻委員會 2000年

凌志四 《臺灣人民俗》第4冊 臺北市 橋宏書局 2000年

凌昌武、林焰瀧　《蘭陽史蹟文物圖鑑》　宜蘭縣　宜蘭縣文化中心
　　　1986年

徐惠隆　《蘭陽得歷史與風土》　臺北市　臺原出版社　1992年

晉安宮　《蘇澳鎮晉安宮慶成祈安手冊》　宜蘭縣　蘇澳晉安宮宮管
　　　理委員會　1991年

財團法人臺大建築與城鄉研究發展基金會　《宜蘭縣古蹟調查研究計
　　　畫》　宜蘭縣　宜蘭縣政府　1995年

高雅寧　《草嶺慶雲宮志》　宜蘭縣　草嶺慶雲宮管理委員會　1999年

康諾錫　《臺灣廟宇圖鑑》　臺北市　貓頭鷹出版社　2004年

張坤三、李東明　《宜蘭縣壯圍鄉寺廟沿革誌》　宜蘭縣　壯圍鄉公
　　　所　1988年

張勝彥　《清代臺灣廳縣制度之研究》　臺北市　華世出版社　1993年

張　菼　《清代臺灣民變史研究》　臺北市　臺灣銀行經濟研究室
　　　1970年

許美智編　《影像宜蘭──凝視歲月的印記》　宜蘭縣　宜蘭縣史館
　　　2007年

許雪姬主編　《臺灣歷史辭典》　臺北市　「行政院文化建設委員
　　　會」　2004年

郭耀清、徐惠隆　《冬山鄉寺廟彙編》　宜蘭縣　冬山鄉公所　2015年

陳小沖　《臺灣民間信仰》　廈門市　鷺江出版社　1993年

陳正祥　《臺灣地誌》　臺北市　南天書局　1959年

陳其南　《臺灣的傳統中國社會》　臺北市　允晨文化實業公司
　　　1994年

陳清香、李豐楙、李乾朗、王慶台、許功明等編著　《臺灣宗教藝
　　　術》　臺北市　空中大學　2001年

陳登欽主持　《宜蘭縣頭城文化史蹟勘察測繪報告》　宜蘭縣　宜蘭
　　　縣立文化中心　1992年

陳清香　《臺灣佛教美術的傳承與發展》　臺北市　文津出版有限公
　　　　司　2005年

陳進傳

　　　　《清代噶瑪蘭古碑之研究》　彰化縣　左羊出版社　1989年
　　　　《宜蘭傳統漢人家族之研究》　宜蘭縣　宜蘭縣立文化中心
　　　　1995年
　　　　《宜蘭縣傳統藝術資源調查報告書附冊一》　宜蘭縣　國立
　　　　傳統藝術中心　1997年
　　　　《宜蘭縣頭城鎮寺廟文物普查計畫成果報告書》　宜蘭縣
　　　　宜蘭縣立蘭陽博物館　2014年
　　　　《宜蘭縣宜蘭市寺廟文物普查計畫成果報告書》　宜蘭縣
　　　　宜蘭縣立蘭陽博物館　2016年

陳　樺　《清代區域社會經濟研究》　北京市　中國人民大學出版社
　　　　1996年

鹿野忠雄著、宋文薰譯　《臺灣考古學民族學概觀》　臺北市　臺灣
　　　　省文獻委員會　1984年

彭紹周　《臺灣道廟誌第一輯・宜蘭縣》　臺北市　中華道教文化公
　　　　司　1986年

彭瑞金　《蘇澳鎮志》　宜蘭縣　蘇澳鎮公所　2014年

游　謙、施芳瓏　《宜蘭縣民間信仰》　宜蘭縣　宜蘭縣政府　2003年

開成寺　《頭城鎮開成寺沿革簡介》　宜蘭縣　開成寺管理委員會
　　　　2009年

黃文博　《臺灣信仰傳奇》　臺北市　臺原出版社　1989年

黃永樹　《壯五鎮安廟誌》　宜蘭縣　壯五鎮安廟管理委員會　2004年

黃雯娟　《宜蘭縣水利發展史》　宜蘭縣　宜蘭縣政府　1997年

黃鴻禧　《話說員山》　宜蘭縣　員山鄉公所　2001年

董芳苑　《臺灣宗教大觀》　臺北市　前衛出版社　2013年

詹素娟、張素玢撰稿　《臺灣原住民史——平埔族史篇（北）》　南
　　　投縣　臺灣省文獻委員會　2001年

詹素娟、潘英海主編　《平補族群與臺灣歷史文化論文集》　臺北市
　　　中央研究院臺灣史研究所　2001年

廖風德　《清代之噶瑪蘭》　臺北市　正中書局　1990年

臺灣省文獻委員會　《臺灣地區水資源史》第三篇　南投縣　臺灣省
　　　文獻委員會　1990年

劉克襄　《後山探險：十九世紀外國人在東海岸的旅行》　臺北市
　　　自立晚報文化出版社　1992年

慶元宮　《頭城鎮慶元宮簡介》　宜蘭縣　慶元宮管理委員會　2002年

蔡相煇

　　　《勅建礁溪協天廟》　宜蘭縣　礁溪協天廟管理委員會
　　　1997年

　　　《媽祖信仰之研究》　臺北市　秀威資訊科技公司　2006年

蔡相煇、吳永猛　《臺灣民間信仰》　臺北市　空中大學　2001年

衛惠林、王人英　《臺灣土著各族近年人口增加與聚落移動調查報
　　　告》　臺北市　臺灣大學考古人類學系　1966年

戴寶村　《宜蘭縣交通史》　宜蘭縣　宜蘭縣政府　1991年

謝宗榮

　　　《神像與信仰》　臺北縣　臺北縣鶯歌陶瓷博物館　2003年
　　　《臺灣的信仰文化與裝飾藝術》　臺北市　博揚文化公司
　　　2003年

　　　《臺灣傳統宗教藝術》　臺北市　晨星出版公司　2003年

瞿海源　《臺灣宗教變遷的社會政治分析》　臺北市　桂冠圖書公司
　　　1997年

羅東震安宮管理委員會　《羅東震安宮修建落成鎮殿慶典手冊》　宜
　　蘭縣　羅東震安宮管理委員會　1982年
蘇美如　《宜蘭市志──歷史建築篇》　宜蘭縣　宜蘭市公所　2001年

三　期刊論文

（一）期刊論文

尹章義
　　　　〈吳沙出身研究之補遺與訂正──以史學方法論和歷史訊息
　　　　傳播理論為基礎所做的反省〉　《臺北文獻》直字186
　　　　2012年　頁217-247
　　　　〈從天地會「賊首」到「義首」到開蘭「墾首」──吳沙的
　　　　出身以及「聚眾奪地、違例開邊」的藉口〉　《臺北文獻》
　　　　直字181　2013年　頁95-157
王世慶
　　　　〈民間信仰在不同祖籍移民的鄉村之歷史〉　《臺灣文獻》
　　　　第23卷第3期　1972年　頁1-38
　　　　〈從清代臺灣農田水利的開發看農村社會關係〉　《臺灣文
　　　　獻》第36卷第2期　1985年　頁107-150
　　　　〈談清代臺灣蘭陽地區之農田水利開發史料〉　《臺灣文
　　　　獻》第39卷第4期　1985年　頁181-196
王見川　〈臺灣民間信仰的研究與調查──以史料、研究者為考察中
　　　　心〉　《宜蘭文獻》第36期　1998年
白長川
　　　　〈蘇澳開拓史考〉　《臺灣文獻》第35卷第4期　1984年
　　　　頁171-212

〈宜蘭先賢陳輝煌協臺評傳〉　《臺灣文獻》第42卷第3-4期　1993年　頁215-232

〈茶話——安溪先民墾殖宜蘭地區之貢獻〉　《臺北文獻》直字119　1997年　頁27-43

余光弘　〈臺灣地區民間宗教的發展——寺廟調查資料之分析〉《中央研究院民族學研究所集刊》第53期　1983年　頁67-103

李建緯　〈臺灣媽祖廟現存「御匾」研究——兼論其所反映的集體記憶與政治神話〉　《民俗曲藝》第186期　2014年　頁109-179

李清蓮　〈宜蘭之西皮福祿百年考〉　《蘭陽》第8期　1976年　頁101-115

李紹盛　〈臺灣的隘防制度〉　《臺灣文獻》第24卷第3期　1973年　頁184-201

阮昌銳　〈蘭陽平原上的噶瑪蘭族〉　《臺灣文獻》第17卷第1期　1966年　頁22-43

宋光宇　〈霞海城隍祭典與臺北大稻埕商業發展的關係〉　《史語所集刊》第62卷第2期　1999年　頁291-336

李慕如　〈媽祖信仰與海洋文化〉　《國立歷史博物館館刊》第9期　2005年　頁19-29

卓克華

〈臺灣寺廟對地方的貢獻〉　《臺北文獻》第38期　1976年　頁187-198

〈清代宜蘭舉人黃纘緒生平考〉　《臺灣文獻》第50卷第1期　1999年　頁325-351

周月櫻　〈礁溪鄉耆老座談會紀錄〉　《宜蘭文獻雜誌》第2期　1993年　頁39-56

周志煌　〈臺灣北管「子弟班」所反映的社群分類現象──以西皮福祿及軒園之爭為中心的探索〉　《國文天地》第10卷第1期　1994年　頁70-75

邱水金　〈清代蘇澳開發之初探〉　《宜蘭文獻雜誌》第2期　1993年　頁1-18

邱彥貴　〈清代噶瑪蘭的粵籍客家──以六家林氏為核心的閱讀筆記〉　《宜蘭文獻雜誌》第60期　2002年　頁3-46

官治平　〈宜蘭平原之土地利用〉　《臺灣銀行季刊》第24卷第3期　1973年　頁298-299

周翔鶴

　〈埤圳、結首制「力裁業戶」──水利古文書中所見之宜蘭拓墾初期社會狀況〉　《臺灣研究集刊》第3期　1997年　頁69-78

　〈從水利事業看清代的社會領導階層與家族興起〉　《臺灣研究集刊》第1期　1998年　頁62-70

林滿紅　〈貿易與清末臺灣的經濟社會變遷〉　《食貨》第9卷第4期　1979年　頁35-48

林慶元　〈十九世紀臺灣東部地區的開發〉　《淡江史學》第4期　1992年　頁141-172

施添福

　〈蘭陽平原傳統聚落及人文生態意義〉　《空間雜誌》第62期　1994年　頁104-107

　〈宜蘭的聚落發展及實查〉　《宜蘭文獻雜誌》第22期　1996年　頁38-57

徐雪霞　〈清代宜蘭的發展〉　《臺北文獻》直字69　1993年　頁131-170

根岸勉治著、薛金發譯　〈噶瑪蘭熟番移動與漢族之殖民〉　《臺灣
　　　風物》第14卷第4期　1964年　頁7-15

康豹 Paul Katz　〈慈祐宮與清代新莊地方社會之建構〉　《臺北縣立
　　　文化中心季刊》第53期　1997年　頁71-78
　　　〈日治時期新莊地方菁英與地藏庵的發展〉　《北縣文化》
　　　第64期　2000年　頁80-100

張文義　〈宜蘭河河道與航運的變遷初探〉　《宜蘭文獻雜誌》第62
　　　期　2003年　頁3-25

張宗寶　〈蘭陽平原的開發與中地體系之發展過程〉　《臺灣銀行季
　　　刊》第26卷第4期　1976年　頁226-257

張　珣　〈祭祀圈研究的反省與後祭祀圈時代的來臨〉　《臺灣大學
　　　考古人類學刊》第58期　2002年　頁78-111

張　菼　〈宜蘭兩次械鬥事件之剖析——論噶瑪蘭粵莊殘閩與挑夫械
　　　鬥兩案〉　《臺灣文獻》第27卷第2期　1976年　頁54-71

唐　羽　〈吳沙入墾蛤仔難路線與淡蘭古道之研究〉　《臺灣文獻》
　　　第40卷第1期　1989年　頁217

盛清沂　〈宜蘭平原邊緣史前遺址調查報告〉　《臺灣文獻》第14卷
　　　第1期　1963年　頁1-60

莊雅惠　〈廣惠宮王公廟淨尪〉　《蘭陽博物》第49期　2009年2月
　　　電子報

許倬雲原著、曾雨潤翻譯　〈十九世紀上半期的宜蘭〉　《宜蘭文獻
　　　雜誌》第5期　1993年　頁71-93

陳世榮　〈清代北桃園的地方菁英及「公共空間」〉　《政大歷史學
　　　報》第18期　2001年　頁203-241

陳長城
　　　〈宜蘭城隍〉　《臺北文獻》直字42　1977年　頁201-205

〈吳沙與楊士芳〉　　《臺灣文獻》第28卷第3期　1977年
頁127-132

〈介紹宜蘭擺里陳氏鑑湖堂聚落〉　　《史聯雜誌》第4期
1984年　頁77-80

〈宜蘭仰山吟社沿革〉　　《臺北文獻》直字109　1994年
頁141-144

陳清香

〈神像的容顏——從神像的人性到佛像的悟性〉　　《傳統藝
術》第51期　2005年　頁22-31

〈從銅鐘風格演變看臺灣寺廟文化〉　　《臺灣民俗藝術彙
刊》第4期　2008年　頁33-49

陳漢光　〈日據時期臺灣漢族祖籍調查〉　　《臺灣文獻》第23卷第1
期　1972年　頁85-104

陳進傳

〈清代噶瑪蘭的招墾社會——從血緣、地緣，本土化觀點探
討之〉　　《臺北文獻》直字92　1990年　頁1-50

〈清代宜蘭漢人的移動〉　　《臺北文獻》直字98　1991年
頁147-189

〈清代宜蘭家族的發展〉　　《臺北文獻》直字103　1993年
頁87-137

陳偉智　〈傳染病與吳沙開蘭——一個問題的提出〉　　《宜蘭文獻》
第3期　1993年5月　宜蘭縣立文化中心　頁1-20

莊英章、吳文星　〈清代頭城的拓墾與發展〉　　《臺灣文獻》第36卷
第3-4期　1995年　頁213-237

彭名琍　〈雙連埤——一個宜蘭客家社區的初步考察〉　　《宜蘭文獻
雜誌》第60期　2002年　頁47-73

黃美英　〈媽祖香火與神威的建構〉　《歷史月刊》第63期　1993年　頁43-46

黃啟木　〈分類械鬥與艋舺〉　《臺北文物》第2卷第1期　1953年　頁55-58

黃富三　〈清代臺灣土地開發史研究的回顧與展望〉　《思與言》第23卷第1期　1985年　頁18-24

黃雯娟

　　〈日治時代宜蘭叭哩沙地域的土地開發〉　《宜蘭文獻雜誌》第69-70期　2004年　頁3-59

　　〈國家、環境與邊區社會的建構：日治時期宜蘭三星地區的個案研究〉　《白沙歷史地理學報》第5期　2008年　頁223-277

楊　俊　〈燦光寮舖古道──清代嘉慶年間的淡蘭郵傳古道〉　《歷史月刊》第176期　2003年　頁4-10

溫振華　〈二十世紀上半葉宜蘭地區的人口流動〉　《臺灣師大歷史學報》第14期　1986年　頁253-274

詹素娟　〈雙重邊緣下的族群角色──以清末至日治初期宜蘭叭哩沙邊區的熟番為例〉　《臺灣文獻》第56卷第4期　2004年　頁100-116

蔡欣茹、吳敏顯　〈宜蘭河早期航運〉　《蘭陽博物》第58期　2009年11月電子報

齊偉先　〈臺灣民間宗教廟宇的「公共性」變遷：臺南府城的廟際場域研究〉　《臺灣社會學刊》第46期　2011年　頁57-114

劉枝萬　〈清代臺灣之寺廟（一）〉　《臺北文獻》第4期　1963年　頁101-120

劉俊廷　〈開成寺〉　《蘭陽博物》第67期　2010年8月電子報

劉益昌　〈宜蘭在臺灣考古的重要性〉　《宜蘭文獻雜誌》第43期　2000年　頁3-27

蔡淵洯　〈合股經營與清代臺灣的土地開發〉　《臺灣師範大學歷史學報》第13期　1985年　頁275-302

鄭仲浩　〈光復前宜蘭舊城區的市街發展與變遷〉　《宜蘭文獻雜誌》第77-78期　2003年　頁3-53

簡秀珍　〈日治時期宜蘭地區慶典中的遊藝活動〉　《藝術評論》第13期　2002年　頁95-133

（二）會議論文

石田浩　〈宜蘭村落的形成與其同族組織未發達的原因──臺灣農村研究的課題和問題意識〉　收錄於李素月　《「宜蘭研究」第二屆國際學術研討會論文集》　宜蘭縣　宜蘭縣立文化中心　1998年

卓克華　〈嘉義城隍廟的史蹟研究〉　收錄於淡江大學歷史系主編《臺灣史國際學術研討會、經濟與墾拓論文集》　臺北市淡江大學歷史系　1995年

周翔鶴　〈水利企業者、結首和佃戶──清代宜蘭水利文書研究〉收錄於廖英杰　《「宜蘭研究」第三屆學術研討會論文集》宜蘭縣　宜蘭縣立文化中心　2000年

林美容　〈由祭祀圈到信仰圈：臺灣民間社會的地域構成與發展〉收錄於張炎憲編　《第三屆中國海洋發展史論文集》　臺北市中央研究院三民主義研究所　1988年

邱彥貴　〈宜蘭溪北地區的三山國王信仰──自傳說看歷史性的族群關係論述〉　收於李素月　《「宜蘭研究」第二屆國際學術論文研討會論文集》　宜蘭縣　宜蘭縣立文化中心　1996年

張文義 〈港口、河道與利澤簡——宜蘭東港的航道與航運情形初探〉 《「宜蘭研究」第五屆學術研討會論文集》 宜蘭縣 宜蘭縣文化中心 2004年

張智欽 〈宜蘭地區三山國王信仰與族群互動〉 收於許美智 《族群與文化——第六屆宜蘭研究學術研討會論文集》 宜蘭縣 宜蘭縣史館 2006年

陳清香

〈臺灣媽祖宮內的供像探討——以臺南大天后宮、北港朝天宮、新港奉天宮、大甲鎮瀾宮為例〉 收於連江縣馬祖民俗文物館「『媽祖信仰與馬祖』國際學術研討會」 連江縣 馬祖民俗文物館 2007年

〈從同祀神看媽祖信仰的地方屬性〉收於臺南大天后宮「『媽祖在臺灣』學術研討會」 臺南市 臺南大天后宮 2007年

〈臺灣媽祖造像風格的遞變〉收於臺中縣文化局主辦「國際媽祖學術研討會」 臺中縣 臺中縣文化局 2010年

〈關聖帝君伽藍尊者的造型特徵〉 收於中華民國華嚴學會「萬神論壇」 新北市 華嚴學會 2017年

陳進傳 〈五十年來宜蘭史研究的回顧〉 收於中華民國史專題第四屆討論會秘書處 《中國民國史專題論文集第四屆討論會》 臺北縣 國史館 1998年

陳進傳 〈宜蘭河的區域經濟〉 《宜蘭河生命史討論會論文集》 宜蘭縣 宜蘭縣政府文化中心 2003年

簡秀珍 〈清代宜蘭地區北管分派原因探考及其文化意涵分析〉 收於范揚坤、李毓芳 《2001年中華民國民族音樂學會青年學者學術研討會論文集》 臺北市 民族音樂學會 2002年

羅烈師　〈客家族群與客家社會：臺灣竹塹地區客家社會之形成〉
　　　　收錄於徐正光編　《第四屆國際客家學研討會論文集：聚
　　　　落、宗族與族群關係》　臺北市　中央研究院民族研究所
　　　　2000年

四　碩博士論文

（一）博士論文

莊芳榮　《臺灣地區寺廟發展之研究》　臺北市　中國文化大學史學
　　　　研究所博士論文　1987年
詹素娟　《族群、歷史與地域——噶瑪蘭人的歷史變遷從史前到1900
　　　　年》　臺北市　臺灣師範大學歷史研究所博士論文　1996年
黃雯娟　《日治時代宜蘭三星地區的區域發展》　臺北市　臺灣師範
　　　　大學地理研究所博士論文　2004年

（二）碩士論文

張慶森　《宜蘭平原之區域地理》　臺北市　中國文化大學地學研究
　　　　所碩士論文　1969年
蔡相輝　《臺灣寺廟與地方發展之關係》　臺北市　中國文化大學史
　　　　學研究所碩士論文　1976年
何懿玲　《日據前漢人在蘭陽地區的開發》　臺北市　臺灣大學歷史
　　　　學研究所碩士論文　1980年
邢幼田　《宜蘭中地體系變遷之研究》　臺北市　臺灣大學土木工程
　　　　研究所碩士論文　1986年
黃雯娟　《清代蘭陽平原的水利開發與聚落發展》　臺北市　臺灣師
　　　　範大學地理學研究所碩士論文　1990年

許淑娟　《蘭陽平原祭祀圈的空間組織》　臺北市　臺灣師範大學地理研究所碩士論文　1991年

黃于玲　《清代噶瑪蘭土地租佃制度的形成與演變》　臺北市　臺灣大學社會學研究所碩士論文　1994年

林政宏　《蘭陽平原三山國王廟景觀之生態研究》　臺北市　中國文化大學地理學研究所碩士論文　1996年

陳世榮　《清代北桃園的開發與地方社會建構（1683-1895）》　桃園縣　中央大學歷史研究所碩士論文　1999年

林欣怡　《清代臺灣漢人社會的建立──以南投平林溪流域為例》　臺南市　臺南師範學院鄉土文化研究所碩士論文　2000年

謝宗榮　《臺灣辟邪劍獅研究》　臺北市　藝術學院傳統藝術研究所碩士論文　2000年

劉惠芳　《日治時期宜蘭城之空間改造》　臺南市　成功大學建築系碩士論文　2001年

鄭雅慧　《日治時代頭圍聚落之變遷》　臺南市　成功大學建築系碩士論文　2001年

林佩欣　《日治前期臺灣總督府對舊慣宗教之調查與理解（1895-1919）》　臺北市　政治大學歷史學研究碩士論文　2002年

范明煥　《新竹地區客家人媽祖信仰之研究》　桃園市　中央大學歷史研究所碩士論文　2002年

游家瑞　《清領時期蘇澳地區漢人聚落的發展（1796-1895）》　新竹縣　新竹教育大學社會科教育學系碩士論文　2003年

鄭仲浩　《宜蘭舊城區的市街發展與變遷》　臺南市　成功大學建築系碩士論文　2003年

田金昌　《臺灣三官大帝信仰──以桃園地區為中心（1683-1945）》　桃園市　中央大學歷史研究所在職專班碩士論文　2004年

謝美玲　《宜蘭地區客家與三山國王信仰之演變》　佛光人文社會學
　　　　院社會學研究所碩士論文　2004年

簡瑛欣　《宜蘭廟群 KHIAM（崁）祭祀圈之研究》　臺北市　政治
　　　　大學民族研究所碩士論文　2004年

林君玲　《陣頭、文物與展演：論蘭陽地區北管陣頭文物的展演及其
　　　　文化意涵》　臺北市　臺北藝術大學傳統藝術研究所工藝美
　　　　術組碩士論文　2006年

張琬玲　《清代宜蘭溪南地區漢人拓墾勢力與地方社會（1804-1895）》
　　　　臺北市　臺灣師範大學歷史學碩士論文　2006年

陳文立　《從自然到人文空間的轉化──宜蘭員山地區的拓墾行動
　　　　（1802-1945）》　臺北市　臺灣師範大學臺灣史研究所碩士
　　　　論文　2010年

賴俊嘉　《羅東震安宮與地方發展》　宜蘭縣　佛光大學歷史系碩士
　　　　論文　2011年

郭耀清　《宜蘭縣冬山鄉舊地名與地方發展》　宜蘭縣　佛光大學文
　　　　化資產與創意學系碩士論文　2013年

廖鳳玉　《蘭陽大興振安宮與地方發展》　宜蘭縣　佛光大學歷史系
　　　　碩士論文　2013年

黃貞瑜　《宜蘭縣五結鄉孝威地區寺廟之調查與研究》　宜蘭縣　佛
　　　　光大學歷史系碩士論文　2014年

五　外文

曾景來　《台湾と迷信陋習》　臺北市　台湾宗教研究會　昭和三十
　　　　一年（1956年）

藤崎濟之助　《臺灣史　樺山大將》　臺北市　國史刊行會　1926年

James W. Davidson1903, The isand of Formosa, past and present, London
　　　　and New York：Macmillan & Yokohama

Taintor E.C, The Aborigins of Northern Formosa, England: Chadwyck-
　　　　Healey

宮本延人　〈蘭陽史蹟〉　《科學的臺灣》第8期　第5卷第4號　1937
　　　　年

宮本延人《日本統治時代臺灣における寺廟整理問題》　日本奈良
　　　　天理教道友社　1937年原刊　1988年

日增田福太郎《臺灣本島人の宗教》　東京　財團法人明治聖德記念
　　　　學會　1929年原刊　1935年

鷹取田一郎　《臺灣列紳傳》　桃園縣　華夏書坊　1916年原刊
　　　　2009年

日石田浩　《臺灣漢人村落の社會經濟構造》　大阪府吹田市　關西
　　　　大學　1985年

六　網路資料庫

《淡新檔案》　臺北市　國立臺灣大學數位化典藏計畫資料庫　http://
　　　　www.darc.ntu.edu.tw/handle/1918/99384?doTreeView=true&for
　　　　wardTo=/newdarc/darc-item-window.jsp&query=%E5%86%AC
　　　　%E7%93%9C%E5%B1%B1%E8%A1%97

中央研究院人文社會研究中心日治時期戶口調查資料庫　http://www.
　　　　rchss.sinica.edu.tw/popu/index.php

中央研究院漢籍電子文獻資料庫　http://hanji.sinica.edu.tw/

中央研究院民族學研究所數位典藏　http://www.ianthro.tw/

中央研究院臺灣歷史文化地圖　http://thcts.ascc.net/

五結鄉公所　「認識五結地名索引表」網址　http://ilwct.e-land.gov.tw/cp.aspx?n=DDC7BF25FD44741E&s=37D27039021F6DF7

內政部全國宗教知識網　https://religion.moi.gov.tw/Knowledge/Content?ci=2&cid=272

文化部　孔廟文化資訊網　http://confucius.culture.tw/temple/temple12_1.htm

宜蘭縣史館數位典藏　http://ylhm.e-land.gov.tw/

國史館臺灣文獻館　《臺灣總督府公文類纂》　電子資料庫　https://sotokufu.sinica.edu.tw/

國家文化資料庫　http://nrch.cca.gov.tw/ccahome/old book/

國家文物資料庫　https://nchdb.boch.gov.tw

國家圖書館臺灣記憶電子資料庫　http://memory.ncl.edu.tw/tm_cgi/hypage.cgi?HYPAGE=index.hpg

臺灣文獻叢刊　http://www.sinica.edu.tw/ftms-bin/ftmsw3

總督府檔案資料庫　http://db.th.gov.tw/~textdb/test/sotokufu/img.php

史學研究叢書・歷史文化叢刊 0602025

清代噶瑪蘭寺廟興建與市街形成

作　　者　黃學文
責任編輯　官欣安
特約校稿　宋亦勤

發 行 人　林慶彰
總 經 理　梁錦興
總 編 輯　張晏瑞
編 輯 所　萬卷樓圖書股份有限公司
　　　　　臺北市羅斯福路二段 41 號 6 樓之 3
　　　　　電話　(02)23216565
　　　　　傳真　(02)23218698

發　　行　萬卷樓圖書股份有限公司
　　　　　臺北市羅斯福路二段 41 號 6 樓之 3
　　　　　電話　(02)23216565
　　　　　傳真　(02)23218698
　　　　　電郵　SERVICE@WANJUAN.COM.TW
香港經銷　香港聯合書刊物流有限公司
　　　　　電話　(852)21502100
　　　　　傳真　(852)23560735

ISBN　978-986-478-686-2
2022 年 5 月初版
定價：新臺幣 560 元

如何購買本書：

1. 劃撥購書，請透過以下郵政劃撥帳號：
　　帳號：15624015
　　戶名：萬卷樓圖書股份有限公司
2. 轉帳購書，請透過以下帳戶
　　合作金庫銀行　古亭分行
　　戶名：萬卷樓圖書股份有限公司
　　帳號：0877717092596
3. 網路購書，請透過萬卷樓網站
　　網址　WWW.WANJUAN.COM.TW

大量購書，請直接聯繫我們，將有專人為
您服務。客服：(02)23216565 分機 610

如有缺頁、破損或裝訂錯誤，請寄回更換
版權所有・翻印必究
Copyright©2022 by WanJuanLou Books CO., Ltd.
All Rights Reserved　　　　Printed in Taiwan

國家圖書館出版品預行編目資料

清代噶瑪蘭寺廟興建與市街形成/黃學文著.
-- 初版. -- 臺北市 ： 萬卷樓圖書股份有限
公司, 2022.05
　　面 ；　公分. -- (史學研究叢書. 歷史文
化叢刊 ; 602025)
ISBN 978-986-478-686-2(平裝)
1.CST: 人文地理　2.CST: 臺灣文化　3.CST:
清代
733.4　　　　　　　　　　　　111007023